ADYASHANTI

Jesus, der Zenmeister

ADYASHANTI

Jesus, der Zenmeister

Eine spirituelle Entdeckungsreise

Aus dem Amerikanischen
von Margrit Irgang

HERDER
FREIBURG · BASEL · WIEN

Titel der Originalausgabe:
Resurrecting Jesus

MIX
Papier aus verantwortungsvollen Quellen
FSC® C083411

www.herder.de

Als deutsche Bibelübersetzung ist zugrunde gelegt:
Die Bibel. Die Heilige Schrift des Alten Bundes und Neuen Bundes. Vollständige deutschsprachige Ausgabe
© Verlag Herder GmbH, Freiburg im Breisgau 2005
DIE BIBEL

Satz: post scriptum, Vogtsburg-Burkheim / Hüfingen
Herstellung: CPI books GmbH, Leck
Printed in Germany

ISBN Print 978-3-451-37689-4
ISBN E-Book 978-3-451-81161-6

Inhalt

Teil 1
Jesus begegnen

Teil 3

Jünger des Ewigen

Danksagungen

Dieses Buch ist das Ergebnis der Liebe und Hingabe vieler Menschen. Ich verbeuge mich tief vor Mitchell Clute. Deine enthusiastische Unterstützung dieses Projekts und dein geschicktes Lektorat waren ein wahres Geschenk. Nach jedem unserer Gespräche verließ ich dich mit einem Lächeln. Ich bin auch Tami Simon zutiefst dankbar. Deine unerschütterliche Integrität, Neugier und Hingabe an die Wahrheit sind immer ein Atemzug frischer Luft, und deine Freundschaft ist eines der großen Geschenke dieses Lebens.

Ich möchte auch einigen der christlichen Autoren danken, die mich in all den Jahren am meisten inspiriert haben: Meister Eckhart, einer der wahren Giganten in der Geschichte der christlichen Mystik, für seine brillanten und erleuchteten Predigten über das Mysterium Christi. Dem Heiligen Johannes vom Kreuz für seine großartigen Einsichten in die mystische Reise und für seine Poesie. Thomas Merton danke ich dafür, dass er mir als Erster die Augen für die tiefere Bedeutung der christlichen Reise geöffnet hat. Joseph Campbell danke ich für seine wunderbaren Erläuterungen des mythologischen Gehalts in den großen Erzählungen der Welt. Und John Carroll dafür, dass er mir die Bedeutung des Markus-Evangeliums vermittelt hat und mich mit einigen der kraftvollsten Schriften bekannt gemacht hat, die mir je begegnet sind.

Vorwort des Herausgebers

Der Jesus, dem Sie in *»Jesus, der Zenmeister«* begegnen werden, ist ein spiritueller Revolutionär, ein Beispiel erwachter Menschlichkeit in Aktion, jenseits der begrenzten Vorstellungen irgendeiner Religion oder Theologie. Dieser Jesus ist nicht an Zeit und Historie gebunden; er verweist uns auf den zeitlosen Bereich des Geistes. Dennoch ist er weder fern noch transzendent; seine Geschichte ist eine Einladung, den Geist in der Gegenwart zu verkörpern, in uns selbst.

Als ich Adyashantis Lehren über Jesus zum ersten Mal hörte, war ich fasziniert von seinen unerwarteten Einsichten in Jesus als erleuchtetes *Sein*. Seine Vorträge machten Jesus für mich auf eine Weise lebendig, die ich nie zuvor erfahren hatte. Ich entdeckte, dass Adyas Auslegungen der Evangelien eine alljährliche Weihnachts-Tradition waren, an der er sichtlich Freude hatte.

Als es an der Zeit war, ein neues Projekt mit Adya zu planen, schlug ich vor, ihn zu bitten, über Jesus zu lehren. Wie sich herausstellte, bereitete er bereits ein einwöchiges Retreat über das Leben und die Lehren von Jesus vor, und er war begeistert von der Idee, ein Buch und ein Audio-Programm über das Thema zu machen.

Also fuhr ich im Frühjahr 2013 mit Tami Simon, der Verlegerin von Sounds True, nach Kalifornien, um das Material aufzunehmen, aus dem schließlich *»Jesus, der Zenmeister. Eine spirituelle Entdeckungsreise«* wurde. Wir verbrachten vier

Tage in einem komfortablen Studio, das tief in den Wäldern über Santa Cruz lag, und hörten gespannt zu, als Adya die tiefere Bedeutung der Jesus-Geschichte beleuchtete.

Während Adya sprach, war ich immer wieder begeistert davon, was für eine großartige *Geschichte* die Evangelien erzählen – vor allem das Markus-Evangelium, der Text, der den Kern von *»Jesus, der Zenmeister«* bildet. Von dem Moment an, in dem Jesus an den Jordan kommt, um getauft zu werden, bewegt sich die Geschichte schnell und unerbittlich auf die Kreuzigung zu und durchläuft auf ihrem Weg Freude und Triumph, Kummer und Verrat. In Adyas Lehren erscheint ein Jesus, der zutiefst menschlich ist, vollkommen göttlich und absolut unerwartet.

In diesen Vorträgen benutzte Adya zwei verschiedene Bibel-Übersetzungen, die Neue Internationale Version (NIV) und die Englische Standard Version (ESV). Für jedes Zitat wählte er die Version, die in jenem Kontext am besten funktioniert; bei jedem Zitat wird die entsprechende Bibel-Quelle zusammen mit dem Kapitel und dem Vers angegeben. (In der deutschen Übersetzung wird die Herderübersetzung benutzt, Anm. d. Übers.) Der andere Schlüsseltext hier ist das gnostische Thomas-Evangelium, eine in koptischer Sprache verfasste Sammlung von Aussprüchen, die Jesus zugeschrieben werden.

Während ich Adya im Studio lauschte und später beim Lektorieren des Manuskripts dieses Buches begann ich zu sehen, wie diese Lehren den Abstand aufheben, der zwischen uns und Jesus besteht, zwischen uns und dem Göttlichen. Adyas Jesus ist eine revolutionäre Figur, und *»Jesus, der Zenmeister«* ist ein revolutionäres Buch – ein Buch, das unsere konventionellen Interpretationen herausfordert und unsere Erwartungen bei jeder neuen Wendung unterläuft. Die Jesus-Geschichte, wie Adya sie erzählt, ist eine Blaupause für den Prozess des Erwachens, eine Lehre, die uns zeigt, wie *wir* göttliches Sein in menschlicher Form verkörpern könnten – wie es auch Jesus tat.

Ja, Adya lehrt, dass Jesus der Sohn Gottes ist – und dass auf dieselbe Weise jeder von uns Sohn oder Tochter Gottes ist. Jeder von uns ist das Fleisch gewordene Wort. Was also bedeutet es, Jesus wiederauferstehen zu lassen, ihn von den Überlagerungen zu befreien, die Geschichte, Theologie und Glauben ihm zugefügt haben? Was bedeutet es für Sie, die Jesus-Geschichte in Ihnen selbst lebendig werden zu lassen? Finden Sie es heraus! Das ist die Einladung von *»Jesus, der Zenmeister«*.

Mitchell Clute
Herausgeber und Produzent, Sounds True
Boulder, Colorado
April 2014

Prolog: Jesus, der spirituelle Revolutionär

Jesus ist der stille Koloss, der die westliche Kultur für mehr als zweitausend Jahre bestimmt hat. Er ist die zentrale Figur im kollektiven Traum der westlichen Kultur. In den letzten Jahrzehnten hat die Wissenschaft versucht herauszufinden, welche Teile der Jesus-Geschichte historischen Tatsachen entsprechen und welche nicht. Mit anderen Worten: Was ist in Judäa vor zweitausend Jahren wirklich passiert? Das wissenschaftliche Interesse an Jesus galt dem, was Jesus *wirklich* sagte im Gegensatz zu dem, was er nicht sagte. Nach meiner Meinung werden wir das nie mit Sicherheit wissen. Wir können nicht wissen, was geschehen ist und was nicht geschehen ist oder wie groß der historisch wahre Anteil ist und wie groß der mythologische. Diese Suche nach dem historischen Jesus geht am entscheidenden Punkt vorbei, auch wenn sie interessant und sogar faszinierend ist. Der Kernpunkt ist die *Geschichte*, der kollektive Traum.

In der westlichen Kultur haben wir weitgehend die Kraft der Geschichte vergessen; die Kraft des Mythos, Wahrheit in sich zu tragen und zu vermitteln – grundlegende Wahrheit, spirituelle Wahrheit. Der Mythos spricht zu unseren Seelen. Die mythologische Sprache verbindet uns mit unserem Unbewussten und erweckt eine Ahnung von Ewigkeit, von einem Leuchten, das durch die Welt von Zeit und

Raum schimmert. Der Mythos ist letztendlich eine Weise, über das zu sprechen, was nicht gesagt werden kann, und das zu enthüllen, worüber nicht geschrieben werden kann. Deshalb meine ich, dass die Jesus-Geschichte erst dann vollkommen lebendig wird, wenn wir die Versessenheit auf die Historie und das, was geschah oder nicht geschah, aufgeben.

Letzten Endes ist es nicht wirklich wichtig, ob wir die Bibel als akkurate Historie und Tatsache lesen oder ob wir die Geschichte mythologisch und metaphorisch auffassen, als etwas, das unserem bewussten und unbewussten *Sein* Wahrheiten über das Göttliche vermitteln kann und uns hilft, etwas zu erkennen, das von Fakten nicht berührt werden kann. Es gibt viele Möglichkeiten, diese Geschichte und den Charakter von Jesus zu betrachten. Hoffentlich sieht jeder von uns die Geschichte auf seine eigene Weise, sodass sie zu uns spricht. In diesem Buch betrachte ich die Geschichte von Jesus auf besondere Weise. Meine interpretatorische Linse fokussiert sich darauf, Jesus als spirituellen Revolutionär zu enthüllen: Jesus als eine Präsenz göttlicher Strahlung und Erleuchtung, welche die Grenzen und Trennungslinien durchbricht, die uns einschränken – ob diese Trennungslinien nun kulturell bedingt sind, zwischenmenschlich, rassisch oder einfach durch unsere Psychologie.

Für mich vermittelt Jesus, der Revolutionär, in einzigartiger Weise das Leuchten des Geistes, und deshalb möchte ich in diesem Buch diese besondere Sichtweise anbieten. Aber letztendlich wird jeder von uns die Jesus-Geschichte auf die Weise interpretieren, die für ihn am sinnvollsten ist, und genau so soll es sein. Tatsächlich *muss* das so sein, denn wenn wir uns nur an die Interpretation von jemand anderem halten, wenn wir die Geschichte nur durch eine Linse betrachten, blockiert das unsere eigene einzigartige Kreativität. Wenn ich also die Jesus-Geschichte als die Geschichte von Jesus, dem Revolutionär, interpretiere, ist es wichtig, dass jeder von uns in diese Geschichte so eintaucht, dass sie für ihn lebendig wird.

Die Jesus-Geschichte durch die Linse von Jesus, dem Revolutionär, zu betrachten, ist ein Mittel, die Geschichte ganz lebendig werden zu lassen. Indem ich durch diese Linse blicke, spüre ich, wie Leben in die Geschichte zurückkehrt. Sie wird lebendig auf schöne und gleichzeitig sehr herausfordernde Weise, denn Jesus, der spirituelle Revolutionär, hat die Fähigkeit, uns aus unserem eigenen individuellen Traum der Trennung und Isolation aufzuwecken.

In der westlichen Kultur haben die meisten von uns sich angewöhnt, Jesus als die Verkörperung der höchsten Form von Ethik und Moral zu sehen – er ist der gute Hirte, wir sind die Herde, und er zeigt uns den Weg. Das ist der Jesus der Kirche; die Kirchen sind sehr angetan von Jesus als ethischem und moralischem Priester. Das macht Sinn, denn die ethische und moralische Dimension ist Teil dessen, was jede Religion am Leben hält, was sie entwickelt und in die Kultur hinein vermittelt. Aber wenn das *alles* ist, was wir in der Jesus-Geschichte sehen, werden wir blind für die darunterliegende Transzendenz, für das Strahlen der Präsenz von Jesus. Ohne dieses transzendente Strahlen wird Jesus nur eine weitere Figur in der langen Geschichte moralischer und ethischer Propheten.

Wir wissen, dass die Art, in der die gesamte Kultur die Jesus-Geschichte definiert und interpretiert hat, heute nicht mehr die Herzen der Menschen in der Tiefe erreicht. Die Gottesdienste sind immer schlechter besucht. Im letzten Jahr fuhr ich nach Europa und sah erstaunliche Kathedralen, die zum Teil über tausend Jahre alt sind. Diese Kathedralen sind der Beweis, dass es eine Zeit gab, in der die Geschichte von Jesus höchst lebendig war und die Gesellschaft erreichte. Aber die meisten dieser Kirchen sind heute leer, und das sagt uns etwas Wichtiges. Es sagt uns, dass die gesamte Kirche dabei versagt hat, die Geschichte neu zu interpretieren und die Botschaft aktuell und lebendig zu halten als etwas, das zu unseren Herzen spricht, das die geheimnisvollen Regungen in uns anspricht und uns erlaubt, uns dem Mysterium unseres *Seins* anzuvertrauen.

Deshalb denke ich, wir sollten uns die Geschichte neu anschauen. Wenn wir beginnen, die Jesus-Geschichte mythologisch zu interpretieren, suchen wir nach ihren Metaphern und Symbolen. Wir beginnen zu fragen: »Was meinen die Metaphern für mich? Was bedeutet mir Jesus?« Wenn wir Jesus nicht nur als historische Figur ansehen, die geboren wurde und gelebt hat, auf der Erde wandelte, lehrte, seine Botschaft verkündete und schließlich am Kreuz starb, sondern Jesus auch als eine zeitlose lebendige Gegenwart betrachten, als eine Metapher für die Ewigkeit in uns selbst, können wir beginnen, den inneren Raum zu betreten, in dem wir die Söhne und Töchter von Gott werden. Dann wird die Geschichte wiederbelebt. Dann kann die Jesus-Geschichte auf eine Weise lebendig werden, die wirklich Bedeutung für uns hat. Natürlich könnte das für manche Menschen ziemlich herausfordernd sein. Für manche könnte es sogar blasphemisch erscheinen, der Geschichte eine so konkrete Form zu geben, wie ich das vorschlage. Aber ich meine, die Einladung, genau dies zu tun, ist in der Geschichte selbst enthalten. Wenn ich dem, was die Geschichten zu sagen haben, wirklich lausche, ist es, als würde Jesus sagen: »Komm, komm ins Himmelreich. Das Himmelreich befindet sich auf der Erde, und Männer und Frauen verstehen es nicht.« Mir scheint, dass Jesus eine lebendige Verkörperung der Ewigkeit ist, eine Verkörperung dessen, was in uns selbst existiert.

Die Jesus-Geschichte ist ein Spiegel, der uns hilft, uns selbst klarer zu sehen. Die wichtigste Funktion der mythischen Erzählung ist es, das Leben durchlässig zu machen für die Transzendenz, die an seinem Grund liegt und hindurchscheint. Das ist die Kraft des Geschichtenerzählens. Das Erzählen von Geschichten lädt uns ein, in eine schöpferische Beziehung zur Geschichte zu treten. Wir können nicht distanzierte Beobachter bleiben; wir müssen in die Geschichte eintreten und selbst zu ihren Figuren werden. Wir müssen uns erlauben, das Leben mit den Augen von Jesus, den Augen von Christus, zu sehen, und die Welt durch die Augen der Jünger zu betrachten und durch die Augen jener, die geheilt und erlöst wurden durch die Gegenwart Christi.

Wie ich sagte, wird jeder von uns die Jesus-Geschichte auf seine eigene Weise betrachten. Ich möchte eine besondere Sichtweise anbieten, die ich für sehr machtvoll, wirksam und wichtig für unsere Zeit halte. Aber wenn wir uns nun miteinander in die Geschichte vertiefen, möchte ich Sie auch ermuntern, Ihre eigene kreative Beziehung zur Geschichte zu finden. Halten Sie Ihre Ohren offen und finden Sie heraus, wie jeder Teil der Geschichte zu Ihnen spricht.

Wenn wir auf diese Weise lauschen, wird die zweitausend Jahre alte mythische Reise von Jesus zur Reise in unser Inneres, führt uns zur Offenbarung Gottes in uns selbst und letztendlich zu der Erkenntnis, wer und was wir wirklich und wahrhaftig sind.

Adyashanti
Los Gatos, California
April 2014

Teil 1

Jesus begegnen

Kapitel 1
Meine Verbindung mit Jesus

»Ich kann mich allein von der Wahrheit ernähren.«
Heilige Therese von Lisieux

Wie kommt es, dass sich ein spiritueller Lehrer mit einem zen-buddhistischen Hintergrund für die Geschichte von Jesus interessiert? Nun, seit ich mich erinnern kann, war ich fasziniert von der Geschichte Jesu. Als Kind sah ich *»Die Zehn Gebote«* und all die anderen spirituellen Epen, die es damals im Fernsehen und im Kino gab.

Als ich klein war, hatten wir Glasschiebetüren an unserer Badewanne, und ich pflegte in der Wanne zu sitzen und Kreuze mit Kreisen in den Dampf auf dem Glas zu malen. Immer, wenn ich ein Stück Papier hatte, kritzelte ich Kreuze, die von großen Kreisen umgeben waren. Ich sah sie nicht als christliche Symbole und verband mich nicht bewusst mit der Jesus-Geschichte, aber meine Notizbücher von der Grundschule bis zum College sind gefüllt mit Kreuzen. Im Nachhinein denke ich, dass die Jesus-Geschichte und das Bild und Symbol des Kreuzes in der Tiefe meines Unbewussten ruhten. Etwas sehr Tiefes in mir war hochinteressiert an diesem Zeichen.

Ich wuchs nicht in einer besonders religiösen Familie auf und war nicht wirklich interessiert an organisierter Religion. Als ich vielleicht acht oder neun war, beschlossen meine Eltern, uns Kinder eine Zeit lang mit in die Kirche zu nehmen. Natürlich wurde ich in der Sonntagsschule abgegeben, während meine Eltern in das gingen, was ich den »Großen Raum« nannte, um dem Priester zuzuhören. Nachdem ich zwei- oder dreimal in der Sonntagsschule war, sagte ich zu meinen Eltern, dass ich dort nicht mehr hingehen wolle. Der Lehrer in der Sonntagsschule ließ uns Jesusbilder in einem Buch ausmalen und sang mit uns Lieder, und ich war mehr interessiert an dem, was im Großen Raum vor sich ging, wo der Priester und all die Erwachsenen waren. Nach ein paar Wochen gingen wir nicht mehr hin, und das war's.

Meine Familie war nicht besonders religiös im konventionellen Sinn, aber es gab viele religiöse und spirituelle Unterhaltungen zwischen meinen Eltern und meinen Großeltern. Ich hatte Großeltern von zwei Seiten, die sehr nah bei mir wohnten, dazu Tanten und Onkel und Cousins, und wir alle kamen ziemlich oft zusammen. Nicht selten wandte sich die Unterhaltung verschiedenen religiösen und spirituellen Themen zu. Beide Großeltern-Paare waren Kirchgänger, und einer meiner Großväter war, was ich einen »wahren Christen« nennen würde; er verkörperte den christlichen Geist der Großzügigkeit und Liebe auf eine Weise, wie ich sie seitdem selten gesehen habe. Seine Freunde nannten ihn »der Dekan«, weil er so viel Zeit damit verbrachte, Dekan in seiner Kirche zu sein.

Diese Unterhaltungen hatten großen Einfluss auf mich. Ich fand dieses Reden über Gott und Geist und Jesus geheimnisvoll und fesselnd und saß als Kind einfach da und lauschte mit einer Art Ehrfurcht. Ich verstand nicht alles, aber es erzeugte in mir ein tiefes Gefühl für das Mysterium des Lebens, für eine transzendente Präsenz, die ich erspüren konnte. Zum Glück wurde die Diskussion immer sehr offen und in weitem Geist geführt, nicht dogmatisch. Niemand versuchte, die anderen von seiner Sichtweise zu überzeugen; es war mehr eine Art Erforschen, ein tiefes Betrachten dieser Dinge.

Schon als ich sehr jung war, hatte ich verschiedene Arten dessen, was ich heute spirituelle Erfahrungen nennen würde, und als ich Gespräche über Religion oder Spiritualität hörte, stellte ich eine Verbindung her zwischen diesen Erfahrungen und einigen der Themen, die von den Erwachsenen diskutiert wurden. Und obwohl, wie ich sagte, wir keine religiöse Familie waren, waren Religion und Spiritualität seit ich mich erinnern kann Teil meines Lebens.

Seit jeher liebte ich Weihnachten. Nun ja, ich denke, jedes Kind liebt Weihnachten mit all den Geschenken, dem Baum, den Lichtern und diesen Feiertagssendungen im Fernsehen, die speziell für Kinder gemacht sind. Ich mochte all dieses Zeug auch, aber für mich war Weihnachten auch eine heilige Zeit. Jedes Jahr im Oktober ergriff mich eine bestimmte Art von *Anwesenheit* – eine transzendente, schöne, reiche, innige Präsenz. Ich assoziierte das mit der Jesus-Geschichte, und das ist natürlich das, worum es bei Weihnachten wirklich geht.

Dieses Gefühl des Heiligen ergriff mich mehrere Monate vor Weihnachten. Je näher ich Weihnachten kam, umso mehr überwältigte mich diese Empfindung des Heiligen. Es kam mit einem Empfinden großer Bedeutung und tiefer

Innigkeit. Für zwei oder drei Monate in jedem Jahr lebte ich buchstäblich in einem Zustand der Gnade, und das fügte all den Weihnachtsfeiern eine heilige Dimension hinzu, die weit über die Päckchen und Lichter und das Geglitzer von Weihnachten hinausging. Weihnachten und die christliche Botschaft fanden also immer in mir einen tiefen Widerhall; die Jesus-Geschichte war immer bedeutsam für mich.

Irgendwann in meinen Teenager-Jahren nahm ich an der Kommunion in einer katholischen Messe teil. Ich wusste nicht, dass man an der Kommunion nicht teilnehmen sollte, wenn man nicht in die katholische Kirche aufgenommen ist. Im Rückblick bin ich froh, dass ich das nicht wusste, denn ich tat es in kindlicher Arglosigkeit, und als ich die Hostie nahm und den Wein trank, fand ich das stille Ritual außerordentlich bedeutsam. Ich hatte das nicht erwartet; ich war mit einer anderen Familie zur Messe gegangen und wollte nur teilnehmen, um zu sehen, wie das war. Auch das trug dazu bei, mich wieder einmal mit der Geschichte von Jesus zu verbinden.

Verliebt in die heilige Therese

In meinen späten Jugendjahren begann ich, mich für eine tiefere Form der Spiritualität zu interessieren. Zu jener Zeit dachte ich nicht an das Christentum. Ich begann spirituelle Bücher zu lesen, und in einem Buch über Zen-Buddhismus begegnete mir das Wort *Erleuchtung*. Das Wort *Erleuchtung* rief eine tiefe Reaktion in mir hervor. Ich *musste* einfach herausfinden, was das Wort bedeutet. Man könnte sagen, dass dies der Moment war, in dem ich ein spiritueller Sucher wurde: Ich suchte nach der Erleuchtung, von der ich in jenem Zen-Buch gelesen hatte.

In einem Adressbuch fand ich eine Zen-Lehrerin, die tatsächlich nur fünfzehn Minuten entfernt von dem Ort lebte, an dem ich aufgewachsen war, was erstaunlich war, denn zu jener Zeit gab es sehr wenige Zen-Zentren oder Tempel in den USA. Ihr Name war Arvis Justi, und sie hatte ein langes Training mit ihrem eigenen Lehrer durchlaufen. Sie lehrte in ihrem eigenen Haus. Ich war etwa zwanzig, als ich sie fand, und studierte und meditierte mit ihr über zehn Jahre. Als ich dreiunddreißig war, bat sie mich schließlich zu lehren.

Zen-Training konzentriert sich auf das, was du *tust* – mit anderen Worten, wie du dich einer Praxis widmest, die dich für die tieferen Dimensionen öffnen kann, die tieferen Wirklichkeiten des Mysteriums von uns allen. Und so engagierte ich mich im Zen und meditierte viel. Die Praxis bestand hauptsächlich aus dem Sitzen im Schweigen, was eine sehr wichtige Erfahrung für mich war. Es war der Weg, auf dem ich meine spirituelle Suche wirklich verfolgen konnte.

Aber nach einigen Jahren gab es etwas im Zen, zu dem ich keine Verbindung herstellen konnte; es begann sich ein wenig trocken anzufühlen. Auf der emotionalen Ebene fühlte ich mich nicht angesprochen. Und ohne mir dessen wirklich bewusst zu sein, folgte ich einfach meinen Interessen und meiner Intuition und begann erneut zu suchen, vor allem durch Lesen. Eines Tages fand ich in einem winzigen spirituellen Buchladen in Palo Alto in Kalifornien die Autobiografie der heiligen Therese von Lisieux. Die heilige Therese war eine katholische Nonne des 19. Jahrhunderts, die sehr jung gestorben ist. In den letzten Jahren ihres Lebens schrieb sie auf Bitten ihrer Oberin ihre Lebensgeschichte auf. In dem Laden blätterte ich durch ihre Autobiografie, und etwas in ihrer Frömmigkeit fesselte mich. Ich kaufte das Buch und nahm es mit.

Ich las ihre Lebensgeschichte und war völlig eingenommen von ihr. Ihre Unschuld und Hingabe an Gott berührten etwas Tiefes in mir. Ihre Beziehung zu Gott war sehr aufrichtig und ganz schlicht, und diese Einfachheit und Aufrichtigkeit ihrer Hinwendung berührte etwas in mir, das sehr aufrichtig und einfach war. Zu meiner großen Überraschung verliebte ich mich buchstäblich in diese Heilige, die seit langer Zeit tot war. Und wenn ich sage, ich verliebte mich, dann meine ich *wirkliches* Verliebtsein, wie wenn du auf der Highschool für jemanden schwärmst und völlig von dieser Person besessen bist. Ich las drei oder vier verschiedene Fassungen ihrer Autobiografie, ich las Erläuterungen zu ihrem Leben und Schreiben und war etwa zwei Jahre lang absolut überwältigt von dieser Liebesaffäre des Herzens. Ich war dieser unerwarteten Erfahrung so ungeschützt ausgeliefert, dass ich nicht wusste, wie ich damit umgehen sollte.

Was tatsächlich geschah, war, dass mein Herz geöffnet wurde. Etwas in der Art, in der sie ihre *Liebe* zu Gott offenbarte, war zutiefst mit dem Herzen verbunden, und das ließ mein Herz weit aufbrechen. So begann ich in mir das zu entdecken, was ich für die Übertragung des Christentums und der Jesus-Geschichte halte, der tiefen, offenen, ungeschützten Innigkeit der Liebe.

Ich fuhr fort mit meiner zen-buddhistischen Praxis, suchte meine Lehrerin auf, meditierte, aber mit meinem weit geöffneten Herzen war es eine ganz andere Erfahrung als vorher. Diese Liebe war das fehlende Element gewesen, das ich in meiner Zen-Praxis nicht gefunden hatte. Natürlich sehe ich im Rückblick, dass es da war; es war nur nicht so da, dass ich mich damit hätte verbinden können. Das ist verständlich, denn ich wuchs nicht in einer buddhistischen Kultur auf; deshalb war es schwierig für mich, mich mit ihren Bildern, Geschichten und ihrer Symbolik zu verbinden. Sie sind mir ein wenig fremd. Für mich hatte Zen damit zu tun, mich einer spirituellen Praxis in Form von tiefem Erforschen zu verpflichten. Aber durch die Geschichte von Jesus und durch die heilige Therese begann ich das Herz der heiligen Liebe zu erfahren. Die heilige Therese war für mich das Tor, durch das ich tiefer in die Wahrheit und den innersten Kern des Christentums eintauchen konnte.

»So liebe ich dich und so sollst du alle Dinge lieben.«

Kurz nach meiner Begegnung mit der heiligen Therese hatte ich eine tief gehende Erfahrung während eines Zen-Retreats. Zen-Retreats sind sehr anstrengend, mit bis zu fünfzehn Meditations-Perioden zu je vierzig Minuten am Tag, also gab es eine Menge stilles Sitzen und sehr viel Verweilen im Schweigen. Ich war schon früher auf Zen-Retreats gewesen, und als ich zu diesem Sieben-Tages-Retreat eintraf, war ich der Meinung, das ganz gut zu können. Ich freute mich wirklich darauf, aber im Verlauf des Retreats geriet etwas in Unordnung. Das Ganze entwickelte sich zu einem Albtraum. Ich hatte ein intensives Gefühl des Unbehagens und keine Ahnung, warum das geschah. Ich fühlte mich eingesperrt wie ein Tier im Käfig und wollte ausbrechen.

Nun, zu jener Zeit wusste ich, wie ich mit allen möglichen unterschiedlichen Geisteszuständen und Emotionen sitzen konnte, und seit Langem hatte ich erkannt, dass man manchmal einfach dieses Unbehagen im Sitzen aushalten muss. Aber dies war eine Herausforderung. Ich fühlte mich gefühlsmäßig zutiefst verstört, hatte heftige Angstzustände und wusste nicht, ob ich kämpfen oder fliehen sollte. Es kam der Moment, an dem ich es buchstäblich nicht mehr aushielt. Ich brach einfach zusammen. Es war niederschmetternd, ich fühlte mich zutiefst gedemütigt. Also schrieb ich eine kurze Nachricht und erklärte, dass ich gehen würde, und während alle anderen meditierten, heftete ich den Zettel an die Tür des Lehrers. Es war nicht erlaubt, ohne persönliche Rücksprache mit dem Lehrer zu gehen, aber ich war so gedemütigt, dass ich ihm einfach nicht gegenübertreten konnte. Ich hinterließ die Nachricht, stieg in meinen Wagen und fuhr heim.

Ich war so niedergeschmettert, dass ich tatsächlich glaubte, dies sei das Ende meiner Suche. Ich dachte: »Gut, du hast ihr fünf oder sechs Jahre gewidmet, du hast dich wirklich ganz und gar engagiert, aber du hast versagt. Du bist für so was nicht gemacht, wirf das Handtuch.« Ich war fünfundzwanzig Jahre alt und sicher, absolut sicher, dass dies das Ende meiner spirituellen Suche war. Also fuhr ich nach Hause in dem Gedanken, dass alles vorbei war, aber als ich in meine Hauseinfahrt bog, sagte eine kleine Stimme in meinem Kopf: »Geh einfach durch die Haustür und hinaus durch die Hintertür, setz dich in deine Meditationshütte und meditiere.« Ich hatte in den Jahren gelernt, dieser noch kleinen Stimme in meinem Kopf zu trauen. Es erschien mir sinnlos, denn ich war sicher, dass dies das Ende meiner spirituellen Suche und alles vorbei war, aber ich tat einfach, was die Stimme sagte. Ich ging tatsächlich vom Wagen aus durch die Haustür, geradeaus durch das Haus, zur Hintertür hinaus und in meine Meditationshütte.

Kaum hatte ich mich niedergesetzt, explodierte buchstäblich das spirituelle Herz – das Herz der Liebe, das ich zuerst beim Lesen der heiligen Therese erfahren hatte. Es wäre nicht richtig zu sagen, es dehnte sich aus – es war vielmehr wie eine Explosion in meiner Brust. Ich fiel aus einem Zustand der Mutlosigkeit – ich war sicher, dass meine ganze spirituelle Suche am Ende war und ich versagt hatte – in diese Unermesslichkeit der Liebe, in ein Wohlgefühl, das alles übertraf, was ich je erfahren hatte. Und dann hörte ich diese Worte in meinem Geist, als ob der Gott der Bibel sprach, und die Stimme sagte: »So liebe ich dich, und so sollst du alle Wesen und alle Dinge lieben.« Es fühlte sich wirklich an wie die Stimme Gottes, und diese Explosion des Herzens veränderte alles.

An jenem Abend rief mich der Lehrer des Zen-Tempels an und fragte: »Also, was ist passiert?« Ich sagte: »Ich weiß es nicht!« Er fragte: »Warum kommst du nicht zurück?«, und ich sagte: »In Ordnung, ich komme morgen wieder.« Das war das Ende des Gesprächs; es war tatsächlich so kurz, denn es machte mir überhaupt nichts aus, zurückzugehen.

Ich hatte nicht unbedingt das Gefühl, dass mein spirituelles Leben wieder wie vorher funktionierte, aber in dieser unermesslichen Liebe, die ich erfahren hatte, fühlte ich mich wie eine Feder im Wind. Zurückgehen? In Ordnung, ich gehe zurück.

Also fuhr ich wieder zum Tempel, und als ich gerade die Meditationshalle betreten wollte, sah ich den Leiter des Retreats, der für das Einhalten der Regeln verantwortlich war. An der Tür zur Halle sah mir dieser Mönch geradewegs in die Augen und sagte: »Du hättest nicht gehen sollen, und du hättest nicht zurückkommen dürfen.« Und, wissen Sie, das waren die besten Worte, die er hätte sagen können, denn ich sah, dass sich nicht das Geringste in mir veränderte, während er sprach – diese Liebe wurde nicht geringer, zog sich nicht in sich zusammen, bewegte sich nicht ein Jota. Am liebsten hätte ich ihn in die Arme genommen und geküsst, denn er zeigte mir, dass nichts das verändern konnte, was ich gerade erfuhr.

Wenn sich mein Herz nicht geöffnet hätte und jemand gesagt hätte: »Du hättest nicht gehen sollen, und du hättest nicht zurückkommen dürfen«, wäre ich niedergeschmettert gewesen. Stattdessen machte mir das Erlebnis nur die Unermesslichkeit und Intensität der Liebe klar, die ich erfuhr. Ich ging einfach durch die Tür hinein und hatte ein wunderbares Retreat.

Was begonnen hatte mit einer christlichen Heiligen, die mein Herz in völlig unerwarteter Weise öffnete, fand seinen Höhepunkt in diesem weit aufgesprengten Herzen in einem Augenblick großer Verzweiflung. Wieder einmal gab die Jesus-Geschichte – und diese Heilige, die so intim mit der Jesus-Geschichte verbunden war – meinem Leben eine entscheidende Wendung.

Damals begann ich, exzessiv christliche Mystik zu lesen – an die zweihundert Bücher christlicher Mystiker. Seitdem erzähle ich den Menschen, dass ich Zen durch christliche Mystik verstanden habe, und in gewisser Weise stimmt das. Erst durch die christliche Mystik begann ich, ein tieferes Verständnis dafür zu gewinnen, worum es im Zen geht. Umgekehrt halfen mir meine zen-buddhistische Praxis und die ganze in Meditation verbrachte Zeit zu verstehen, was die christlichen Mystiker sagen, und so passte beides damals wirklich zusammen.

Durch meine Lektüre bekam ich auch ein tieferes Gespür für die Jesus-Geschichte, sowohl für die Person von Jesus als auch dafür, was die Geschichte verschiedenen Menschen bedeutete. Beim Lesen der Mystiker begriff ich, dass die Wahrheit und Liebe von Christus von jedem Menschen anders verstanden wurde. Die Mystiker hatten ganz unterschiedliche Auffassungen von der Beziehung zwischen Jesus und Gott, auch von ihrer eigenen Beziehung zu Gott und der zu Jesus. Es war, als würde ich in eine geheimnisvolle Welt eintreten. Als Kind hatte ich immer ein sehr intensives Verhältnis zur Jesus-Geschichte; meine Fantasie wurde von ihr gefesselt. Aber als ich die Welt dieser frühen christlichen Mystiker betrat, begann ich die Jesus-Geschichte in ganz anderem Licht zu sehen. Die Mystiker zeigten mir, dass uns die Geschichte von Jesus tatsächlich etwas sehr Wichtiges über uns selbst erzählen kann, nämlich wie wir uns mit der Welt verbinden und wie mit dem grundlegenden Mysterium des *Seins.*

Für jeden von uns ist die eigene Existenz höchst geheimnisvoll. Allein dass wir da sind, dass wir existieren, ist ein großes Mysterium. Äußerlich gesehen hat jeder von uns eine Persönlichkeit, eine Persona, eine Ego-Struktur – die Art, in der wir uns der Welt zeigen. Aber in uns gibt es etwas ganz anderes. In meinen Zwanzigern ging ich auf die Universität und studierte Psychologie und Soziologie, deshalb dachte ich über das, was innen ist, anfangs in psychologischen Begriffen. Durch mein Zen-Studium aber erkannte ich, dass es eine Dimension des *Seins* gibt, die alles übersteigt, was wir als unsere persönliche Psychologie ansehen können. Als ich schließlich den christlichen Mystikern begegnete, war es, als würden sie mich an einen weit kreativeren Ort ziehen, an einen Ort der Begegnung zwischen der Jesus-Geschichte und der schöpferischen Kraft des Unbewussten. Es entsteht eine ziemlich machtvolle Dynamik, wenn das Mysterium unseres eigenen *Seins* einer wirklich außerordentlichen Geschichte begegnet. Diese Begegnung kann sehr transformierend wirken.

Die christliche Präsenz

Da war ich also mit diesem großen offenen Herzen und studierte die christlichen Mystiker. Ich war nicht nur von ihren Worten fasziniert, sondern auch von dem, was meine Lektüre in mir erweckte. Es war eine Präsenz oder Lebendigkeit, die in mir erweckt wurde – eine ganz eigene und tiefgründige Präsenz, die zur gesamten christlichen Tradition gehört. In Europa braucht man nur durch die Tore dieser alten Kirchen zu treten und fühlt sofort ein unverkennbares Berührtwerden, ganz anders als die Übertragung im Buddhismus, Hinduismus, Islam oder jeder anderen Religion. Natürlich hat jede Religion ihre eigene Übertragung, ihre eigene Präsenz.

Sie entsteht durch den Gründer der Religion, durch ihre Essenz und, was das Christentum betrifft, durch die unterschiedlichen Menschen, die sich jahrtausendelang mit der Kerngeschichte verbunden haben. Wenn wir uns dieser christlichen Präsenz öffnen, kann das ein Gefühl von lebendiger Kraft und grenzenloser Liebe erwecken.

Als ich mich in diese christlichen Mystiker vertiefte, begann ich mich zu fragen, ob ich nicht den Zen-Buddhismus verlassen und mich dem Christentum zuwenden sollte. Es waren Jahre vergangen seit meiner ersten katholischen Messe, und ich beschloss, noch einmal eine Messe zu besuchen. Inzwischen wusste ich, dass ich nicht an der Kommunion teilnehmen sollte, und als alle anderen aufstanden, blieb ich einfach sitzen und beobachtete. Selbst als Beobachter bemerkte ich, dass sich in diesem Ritual ein bestimmtes grundlegendes Mysterium zeigt, das schwer in Worte zu fassen ist. Jedes machtvolle religiöse Ritual hat diese Qualität, etwas sehr Tiefes und Archaisches in uns zu berühren. Ein gutes Ritual dient dazu, das Mysterium des *Seins* in uns zu erwecken, das Mysterium unserer eigenen Existenz, das Mysterium des Lebens, das Mysterium Gottes. Es soll das Gefühl der Ewigkeit erwecken, die durch das Lattenwerk von Zeit und Raum hindurchscheint. Genau dafür ist das Ritual da – uns in Berührung zu bringen mit der Erfahrung der Ewigkeit, der Erfahrung des Heiligen.

Also saß ich in einer Bank hinten in der Kirche und beobachtete, wie die Menschen die Kommunion nahmen. Beim Lesen der Mystiker, die so eloquent über ihre eigenen tief gehenden Erfahrungen schrieben, hatte ich das innige Gefühl der Verbundenheit gehabt, als ob ich mich durch die Jahrhunderte hindurch mit der lebendigen Gegenwart eines anderen Menschen verband. Deshalb hatte ich die unbewusste Erwartung, ich würde beim Betreten der Kirche und der Teilnahme an der Messe dasselbe empfinden. Aber als der Priester mit seiner Predigt begann, war ich zutiefst enttäuscht. Er sprach über Abtreibung und darüber, wie Familien sein sollten, über intime Fragen der Sexualität und wie man sein Leben führen sollte, und während er sprach, hatte ich das Gefühl, dass er die Präsenz, die durch das Ritual der Kommunion entstanden war, auf den Boden geworfen hatte und auf ihr herumtrampelte. Mein Eindruck war, dass er die christliche Botschaft völlig überging. Er interessierte sich mehr dafür, das persönliche Verhalten der Menschen zu steuern und gewisse politische Überzeugungen zu äußern, als für seine Aufgabe als Priester, nämlich uns für das Mysterium zu öffnen und die transzendente Präsenz zu enthüllen, die in der Jesus-Geschichte enthalten ist.

Während ich dem Priester zuhörte, verschwanden die Präsenz und das Mysterium aus dem Raum, und alles kehrte zurück in die relative Welt. In dem Moment erkannte ich: »Also gut, ich schätze, der Weg des Christentums wird nicht mein Weg sein.« Ich suchte etwas wirklich Tiefes und konnte es bei den frühen Mystikern finden, aber ich fand es nicht in einer modernen Kirche. Aber auch wenn ich wusste, dass das Christentum nicht mein gewählter Weg sein würde, war mir klar, dass die Geschichte von Jesus und die Überlieferung des Christentums weiterhin ein wichtiger Teil meiner spirituellen Entwicklung sein würden. Meine Zen-Meditation hatte mich an einen bestimmten Punkt geführt, aber ich brauchte die Entfaltung des spirituellen Herzens, um weitergehen zu können und nicht stecken zu bleiben. Die christliche Überlieferung hat meinen gesamten spirituellen Weg beseelt, und in gewisser Weise beseelt sie mein ganzes Leben.

Kapitel 2
Der Jesus der Evangelien

Jesus sagte: *»Ich habe ein Feuer auf die Welt geworfen, und siehe, ich bewache es, bis es brennt.«*
Thomas-Evangelium

Nun überspringen wir zwölf Jahre. Meine Zen-Lehrerin hatte mich gebeten zu lehren, und ich begann, das Dharma zu vermitteln, hielt Vorträge, gab Retreats und befand mich auf der Lebensbahn eines zeitgenössischen spirituellen Lehrers. Ich hatte als Lehrer nie das Ziel, Buddhismus zu verbreiten, und selbst meine Lehrerin hat mich nicht gebeten, dies zu tun. Was mich ursprünglich zur Spiritualität hingezogen hatte, war die Frage »Was ist Erleuchtung?«. Vor allem an dieser Frage bin ich als Lehrer interessiert, und meine Aufgabe ist es, sie in Herz und Geist der Menschen, die zu mir kommen, zu erwecken.

Im Verlauf der Jahre des Lehrens stellte ich fest, dass die Menschen sich angesprochen fühlten, sobald ich über die Jesus-Geschichte sprach. Das ist nicht verwunderlich, denn der westliche Geist ist über zweitausend Jahre lang vom Christentum beherrscht worden. Ob wir nun Juden, Buddhisten, Moslems oder selbst Atheisten sind, wir können gar nicht anders, als von dieser Geschichte beeindruckt zu sein. Schon aus diesem Grund ist die Geschichte es wert, neu untersucht zu werden, und wenn wir das tun, stellen wir vielleicht fest, dass der Jesus, von dem man uns erzählt hat, ganz anders ist als der Jesus in den Evangelien. Das ist es, was ich untersuchen möchte.

Die gute Botschaft lesen

Wie bei den meisten Menschen war mein Verständnis dafür, wer Jesus war, von der vorherrschenden Kultur bestimmt. Der Jesus, den ich kannte, war tatsächlich der Jesus, den ich im Fernsehen und in Filmen sah, der Jesus, dessen Bild von der Kanzel gepredigt wurde; später war es der Jesus, den ich im Studium der Mystiker fand, und das war ein mystischer Jesus. Das waren die Gesichter von Jesus, die ich in den ersten fünfunddreißig Jahren meines Lebens kennengelernt hatte. Es klingt vielleicht seltsam, aber selbst während meines Studiums der christlichen Mystiker setzte ich mich nie hin, um die vier Evangelien zu lesen. Ich hatte die biblische Jesus-Geschichte nie wirklich gelesen, aber als ich es tat, war ich erstaunt und geradezu überwältigt von dem, was ich herausfand.

Der Jesus, den ich in den Evangelien fand, war nicht der Jesus, den ich durch meine Kultur vermittelt bekam, und nicht einmal der Jesus der Mystiker. Ich fand vielmehr in der Geschichte eine unglaublich revolutionäre Figur, jemanden, der Schranken und Trennungslinien durchbrach, sowohl in der gesamten Kultur und auf politischem Gebiet als auch in der Religion, in der er aufgewachsen war. Als ich die Evangelien las, verband sich etwas in mir zutiefst mit Jesus, dem revolutionären Mystiker, der tatsächlich so mutig war, sein Leben von der Dynamik seiner spirituellen Essenz führen und inspirieren zu lassen. Jesus durch das Brennglas des spirituellen Revolutionärs zu sehen, bewirkt eine machtvolle Transformation; wenn wir diesen Geist in uns verkörpern können, beginnen wir, die inneren Mauern zu durchbrechen, die uns voneinander, von der Welt und von unserer eigenen Göttlichkeit trennen.

Es gibt viele Blickwinkel, von denen aus wir die Jesus-Geschichte betrachten können. Jesus, der Revolutionär, ist nach meiner Meinung einer der wirkungsvollsten für unsere gegenwärtige spirituelle Kultur. Die Kultur und Religion unserer Zeit brauchen den Einstrom neuen Lebens. Ich meine, die Kirchen in diesem Land müssen neu belebt werden; sie brauchen diese herausfordernde Präsenz von Jesus, die sagt: »Es ist wichtig, dass du die Wahrheit deines *Seins* erkennst. Die Konsequenzen aus dem Leben in Dunkelheit sind gravierend.« Wie Jesus im Thomas-Evangelium sagt: »Wenn ihr nicht das hervorbringt, was in euch ist, wird das, was ihr nicht hervorbringt, euch zerstören.« (Thomas-Evangelium 70)

Jesus, der Revolutionär, ist ein wirkungsvoller Blickwinkel, aber wie ich bereits sagte, ist es nicht der einzige. In jedem der vier Evangelien des Neuen Testaments begegnen wir einem einzigartigen Porträt von Jesus. Jeder Evangelist betrachtet Jesus und seine Geschichte durch eine ganz eigene interpretatorische Brille; jedes der Evangelien von Markus, Matthäus, Lukas und Johannes bietet eine andere Interpretation der Geschichte an. Die Evangelisten unterscheiden sich gravierend darin, wohin sie einzelne Elemente der Geschichte stellen; einige Evangelisten stellen gewisse Szenen an den Anfang, andere ans Ende. Es ist klar, dass die Evangelisten diese Geschichte sehr kreativ bearbeitet haben, um unterschiedliche Bedeutungen herauszuarbeiten und unterschiedliche Zeitabläufe darzustellen. Jeder bietet ein anderes Porträt von Jesus an.

Das Markus-Evangelium

Ich finde die Brille, durch die das Markus-Evangelium Jesus betrachtet, besonders stark. In diesem Evangelium wird Jesus als wahrer Revolutionär porträtiert und als jemand, der während der ganzen Geschichte ein Paradox verkörpert: Er ist zur Wirklichkeit seiner eigenen Göttlichkeit erwacht, aber er sucht noch immer nach seiner Rolle in der gesamten Kultur und nach Möglichkeiten, das zu vermitteln, was er erfahren hat. Ich glaube, diese sich entwickelnde Rolle, diese Suche nach der vollkommenen Offenbarung dessen, wer und was er wahrhaft ist, ist besonders wichtig für unsere Kultur.

Der Jesus, der im Markus-Evangelium dargestellt wird, hat wahre spirituelle Autonomie; im modernen Sprachgebrauch könnte man sagen, er ist er selbst. Nun haben vermutlich viele Menschen von der Autonomie des Ego gehört, die darin besteht, einen Platz innerhalb der eigenen Psychologie zu erreichen, der stimmiger und nicht so konfliktreich ist, sodass man kraftvoll und lebendig in der Welt stehen kann. Aber spirituelle Autonomie, wie Jesus sie verkörpert, geht *weit* darüber hinaus.

Spirituelle Autonomie bedeutet, zu wissen, wer und was Sie sind – zu wissen, dass Sie göttliches *Sein* selbst sind, zu wissen, dass Ihre Essenz Göttlichkeit ist. Sie bewegen sich in der Welt von Zeit und Raum, erscheinen als menschliches Wesen, sind aber dennoch ewiges, göttliches *Sein*: das Zeitlose, das sich Bahn bricht und innerhalb der Welt der Zeit agiert. Für Jesus ist der Geist *alles*. Nichts ist wichtiger als der Geist, oder, wie ich es lieber ausdrücke, göttliches *Sein*. Göttliches *Sein* ist es, wofür Jesus steht; es ist die lebendige Quelle, aus der heraus er sich bewegt, aus der heraus er spricht, aus der heraus er seine Kritik formuliert. Er ist die lebendige Gegenwart des göttlichen *Seins*. Er ist auch ein menschliches Wesen, aber er ist da, um göttliches *Sein* zu enthüllen, und das wird am deutlichsten im Markus-Evangelium.

Dieses Evangelium zeigt in großartiger Weise die Suche von Jesus nach sich selbst. Der Jesus von Markus ist ein suchender Jesus: Er sucht nach seiner Identität, er sucht nach seiner Rolle, er experimentiert, er findet heraus, was funktioniert und was nicht. Er ist auf einer Reise, und er lädt uns alle ein zu dieser Reise mit ihm, als wären auch wir die Jünger.

Wie ich sagte, zeigt Markus von allen Evangelisten am deutlichsten Jesus als spirituellen Revolutionär. In diesem Evangelium prangert Jesus geradezu unerbittlich die Korruption auf allen Ebenen an; er kritisiert die Religion, in der er aufwuchs. Jesus ist von Anfang bis Ende der Geschichte ein Jude; er ist als Jude geboren und stirbt als Jude. Nie verwirft er seine Religion, aber er will sie revolutionieren.

Jesus tat, was alle wahren Propheten tun: Er brachte neues Leben und frischen Geist in die gewohnten Denkweisen und alten Geschichten. Er verwandelte sie in etwas, das wirklich zu unseren Herzen spricht, zu dem in uns, das eine Beziehung zum Strahlen des Göttlichen sucht und im Grunde dieses Strahlen selbst werden und verkörpern will. Letztendlich ist der Jesus, den Markus schildert, nur daran interessiert, Menschen zum ewigen Leben zu erwecken und sie das göttliche *Sein* in sich selbst entdecken zu lassen.

Zwei Themen ziehen sich durch dieses ganze Evangelium. Eins davon ist die sich entfaltende Rolle von Jesus – wie er sich selbst sieht, wie er seine Lehre übermittelt, wie er im Verlauf der Geschichte das Verständnis für seine Aufgabe im Leben entwickelt. Das andere Thema hat damit zu tun, wie eine rechte Beziehung zum göttlichen *Sein* hergestellt werden kann. Damit meine ich: Wie sind wir in der rechten Beziehung zur Göttlichkeit in uns selbst? Wie können wir uns in guter und hilfreicher Weise dem Mysterium unserer eigenen Existenz zuwenden? Diese beiden Themen stehen im Zentrum des gesamten Markus-Evangeliums.

Matthäus, Lukas und Johannes

Auch wenn Markus meine Interpretation am meisten inspiriert, werde ich ergänzend Texte aus den anderen Evangelien untersuchen. Das Matthäus-Evangelium verwendet etwa achtzig Prozent des Materials, das wir im Markus-Evangelium finden, aber Matthäus fügt auch eine Menge hinzu; Matthäus ist fünfzig Prozent länger als Markus. Matthäus betont in seinem Evangelium die Gemeinde der Kirche und die Beziehung der Jesus-Geschichte zur Kirche. Deshalb ist das Matthäus-Evangelium wahrscheinlich das, welches Priester am liebsten verwenden. In diesem Evangelium wird Jesus als der gute Hirte dargestellt, als die liebende und einladende Präsenz des *Seins*. Natürlich finden wir bei Matthäus immer noch den revolutionären Jesus, aber die hinzugefügte Bedeutung Jesu als Verkörperung der Liebe schimmert hindurch, und deshalb ist dieses Evangelium so populär.

Das Lukas-Evangelium zeigt Jesus als Erfüllung der Prophezeiungen des Alten Testaments. Lukas sprach zu einer weit größeren Zuhörerschaft als Matthäus, und das spüren wir, wenn wir das Lukas-Evangelium lesen. Die Geschichte ist universaler und geht über die spezielle jüdische Kultur jener Zeit hinaus, um die Nichtjuden zu erreichen.

Bei Matthäus und Lukas finden wir die Bergpredigt, bei Matthäus die Seligpreisungen. Das ist der Jesus, den sich die meisten Menschen vorstellen: Jesus als guter Hirte, ein schöner und offenherziger Quell des Mitgefühls und der unbedingten Liebe. Auch diesen Aspekt von Jesus werde ich herausarbeiten, denn die Übertragung unbedingter Liebe ist ein sehr wichtiger Teil der Geschichte.

Das Johannes-Evangelium

Das Johannes-Evangelium ist das mystischste der Evangelien. Es stellt Jesus als das schöpferische Prinzip dar, als den Geist der beseelenden Kraft alles Lebens. Jesus bekommt eine sehr transzendente Qualität; er ist viel abstrakter im Johannes-Evangelium. Er ist eine Autorität, und das tragische Element seiner Geschichte scheint ihn nie zu berühren.

Es ist ein ganz anderes Porträt als in jedem anderen Evangelium. Johannes interessierte sich weit weniger für die Menschlichkeit Jesu als für seine Göttlichkeit. Tatsächlich bemächtigt sich die Figur Jesu des gesamten Alten Testaments, und Jesus wird das Prinzip der Schöpfung schlechthin. Johannes beginnt sein Evangelium so: »Im Anfang war das Wort, und das Wort war bei Gott, und Gott war das Wort.« (Joh. 1,1) Wir werden später untersuchen, was Johannes mit »Wort« meint, aber wenn man dieses Evangelium liest, hat man den Eindruck, dass die Menschlichkeit Jesu vollkommen transzendent ist.

Der Jesus von Johannes ist eine große Erscheinung der Göttlichkeit und erweckt unsere eigene Göttlichkeit: Das, was niemals von der Welt von Zeit und Raum berührt wurde; das in uns, was in allen schwierigen oder tragischen Momenten unseres Lebens der Zeuge von allem blieb; das, was nie ganz in die Welt der Zeit eintritt und für immer jenseits von allem ist, das jemals geschehen wird. Auch das ist ein sehr befreiender Aspekt des göttlichen *Seins* und ein wesentlicher Teil dessen, was Johannes vermitteln wollte.

Das Thomas-Evangelium

Das letzte Evangelium, auf das ich mich beziehe, ist das Thomas-Evangelium, das nicht in der Bibel zu finden ist. Tatsächlich wurde es erst 1945 entdeckt, in einem Tonkrug in der ägyptischen Wüste in Nag Hammadi. Oft wird das Thomas-Evangelium als gnostisches Evangelium angesehen, aber es ist nur gnostisch in dem Sinn, dass jede Lehre uns von unserer Identifikation mit Körper, Intellekt und Ego befreien und zum Himmelreich erwecken soll, zur Göttlichkeit in uns selbst. In alten Zeiten wurde diese Erfahrung als ein Moment der *gnosis* bezeichnet, ein Moment des Erwachens.

Das Thomas-Evangelium unterscheidet sich von den vier Evangelien des Neuen Testaments, indem es Jesus als Lehrer darstellt. Im Thomas-Evangelium gibt es keine Erzählung vom Leben Jesu, nur eine Sammlung kurzer Lehrsätze. Diese Aussagen von Jesus sind manchmal deutlich belehrend, manchmal aber funktionieren sie eher wie Zen-Koans. Ein Koan ist ein Rätsel, das man mit dem gewöhnlichen dualistischen Denken nicht lösen kann; Sie müssen tatsächlich in einen Zustand des spirituellen Erwachens geraten, um es zu verstehen.

Das Thomas-Evangelium zeigt das Himmelreich als etwas, das hier und jetzt existiert. Tatsächlich geht es in ihm nur um das, was hier und jetzt ist. In ihm sagt Jesus: »Das Königreich des Vaters ist ausgebreitet über die Erde, und die Menschen sehen es nicht.« (Thomas-Evangelium 113) Diese Unmittelbarkeit des Evangelium ist eine Herausforderung für uns; es ist, als würde es uns durch die Jahrhunderte hindurch zurufen: »Sind deine Augen geöffnet? Kannst du die Göttlichkeit in diesem Moment sehen, genau da, wo du bist? Kannst du das transzendente Licht durch die Welt von Zeit und Raum hindurchscheinen sehen?« Das Thomas-Evangelium ist eine Einladung, die einzigartigen Zeichen des Göttlichen in unserem Leben zu finden.

Das Thomas-Evangelium befasst sich auch mit unserer Identität. Sowohl das Alte als auch das Neue Testament betont unsere Beziehung zu Gott, zur transzendenten Gottheit. Die Betonung liegt darauf, die richtige Beziehung zu Gott zu haben. Natürlich geht Jesus auch in den Evangelien des Neuen Testaments manchmal über die Beziehung hinaus, wenn er etwa sagt: »Du bist das Licht der Welt.« Es gibt Momente in den kanonischen Evangelien, in denen Jesus ganz klar darüber spricht, die wahre Tiefe unserer eigenen Identität als die universelle ewige Präsenz des *Seins* zu erkennen. Aber im Thomas-Evangelium dreht sich die gesamte Lehre Jesu darum, unsere eigene Identität zu entdecken, zu erkennen, wer und was wir wirklich und wahrhaftig im *Hier und Jetzt* sind. Deshalb meine ich, dass das Thomas-Evangelium die Jesus-Geschichte vervollständigt; es erweitert unser Bild davon, was Jesus war und was er uns zu offenbaren hatte.

Ich werde mich in diesem Buch zu gegebener Zeit auf alle Evangelien beziehen, aber das Markus-Evangelium wird mein hauptsächliches Motiv und meine Inspiration sein.

Wenn Jesus heute leben würde

Ich frage mich oft, was wäre, wenn Jesus heute leben würde. Stellen Sie sich vor, dass Jesus – der schließlich kein Christ war, sondern Jude – heute eine Kirche betritt, zur Kanzel geht und eine Predigt hält. Können Sie sich vorstellen, wie herausfordernd das für die Gemeinde wäre? Können Sie sich vorstellen, wie vollkommen anders diese Predigt wäre als das, was viele von uns in der Kirche gehört haben?

In den Evangelien fordert Jesus wiederholt die religiösen Autoritäten seiner Zeit heraus, aber letztendlich ist das, was er sagt, für *alle* Religionen wichtig. Es ist egal, ob er als Jude, Christ, Buddhist oder Hindu aufgewachsen ist, denn er spricht über die Struktur der Religion selbst – ihre Hierarchie und ihre Tendenz, korrumpiert zu werden durch das Verlangen der Menschen nach Macht, Einfluss und Geld. Ich glaube, Jesus verstand zutiefst, dass die Religion selbst ganz schnell den Zugang zum Göttlichen versperren kann, anstatt uns mit dem strahlenden Sein, dem spirituellen Mysterium zu verbinden. Sobald wir uns zu sehr in den Riten und Ritualen verlieren und in dem *Du sollst* und *Du sollst nicht* der konventionellen Religion, verlieren wir die wichtigste Aufgabe der Religion aus den Augen, nämlich uns auf das Mysterium des *Seins* auszurichten und uns zu dem zu erwecken, was wir wirklich sind.

Natürlich sind diese äußeren Formen in gewisser Weise nützlich. Die soziale Funktion der Religion ist es, die Impulse und das Verlangen des Egos zu mäßigen; diese moralische und ethische Rolle war historisch gesehen sehr wichtig. Es ist gut, wenn Menschen einen gesunden Sinn für Ethik und Moral haben, während sie sich durch die Welt von Zeit und Raum bewegen, und die Religion verhilft dazu, die tieferen und dunkleren Impulse des Egos zu kontrollieren.

Aber die hauptsächliche Aufgabe der Religion ist weder Politik noch Macht oder Hierarchie oder das Aufstellen ethischer und moralischer Regeln. Die Aufgabe der Religion ist es, in uns die Erfahrung des Erhabenen zu erwecken und uns mit dem Mysterium der Existenz zu verbinden. Sobald Religion ihre Wurzeln im Ewigen vergisst, scheitert sie an ihrer Aufgabe. Jesus stand der Religion seiner Zeit deshalb so kritisch gegenüber, weil er sah, dass sie nicht nur versäumte, die Menschen mit dem Mysterium zu verbinden, sondern tatsächlich dazu beitrug, das Mysterium der Existenz zu verschleiern und das Himmelreich zu verbergen. Er kritisierte also von *innen*; er verwarf nicht unbedingt die Religion, in der er erzogen worden war, aber er fühlte sich aufgerufen, sie herauszufordern und zu transformieren. Jesus hatte ein scharfes Auge dafür, welchen korrumpierenden Einfluss Macht in allen Institutionen haben kann, seien sie politisch, wirtschaftlich oder religiös, und das ist sehr wichtig für unsere Zeit. Würde Jesus hier und jetzt als Mensch existieren, wäre das, was er über diese Themen zu sagen hat, genauso schockierend, wie es vor zweitausend Jahren war.

Ich habe im Lauf der Jahre mit vielen Menschen gesprochen, die sich vom Christentum abgewandt haben, weil es sich zumeist nur auf moralische und ethische Fragen zu konzentrieren scheint und darauf, ihnen vorzuschreiben, wie sie ihr Leben zu leben haben; es hat sie aber nicht wirklich mit der Tiefe verbunden. Natürlich gibt es heute Kirchen, die von der lebendigen Gegenwart Christi inspiriert sind, aber im Ganzen gesehen muss das Christentum neu belebt werden. Es muss dazu herausgefordert werden, die alten Strukturen, die den Geist unfrei machen, aufzugeben, sodass der immerwährende Geist des Erwachens wieder erblühen kann.

Das bewirkt vielleicht ein Gefühl der Verunsicherung, aber die lebendige Gegenwart Christi kann nicht in Strukturen eingesperrt werden. Der Geist, den Jesus verkörpert, bietet keine Sicherheit; wir wissen nicht, wie er sich in unserem Leben auswirken wird. Jesus gab nur ein Versprechen: Wenn wir das, was er lehrt, empfangen und beleben und verkörpern können, wird unser Leben nie wieder sein wie zuvor. Dann werden wir erkennen, dass wir bereits im Himmelreich leben.

Die Geschichte von Jesus gibt uns viele unterschiedliche Bilder davon, wie spirituelle Verwirklichung in der Welt von Zeit und Raum gelebt werden kann. Es ist wichtig zu wissen, dass wir nicht nur den Mut haben müssen, die Göttlichkeit in uns selbst zu erkennen; wir müssen sie auch verkörpern und in unserer Lebensweise manifestieren. Jesus als lebendige Gegenwart ist nicht sanftmütig oder mild. Jesus war ein Revolutionär, aber nicht um der Rebellion willen; er wollte die trennenden Grenzen niederreißen, die zwischen Menschen bestehen, zwischen Himmel und Erde, zwischen dem Menschlichen und dem Göttlichen.

Die Ereignisse in der Jesus-Geschichte können als Metaphern dafür dienen, was in unserem eigenen *Sein* notwendig ist. Die wahren Grenzen, die niedergerissen werden müssen, sind die Grenzen in unserem eigenen Geist und in unserem eigenen Herzen. Letztendlich ist also die Jesus-Geschichte eine Landkarte für die Reise, die *in uns* stattfindet. Sie ist eine Einladung, den strahlenden Glanz zu leben, der sich zeigt, wenn wir den Mut haben, uns jenseits all dessen zu begeben, was uns davon trennt.

Kapitel 3
Die tiefe Wahrheit der Mythen

»Leben ist so einfach: Wir leben in einer Welt, die absolut transparent ist, und das Göttliche scheint die ganze Zeit hindurch. Das ist keine hübsche Geschichte oder Fabel, es ist wahr.«
Thomas Merton

Die gegenwärtige westliche Kultur ist nicht mehr fähig, die Sprache der Mythen zu verstehen. Wir haben vergessen, welche Wahrheit die Mythen enthalten und welche Bedeutung sie vermitteln können. Heutzutage verstehen die meisten Menschen unter einem Mythos einfach etwas, das nicht im tatsächlichen Sinn wahr ist, und das ist ein großes Missverständnis des Mythos. Die mythologische Wahrheit besteht nicht in Tatsachen oder Historie; sie ist eine tiefere Wahrheit. In alten Zeiten sahen die Menschen den Mythos in einem ganz anderen Licht: als ein Medium, das eine Subtilität und einen Reichtum der Erfahrung enthalten und vermitteln kann, die von linearen und auf Begriffen basierenden Sprachformen einfach nicht erfasst werden können.

Lassen Sie mich ein Beispiel geben für die Grenzen der begrifflichen Sprache. Zum Beispiel könnte ich versuchen, Ihnen zu beschreiben, wie eine Orange schmeckt. Ich könnte Ihnen erzählen, dass sie süß ist mit einer Spur Säure, dass sie saftig ist und dass der Saft in Ihren Mund schießt, wenn Sie hineinbeißen. Ich könnte Ihnen alles erzählen, was ich über eine Orange weiß, aber selbst wenn ich eine Stunde lang den Geschmack beschreibe, werden Sie letztendlich keine Ahnung haben, wie eine Orange schmeckt, wenn Sie nicht selbst hineingebissen haben.

Also kann selbst so etwas Einfaches wie der Geschmack einer Frucht durch unsere lineare Sprechweise nicht vermittelt werden. Die beste Art, das herauszufinden, ist natürlich die direkte Erfahrung, und darum geht es in der Spiritualität – Ihnen die konkrete Erfahrung dessen zu ermöglichen, worauf die äußeren Formen der Spiritualität hinweisen. Aber es gibt auch eine Möglichkeit, auf sehr tiefen und feinen Ebenen Wahrheiten, Wirklichkeiten und Erfahrungen zu vermitteln, die mit der Sprache der Logik und der Fakten nicht ausgedrückt werden können. Die Sprache des Mythos ist vielschichtig, metaphorisch und schillernd; sie arbeitet auf vielen Ebenen gleichzeitig. Früher verstanden die Menschen, dass Mythen und Geschichten weit mehr Feinheit und Reichtum der Erfahrung in sich tragen als reine Fakten. Heute ist viel von diesem Verständnis verloren gegangen; das ist sehr bedauerlich, denn es hat uns von dem Reichtum abgeschnitten, den die mythologische Interpretation einer Geschichte zu bieten hat.

Spirituelle Wahrheiten können durch Fakten nicht vermittelt werden. Fakten sind für praktische Zwecke nützlich; wenn Ihr Flug um drei Uhr auf einem bestimmten Flughafen startet, müssen Sie das wissen, sonst verpassen Sie die Maschine. Aber wenn Sie versuchen, tiefere Bedeutung mitzuteilen, das Verständnis, das aus der Erfahrung des

Sublimen erwachsen kann, brauchen Sie eine andere Form der Kommunikation. Diese Kommunikationsform war seit jeher der Mythos, die Geschichte.

Deshalb ist es sehr wichtig, dass wir die Jesus-Geschichte mit den Ohren des Mythos und der Metapher hören. Tatsächlich lasen viele christliche Mystiker die Jesus-Geschichte metaphorisch, aber es gab Zeiten, in denen es gefährlich für sie war, dies deutlich zu sagen. Durch ihre mythologische Auffassung bekamen sie Zugang zu dem wahren Geschenk dieser Geschichte, und das ist das Mysterium der Existenz – das Mysterium *Ihrer* Existenz, das Mysterium der Existenz Jesu und das Mysterium der Existenz Gottes.

Heutzutage halten viele Menschen diese biblischen Erzählungen, aus denen die Jesus-Geschichte besteht, für strikte Fakten und Historie. Für andere ist es ein Glaubensartikel, jedes Wort in der Bibel als Gottes Wort anzusehen. Ich werde nicht mit diesen Menschen streiten, aber wenn man die Geschichte *auch* mythologisch betrachtet, kann sie neue Bedeutung vermitteln. Es ist nicht wirklich wichtig, ob wir die Jesus-Geschichte als Tatsache oder Mythos oder als Kombination von beidem sehen. Allein schon das Betrachten der mythologischen Auffassung und des tiefen Verständnisses für erzählte Geschichten, die unseren Vorfahren so vertraut waren, ist hilfreich.

Unsere moderne Auffassung vom Mythos als Unwahrheit hat Verwirrung gestiftet darüber, wozu der Mythos dient. Der Mythos ist nicht das Gegenteil der Tatsache. Er lädt uns ein, uns auf eine Geschichte einzulassen, indem wir ihr ihre metaphorische und symbolische Bedeutung entlocken. Der Mythos enthält weder Fakten noch Historie, sondern Wahrheit – die letztendliche Wirklichkeit. Die Jesus-Geschichte enthält diese letztendliche Wirklichkeit, und deshalb wirkt sie auch zweitausend Jahre später noch so unwiderstehlich.

Der Gottesmensch

In der christlichen Theologie ist Jesus sowohl Gott als auch Mensch. Viele der großen spirituellen Traditionen der Welt haben ihre eigene Version des Gottesmenschen, und bei den allermeisten ist sehr wenig von der Natur des Menschen in der Figur des Gottesmenschen übrig geblieben. Wer jedoch die Evangelien liest, wird in der Jesus-Geschichte überrascht entdecken, dass dieser Gottesmensch einige sehr menschliche Wesenszüge trägt.

In meiner Jugend erschien mir der Jesus, der kulturell vermittelt wurde, mehr als Gott denn als Mensch. Er wirkte gebieterisch und schwebte über allem, was in der Geschichte geschah. Aber als ich das Neue Testament zu lesen begann, war ich überrascht, eine Gestalt zu finden, die eine höchst dynamische Qualität der inneren Entwicklung zeigte.

Wenn wir an unser Menschsein denken, denken wir an das, was wir fühlen und wie wir auf die Ereignisse in unserem Leben reagieren. Die Menschen haben gute und schlechte Tage, sie streiten sich, freuen sich, erfahren Leid, und aus diesem ganzen Spektrum der Erfahrung besteht unser Menschsein. In Jesus ist die Qualität der Göttlichkeit natürlich wichtig, aber die Qualität des Menschseins ist auch wichtig. Jesus ist vielleicht in allen Religionen die einzige Gestalt des Gottesmenschen, mit der wir uns wirklich identifizieren können: Er hat seine guten Tage, er hat seine schlechten Tage, er erfährt Freude und ihm widerfährt Leid.

Nehmen Sie als Beispiel für die tiefe Menschlichkeit Jesu den Moment im Garten von Getsemani, in dem er plötzlich begreift, dass er gekreuzigt werden wird. Zuerst ist er bestürzt, er fürchtet sich sogar. Er bittet Gott, ihm diese Erfahrung zu ersparen, er sagt: »Abba, Vater, alles ist dir möglich. Lass diesen Kelch an mir vorübergehen!« (Markus 14,36) Damit fragt er: »Muss ich wirklich durch all dies hindurchgehen?« Solche menschlichen Wesenszüge finden sich nicht oft in den Gottesmenschen der Religionen.

Beim Lesen der Evangelien fand ich diese Mischung aus Göttlichkeit und Menschlichkeit faszinierend. Sie sprach mich als menschliches Wesen an, denn ich fand dieselben Qualitäten in meiner eigenen Erfahrung. Meine eigene spirituelle Entwicklung hat mir gezeigt, dass wir alle im Tiefsten die göttliche Strahlung des reinen *Seins* sind, aber auch unsere menschliche Seite haben: unsere guten Tage und unsere nicht so guten Tage. Unsere Bedingtheit als Menschen wird gespiegelt in der großen Menschlichkeit von Jesus, und ich glaube, dies ist einer der Gründe, weshalb so viele Menschen sich seit Jahrhunderten so tief mit Jesus verbunden gefühlt haben.

Während ich die Evangelien las, war ich beeindruckt von der Vitalität in Jesus, vor allem verglichen damit, wie der Buddha im Buddhismus dargestellt wird. Die Statuen zeigen den Buddha sitzend und meditierend in voller Lotusposition. Dieses Symbol soll das Gefühl der Ewigkeit übermitteln, das wir erfahren, wenn wir die tiefste Natur unseres *Seins* berühren. Hier schimmert die Ewigkeit durch den Lattenzaun von Zeit und Raum, und die Statue des sitzenden Buddha drückt dieses Gefühl unendlicher Ruhe und tiefer Freiheit aus. Was dieses Bild aber nicht vermittelt, ist der Eindruck von menschlicher Natur, von einem richtigen Menschen aus Fleisch und Blut. In der Jesus-Geschichte dagegen scheint sich die bewegungslose Ruhe, die das Bild des Buddha in uns erzeugt, in ein sehr dynamisches sich Einlassen mit dem Leben zu verwandeln.

Das Bild der Kreuzigung

Das bekannteste Symbol der Jesus-Geschichte ist natürlich das der Kreuzigung Jesu. Es ist sehr ungewöhnlich für den Gottesmenschen einer Religion, als Heiligenbild ein Symbol des Leidens und des Todes zu haben – obwohl natürlich die Kreuzigung den Weg für die Auferstehung bildet.

Dieses Bild spricht zutiefst zu unserer menschlichen Natur. Wir werden zum Glück heute nicht mehr ans Kreuz genagelt, aber die meisten Menschen, die schon ein paar Jahrzehnte gelebt haben, werden ihre eigene Art der Kreuzigung erfahren haben. Für alle von uns hat das Leben seine Tragödien – Momente, in denen wir uns vollkommen überwältig fühlen oder uns nicht mehr zu helfen wissen. Ob wir das nun zugeben oder nicht, ob wir davonlaufen oder uns einer spirituellen Praxis verschreiben, um das Ganze zu transzendieren – das tragische Element des Lebens existiert. Es kann viele Formen annehmen: eine tödliche Krankheit, der Verlust eines Kindes, der Verlust der Eltern, der Verlust des Partners, der Verlust der Arbeit, der Tod eines Freundes oder eine Scheidung. Das sind die Momente, in denen das Leben zubeißt.

Es gibt nur zwei Gewissheiten über das Leben: Wir werden irgendwann sterben und zwischen Geburt und Tod der Tragik begegnen. Ich denke, die Menschen assoziieren das Bild von Jesus am Kreuz mit einer bestimmten Art von Tragödie: Wenn sie gezwungen werden, ihre Grenzen zu überschreiten, wenn alles, an das sie vielleicht geglaubt haben, zusammenbricht und nichts kommt, um sie zu retten, nichts kommt, um sie zu erlösen, und dennoch müssen sie die Erfahrung durchstehen.

Letzten Endes ist es ein Triumph, den tragischen Elementen des Lebens zu begegnen. Man kann die gesamte Jesus-Geschichte wie eine griechische Tragödie lesen, aber die Schönheit der Geschichte liegt darin, wie sie den Eindruck des Ewigen vermittelt, diesen Ruhepunkt im Zentrum der Schwierigkeiten, diese Göttlichkeit, die durch das Lattenwerk von Zeit und Raum hindurchschimmert.

Die Geschichte von Jesus hat ein triumphales Ende, ist aber im Grunde eine tragische Geschichte – und doch scheint durch die Tragödie dieses Leuchten des ewigen *Seins.* Wie Jesus sagt: »Das Königreich des Vaters ist ausgebreitet über die Erde, und die Menschen sehen es nicht.« (Thomas-Evangelium 113) Für jemanden, der solch eine Tragödie durchlebt hat, ist das eine außergewöhnliche Aussage. Jesus sagt, dass das Himmelreich genau *hier* ist, an dem Ort, an dem er durch seine Prüfungen gegangen ist, und dass Menschen es nicht sehen. Die Schönheit der Geschichte Jesu ist, dass er die Ewigkeit *sah,* während er auf der Erde weilte; er *war* die Ewigkeit, war in seinem Kern und seiner Substanz göttliches *Sein*.

Jesus war Göttlichkeit, die eine menschliche Erfahrung machte. Ob wir dies durch unsere eigene Erfahrung erkannt haben oder ob wir uns einfach intuitiv damit verbinden: wir können dieses Göttliche erspüren, das sich in der Welt der Zeit zeigt. Da ist dieses Gefühl für Bedeutung, das unser ganzes Leben durchzieht, da ist ein Gefühl des Leuchtens.

Die Jesus-Geschichte ist sowohl Tragödie als auch Triumph, und deshalb verbindet sie sich mit unserem Leben. Tatsächlich sind Triumph und Tragödie durch die gesamte Jesus-Geschichte hindurch eng miteinander verbunden, von Anfang bis Ende. Es beginnt nicht tragisch und endet triumphal – diese beiden Elemente sind vielmehr unauflösbar ineinander verwoben. Auf nuancierte Weise verbindet sich diese Geschichte gleichzeitig mit unserer menschlichen Natur und mit unserer Göttlichkeit.

Das spirituelle Mysterium, das wir sind

Wer immer der historische Jesus war oder nicht war, er symbolisiert das spirituelle Mysterium in jedem von uns. Wir alle sind göttliches *Sein,* das sich als Mensch manifestiert. Jesus verkörpert diese Strahlung des göttlichen *Seins*, dieses Gefühl von Ewigkeit in uns allen. Wenn wir auf unseren Lebensbogen blicken, von der Zeit unserer Geburt bis heute, spüren wir intuitiv, dass es etwas in uns gibt, das unverändert ist. Durch all das Auf und Ab und die Wechselfälle des Lebens hindurch ist da etwas, wie es seit jeher war. Wenn wir dies berühren, beginnen wir das Ewige in uns zu erfahren.

Durch die gesamte Lebensbahn hindurch von der Geburt über die Kindheit und Jugend bis ins Erwachsenenalter verändern wir uns so sehr, nicht nur körperlich, auch gefühlsmäßig und intellektuell, und doch bleibt etwas unverändert. Dieses Gefühl des Unveränderten ist der ewige Funke in uns. Anfangs fühlt es sich vielleicht als sehr feine, kaum begreifbare Ahnung an, aber wenn wir unsere ganze Aufmerksamkeit auf die Ahnung dessen richten, was durch unser ganzes Leben hindurch gleich bleibt, kann dieser kleine Samen der göttlichen Strahlung anfangen sich zu zeigen und in unserem Leben heller und heller zu scheinen.

Ich glaube, in dieser Hinsicht kann uns die Figur und die Anwesenheit Jesu etwas Wichtiges zeigen: dass jeder und jede von uns der Sohn oder die Tochter Gottes ist. Wie der große katholische Mystiker des vierzehnten Jahrhunderts Meister Eckhart sagte: »Der Vater gebiert seinen Sohn ohne Unterlass, und ich sage mehr noch: Er gebiert mich als seinen Sohn und als denselben Sohn.«

Das ist eine äußerst mutige Aussage und besonders mutig, weil er es im vierzehnten Jahrhundert sagte, als die Kirche noch die Macht hatte, jemanden auf dem Scheiterhaufen zu verbrennen oder ihn einzukerkern, wenn sie ihn der Häresie für schuldig befand. Und doch hatte Meister Eckhart den Mut, aufzustehen und zu sagen, dass er und Christus ein und derselbe Sohn seien. Dies ist die immerwährende mystische Entdeckung des Erwachens zu unserer wahren Natur, zum Einssein mit dem Göttlichen. Wenn wir beginnen, den Geist von Jesus, wie wir ihn in der Geschichte finden, zutiefst zu verkörpern, fühlen, erahnen und erfahren wir vielleicht, wie wir selbst diese Präsenz werden; wir wissen, dass diese Präsenz tatsächlich etwas ist, das in uns selbst lebt. Die Jesus-Geschichte hilft uns dabei, den Geist unseres *Seins* zu beleben, damit wir erkennen, dass jeder und jede von uns der Sohn oder die Tochter des lebendigen Gottes ist.

Im Thomas-Evangelium sagt Jesus: »Es ist Licht drinnen im Menschen des Lichts, und er erleuchtet die ganze Welt.« (Thomas-Evangelium 24) Wenn Sie bemerken, dass etwas in Ihnen durch das ganze Leben hindurch unverändert geblieben ist, dann ist es dieses Licht in uns allen, das Sie intuitiv wahrnehmen. Wenn Sie Ihre Aufmerksamkeit darauf richten und in Stille darüber meditieren, kann es sich öffnen und sich als das göttliche Licht zeigen, das die ganze Welt erleuchtet. Während das Bewusstsein für unsere eigene Göttlichkeit erwacht, fühlen wir uns wiederbelebt von einer lebendigen Gegenwart, die uns zeigt, dass Leben heilig ist. Das menschliche Leben ist heilig, alles Leben ist heilig.

Jesus beendet diese Aussage im Thomas-Evangelium mit den Worten: »Scheint er nicht, ist er Finsternis.« Das ist die Herausforderung. Das ist der Jesus, der klare Worte spricht und die Botschaft nicht verwässert. Entweder sind wir im Licht oder in Finsternis. Diese Lehre soll uns aus unserem Schlaf aufwecken. Um unser volles Potenzial zu entfalten und die Wahrheit und das Leuchten unseres wahren Wesens zu verkörpern, müssen wir sprühend vor Leben werden; wir müssen uns ganz auf die Gegenwart einlassen und uns ins Leben verströmen, anstatt seine Herausforderungen zu vermeiden und zu versuchen, dem Leben zu entfliehen. Dann wird unser Leben selbst zu einem Ausdruck der Liebe und des Überflusses, denn wir haben uns voll Mitgefühl dem Leben, unserer eigenen Inkarnation, überlassen, um es zu erlösen – um alles nach Hause zu bringen, zurück an die Quelle, in das ewige Leuchten in jedem Einzelnen von uns.

Kapitel 4
Eine Landkarte des Erwachens

»Wenn ein Mensch gewiss sein will über den Pfad, auf dem er geht, muss er die Augen schließen und im Dunkeln gehen.«

Der heilige Johannes vom Kreuz

Die Jesus-Geschichte liest sich wie eine Landkarte für das spirituelle Erwachen. In seiner eigenen Lebensgeschichte und in seinem Menschsein durchlebte Jesus die Reise des Erwachens zum göttlichen *Sein,* die Sie und ich innerlich erfahren können. Das gehört zum Erstaunlichen in der Jesus-Geschichte. Wenn man durch die Stufen und Stadien des Erwachens gegangen ist, sieht man ganz klar diese Stadien in der Geschichte von Jesus verkörpert.

Die Jesus-Geschichte thematisiert nicht direkt das spirituelle Erwachen, denn sie spricht in mythologischer Sprache, in der Sprache der Metapher. Um die Geschichte, die in den Evangelien erzählt wird, zu verstehen, müssen Sie sie buchstäblich in sich aufnehmen, Sie müssen zu der Geschichte *werden.* Sie können nicht Beobachter bleiben und erwarten, sie zu verstehen, denn dann sind sie außerhalb, nach wie vor gefangen im logischen, linearen Geist. Die Wahrheiten, die durch die Jesus-Geschichte enthüllt werden, sind jenseits von Logik, jenseits des konditionierten, denkenden

Geistes: Sie sind von einer höheren Ordnung der Weisheit, die Sie nur durch das Erwachen wirklich verstehen können.

Der Ruf

Die erste Phase der Reise des Erwachens ist der Ruf. Der Ruf trifft ein, wenn wir das erste Mal diesen spirituellen Impuls verspüren, der unsere Aufmerksamkeit erregt. Auf einmal ahnen wir, dass das Leben ein größeres Mysterium ist, und wir wollen es tiefer erfahren; es hat uns buchstäblich gerufen.

Als Lehrer habe ich von vielen Menschen gehört, wie sie den Ruf erlebt haben. Manchmal geschieht es in der Kindheit als Folge einer Erfahrung spiritueller Öffnung, die ihr Leben völlig neu ausrichtet. Vielleicht vergessen sie diese Geschichte jahrelang oder sogar jahrzehntelang, aber später im Leben erinnern sie sich daran, erkennen die Zusammenhänge und begreifen, dass die Öffnung, die sie als Kind erfahren haben, den Verlauf ihres Lebens geändert hat. Dieser Ruf kann Sie an jedem Punkt Ihres Lebens treffen. Es ist der Moment, wenn Ihre Lebensbahn sich dem Mysterium des Lebens zuzuwenden beginnt. Wenn ich sage *das Mysterium des Lebens*, beziehe ich mich auf den transzendenten Aspekt des Lebens, der durch die Welt von Zeit und Raum hindurchscheint.

Wenn wir völlig in unserem dualistischen Geist gefangen sind und dem keine Aufmerksamkeit schenken, bemerken wir nicht einmal, dass dieser spirituelle Grund der Existenz in die Welt der Zeit hineinleuchtet. Die meisten Menschen wissen nicht, dass er überhaupt existiert, und beginnen ihn erst zu erfahren, wenn etwas in ihrem Leben sie für die Erfahrung des Sublimen öffnet. Vielleicht ist es ein großer Moment, vielleicht ein kleiner, aber wenn dieser Moment der Bedeutung Ihnen zeigt, dass es mehr im Leben gibt, als Sie sich vorgestellt haben, und dass *Sie* mehr sind, als Sie sich vorgestellt haben, dann ist das der Anfang des Rufs. Von diesem Augenblick an bewegt sich Ihr Leben auf einer anderen Bahn als zuvor.

Ich erinnere mich daran, als mir das passierte. Nun hatte ich mein ganzes Leben lang spirituelle Interessen, aber bis ich etwa zwanzig war, empfand ich nicht unbedingt diesen Ruf, bei dem die Ausrichtung des Lebens sich ganz plötzlich ändert. Wie ich bereits erzählte, fand ich ein Buch über Zen-Buddhismus und begegnete dem Wort *Erleuchtung*. Damals wusste ich nicht, was Erleuchtung ist. Ich hatte nicht einmal davon gehört, und ganz sicher hätte ich nie gedacht, dass ich einmal Erleuchtung suchen würde. Aber als ich das Wort auf der Seite las, war es wie eine kleine Atomexplosion in mir. Es erweckte etwas so Kraftvolles in mir, dass ich wusste: Die Ausrichtung meines Lebens war in dem Augenblick, in dem ich das Wort las, für immer verändert.

Es war nicht etwas, das ich suchte oder wollte oder auch nur versuchte, geschehen zu lassen: Es geschah einfach, und meine Lebensbahn war von da an nicht mehr dieselbe. Ich erinnere mich, wie ich am nächsten Morgen voll Schrecken und Aufregung erwachte. Ich sprach mit meiner Mutter und erzählte ihr: »Weißt du, meine Lebensbahn hat sich über Nacht vollkommen verändert.« Ich beschrieb ihr, was passiert war; sie vermittelte mir den Eindruck, dass sie so ungefähr verstand, wovon ich sprach, und unterstützte mich sehr.

Wie bei jedem guten Abenteuer war ich begeistert, dass sich eine neue Aussicht auf mein Leben eröffnet hatte, voller Möglichkeiten und Geheimnis, aber ich fürchtete mich auch ein wenig, denn mir wurde klar, dass ich keine Kontrolle hatte über das, was geschehen war. Ich hatte den Ruf nicht gerufen, ich konnte nicht so tun, als wäre er nicht da gewesen, und ich konnte ihn nicht abstellen, selbst wenn ich es gewollt hätte. Es war beunruhigend. Und natürlich war meine Intuition richtig: Die gesamte Bahn meines Lebens hatte sich in jenem Moment geändert.

Das ist der Ruf. Meiner war sehr deutlich, für andere kann er subtiler sein. In jedem Menschen äußert er sich in einzigartiger Weise, er muss sich also nicht wie ein großes Ereignis anfühlen: Es kann einfach der Moment sein, wenn Sie sich für die transzendente Qualität des Lebens öffnen. Dann fühlen Sie sich oft zu irgendeiner Art von spirituellem Pfad hingezogen. In meinem Fall fand ich eine Zen-Lehrerin und verbrachte die nächsten vierzehn Jahre mit ihr, meditierend und studierend.

Das Erwachen

Die nächste Phase des spirituellen Lebens ist das Erwachen, und das Wort *Erwachen* ist ziemlich treffend. Wenn Sie mitten in der Nacht einen Traum haben, erkennen Sie in dem Augenblick, in dem Sie vom Schlaf erwachen: »Oh, es war ein Traum!«. Aber in dem Moment, bevor Sie aufwachten, war der Traum vollkommen wirklich für Sie. Er war so wirklich wie dieser Augenblick. Sie erwachen von der Wirklichkeit der Traumsphäre und treten ein in die Wirklichkeit Ihres Alltagslebens, in Ihren wachen Geist.

Genau so geschieht spirituelles Erwachen, wenn Sie erwachen aus dem, was Sie für Ihren normalen Bewusstseinszustand halten – wach zu sein mit offenen Augen und in der Welt herumgehend –, zu Ihrer tiefen, essenziellen, wahren Natur. Es fühlt sich buchstäblich an wie das Aufwachen aus einem Traum. Es ist, als würden Sie erwachen aus dem Glauben, Sie wären in Ihrem normalen Wachzustand bereits erwacht. Wenn Sie spirituell erwacht sind, erscheint das, was Sie für einen Wachzustand hielten, auf einmal wie ein Traum.

Ein Wirklichkeitszustand wechselt in einen anderen. In gewisser Hinsicht stehen nicht mehr Sie selbst als separate Person im Zentrum Ihrer Aufmerksamkeit, sondern das, was uns alle vereint. Das ist wahres spirituelles Erwachen: Anstatt sich selbst als begrenzte, isolierte, separate Person zu sehen, erkennen Sie, dass Ihre Essenz das ist, woran alle Wesen teilhaben, das, was alle Wesen in ihrem Kern tatsächlich sind. Nach dem Erwachen eröffnet sich Ihnen ein tieferes Gefühl von Wirklichkeit, und Ihre Auffassung von sich selbst, Ihre Identität, hat sich verändert.

Die esoterischen, inneren spirituellen Disziplinen aller Traditionen sind Mittel, um dieses Erwachen geschehen zu lassen oder die Menschen für das Erwachen zu öffnen. Das geschieht ganz am Beginn des Markus-Evangeliums, als Johannes der Täufer Jesus im Jordan tauft. »Sobald er aus dem Wasser heraufstieg, sah er, dass sich der Himmel öffnete und der Geist wie eine Taube auf ihn herabkam.« (Markus 1,10) Wenn Sie erwachen, wenn der Geist herabkommt, wird der Schleier Ihres Traumzustands zerrissen, und auf einmal sind Sie zu einer neuen Wirklichkeit erwacht.

Die Beschreibung, wie der Geist nach der Taufe in Jesus hineinfließt, entspricht sehr genau einer meiner eigenen Erfahrungen. Oft ist das Erwachen ein transzendentes Erlebnis: Sie wachen auf und erwachen aus Ihrer Identifizierung mit Körper und Geist. Auch ich hatte dieses sehr intensive Gefühl einer Bewegung, die hinauf und hinaus führte. Der Geist oder das Bewusstsein bewegte sich buchstäblich aufwärts und hinaus aus Körper und denkendem Geist, und eine Zeit lang war absolut keine Erfahrung möglich. Der Körper war verschwunden. Der denkende Geist war verschwunden. Ich hatte keinerlei Wahrnehmung der Welt oder meiner Umgebung, ich befand mich in einer absoluten Leere.

In diesem Zustand der Leere begann nach einer Weile ein Download von Einsichten – buchstäblich Hunderte Einsichten in der Sekunde wurden in mein System heruntergeladen. Genau so, wie Sie ein Programm auf Ihren Computer laden, lud der Geist oder das göttliche *Sein* Einsichten in mich hinein, weit mehr als ich tatsächlich bewältigen konnte. Dieses Herabsteigen des Geistes war genau so wie in der Jesus-Geschichte beschrieben.

Wie ich sagte, lese ich die Jesus-Geschichte als eine Metapher für spirituelles Erwachen. Wenn Sie dieses Herabkommen des Geistes erfahren haben, wissen Sie genau, wovon diese Stelle bei Markus spricht. Sie brauchen niemanden, der es Ihnen bestätigt; Sie *wissen*. Sie wissen, dass die Geschichte vom Herabkommen des Geistes so deutlich spricht, wie nur gesprochen werden kann, und dass die Metapher ein Spiegel ist für die tatsächliche Erfahrung.

Es gibt viele Grade des Erwachens, aber alle Erfahrungen des Erwachens haben als gemeinsamen Nenner einen Wechsel der Wahrnehmung von uns selbst als isoliertes menschliches Einzelwesen hin zu der Erkenntnis, dass wir das sind, was wir alle miteinander teilen. Man kann es Bewusstsein nennen, göttliches *Sein,* Geist, Gott. Man kann viele Worte benutzen, aber es ist die Erfahrung, die zählt.

Prüfungen und Leiden

An irgendeinem Punkt nach dem Erwachen – manchmal sehr schnell, manchmal erst nach einer ganzen Weile – erreichen Sie ein Stadium, das ich »Prüfungen und Leiden« nenne. In der Jesus-Geschichte wird das symbolisiert in den vierzig Tagen, die Jesus in der Wüste verbrachte, und seiner Begegnung mit Satan in der Wüste, was unmittelbar auf seine Taufe folgte. Im Buddhismus wird dieses Stadium ausgedrückt in dem mythologischen Bild von Buddha, der unter dem Bodhi-Baum sitzt und von Maya versucht wird, der Kraft der Illusion. Maya ist eine unpersönliche Kraft der Illusion, während Satan eine Personifikation dessen ist, was wir für böse halten; der Ursprung des Bösen aber ist die Illusion, also sind dies tatsächlich zwei unterschiedliche mythologische Darstellungen für dieselbe Erfahrung.

Bei Menschen allerdings ist es für gewöhnlich nicht so einfach, wie die mythologischen Bilder es darstellen, denn unsere Erfahrungen sind so vielschichtig und subtil, dass es schwierig ist, sie als eine Geschichte zu erzählen. Und doch wird in diesem Stadium jeder von uns höchstwahrscheinlich einer Serie von Prüfungen ausgesetzt sein, die Monate oder sogar Jahre dauern. Durch diese Prüfungen wird unser neuer Bewusstseinszustand Situationen in unserem Leben ausgesetzt, um die Tiefe unserer Verwirklichung zu testen. Es ist, als würde das Leben sagen: Um mit dieser Situation richtig umzugehen, musst du ihr auf der Ebene der Verwirklichung begegnen, in der Tiefe deiner Natur, zu der du erwacht bist. Wenn du zurückfällst in dein Ego oder aus deinem konditionierten Geist heraus antwortest, wird es einfach nicht funktionieren, und ein Durcheinander wird entstehen.

Während wir unsere Prüfungen und unser Leiden durchleben, scheinen die äußeren Umstände sich exakt so zu gestalten, dass jede Facette unserer Verwirklichung einem Test unterzogen wird. Auch diese Prüfungen und Leiden kommen von innen. An irgendeinem Punkt wird Ihr Unbewusstes sich zu zeigen beginnen. In einem nicht erwachten Menschen tritt das Unbewusste nie voll und ganz ins Bewusstsein, aber mit dem Erwachen werden unsere Methoden, mit denen wir es unterdrückt und geleugnet haben, entweder total zerstört oder so sehr erschüttert, dass wir nicht mehr so viel unterdrücken können. Die unbewussten Elemente unseres Geistes werden uns bewusst, und das ist eine weitere Prüfung. Was jetzt von Ihnen erwartet wird, ist, diesem ganzen inneren Material vom göttlichen *Sein* her zu begegnen, vom Standpunkt der Ewigkeit – sich ihm auszusetzen, es zu verstehen, es aufzulösen. Das klingt vielleicht einfach, aber der tatsächliche Prozess ist etwas unangenehmer, als die Beschreibung es suggeriert.

Sie können diese inneren und äußeren Prüfungen als eine Art Reinigung ansehen. Sie reinigen das Gefährt: Körper und denkenden Geist, denselben Körper und Geist, aus dem Sie erwacht sind. Jetzt muss dieses Gefährt einer Reinigung unterzogen werden, so dass der *Geist* sich vollkommen mit Ihrer menschlichen Natur vereinen kann. Und wieder dient die Jesus-Geschichte als klarer Spiegel, denn Jesus verkörperte in seinem Menschsein den göttlichen Impuls, göttliches *Sein*.

Durch seine ganze Geschichte hindurch, von Anfang bis Ende, begegnet Jesus fast nur Prüfungen und Leiden. Wie geht er mit diesen Herausforderungen um, angefangen von Satan in der Wüste bis hin zur Kreuzigung? Welche innere Haltung ist die Grundlage für sein Handeln? Sie werden sehen, dass Jesus keine Kompromisse macht; er handelt immer aus der Wahrheit des ewigen *Seins*. Dies ist eine erstaunliche Lehre, und ihre Botschaft ist: Wenn Sie Ihren Prüfungen und Leiden mit Ihrer tiefsten Verwirklichung begegnen, werden diese gereinigt und aus Ihrem System befreit, sodass ewiges *Sein* vollkommen durch Ihre Menschlichkeit verkörpert werden kann.

Beständige Ruhe

Das nächste Stadium des Erwachens nenne ich »beständige Ruhe«. Wenn Körper und Geist durch den Reinigungsprozess, den die Prüfungen und Leiden ausgelöst haben, gegangen sind, tritt beständige Ruhe ein, denn Sie als Mensch sind buchstäblich leer von jedem Konflikt. Sie sind in einem inneren Zustand der Einheit. Alle Kräfte in Ihnen sind jetzt vereint: Ihre Psychologie, Ihr Geist, Ihr Wille. Der persönliche Wille schiebt und zieht Sie nicht länger herum, und Sie haben nicht mehr dieses ständige Gefühl psychologischer und spiritueller Anspannung; stattdessen herrscht ein Zustand beständiger Ruhe.

Das heißt nun nicht, dass Sie dauernd ruhig sind; Sie sind immer noch imstande, sich des ganzen Spektrums menschlicher Emotionen zu bedienen. Aber die darunter liegende innere Realität ist eine ganz offensichtliche beständige Ruhe, und wenn Sie eine wahre Vereinigung erfahren haben, kann Sie nichts mehr aus der Ruhe bringen. Sie durchleben vielleicht schwierige Zeiten, aber im tiefsten Grund Ihres *Seins* sind Sie vereint. Und wenn Sie in innerer Einheit leben, sehen Sie Einheit auch im Äußeren – denn Innen und Außen sind tatsächlich ein und dasselbe.

Diese Phase der beständigen Ruhe wird in der Jesus-Geschichte nicht vor dem Ende deutlich, was auch damit zu tun hat, dass sie keine gute Geschichte ergibt. Beständige Ruhe assoziieren wir mit dem in Meditationshaltung sitzenden Buddha; das ist ein Symbol für etwas, das als Potenzial in uns allen vorhanden ist. Die Buddha-Statue zeigt uns beständige Ruhe inmitten des sich drehenden Lebensrades. Die Jesus-Geschichte konzentriert sich nicht darauf, im eigenen Inneren diesen Ruhepunkt zu finden, um den herum sich die dualistische Welt dreht, sondern darauf, wie diese Ruhe in der Welt von Zeit und Raum *funktioniert.* Deshalb entsteht im Verlauf der Jesus-Geschichte eigentlich nicht das Bild dieses Ruhepunktes. Alles geschieht so schnell und heftig, ein Ereignis nach dem anderen, so dass diese Phase der beständigen Ruhe nicht erkennbar ist – abgesehen von der Tatsache, dass die Handlungen Jesu ein Ausdruck von ihr sind.

Aber auch wenn das in der Geschichte nicht betont wird, ist es ein entscheidendes Stadium in der Reise des Erwachens. Wenn die Vereinigung geschieht, bekommt das Leben eine Einfachheit, ein tiefes Gefühl von Freiheit und grundlegendem Wohlgefühl und auch von Furchtlosigkeit. Furchtlosigkeit bedeutet nicht dasselbe wie Mut, denn man ist nur mutig im Angesicht von Furcht. Sie kommt vielmehr als eine Empfindung von Unerschütterlichkeit, dem Gefühl, dass nichts Sie antreibt oder weiter zwingt. Es kann sich anfühlen wie der Höhepunkt des spirituellen Erwachens – aber das ist er nicht.

Die Verklärung

Für die nächste Phase der Reise benutze ich dieselbe Bezeichnung, welche die Evangelien für sie verwenden – »die Verklärung«. In der Jesus-Geschichte ereignet sich die Verklärung auf einem hohen Berg, auf den Jesus mit drei seiner Jünger gegangen ist. »Und er wurde vor ihren Augen verwandelt; sein Angesicht strahlte wie die Sonne, seine Gewänder aber wurden weiß wie das Licht.« (Matthäus 17,2) In diesem Moment wird Jesus strahlendes Licht. Offensichtlich geschieht die Verklärung in der Geschichte von Jesus auf sehr beeindruckende Weise. Im Leben der meisten Menschen wird es nicht ganz so außergewöhnlich sein.

Wenn wir es auf menschlichere Weise betrachten, zeigt sich in der Verklärung eine Vertiefung der eigenen Verwirklichung. Vorher war da beständige Ruhe, jetzt erwacht ein Gefühl von außerordentlicher Vitalität, von Lebenskraft. Es ist, als würde die Fülle Ihres *Seins* strahlen, und Sie fühlen diese tiefe und kraftvolle Strahlung von den Zehenspitzen bis zum Scheitel Ihres Kopfes.

Und das verändert Sie innerlich. Wenn Sie in einem Zustand der beständigen Ruhe waren und dann mit dieser unpersönlichen Vitalität und Strahlung erfüllt werden, kündigt das häufig an, dass da noch mehr geschehen wird. Es wird eine weitere Phase in Ihrem Leben geben, die nicht nur beständige Ruhe ist, sondern auch strahlendes Engagement beinhaltet.

Es gibt eine interessante Parallele zwischen der Verklärung von Jesus und der Geschichte von Mose und dem brennenden Dornbusch im Alten Testament. (Exodus 3) Wie Jesus ging auch Mose in die Berge. Dort zeigt sich ihm ein brennender Dornbusch, ein Busch, der mit Strahlung erfüllt ist, aus dem Gott zu Mose spricht. Im Alten Testament begegnet Mose Gott im brennenden Dornbusch, aber Mose ist immer noch Mose und Gott ist immer noch Gott. Mose kommt vom Berg zurück mit einem neuen Satz Gebote, mit einer neuen Vereinbarung für sein Volk, für seinen Stamm, denn der Gott des Alten Testaments ist ein Stammes-Gott. In einer Kultur, die als Zentrum einen Stammes-Gott hat, ist nichts wichtiger als Gottes Beziehung zu den Stammesmitgliedern. Der Gott des Alten

Testaments kann als ein universeller Stammes-Gott gesehen werden.

Im Neuen Testament usurpiert Jesus in gewisser Weise den Mose. Jesus hat nicht nur eine *Beziehung* zur Strahlung, zum Brennen, Jesus selbst *wird* dazu. Das ist ein entscheidender Unterschied. Es ist nicht die eine Geschichte besser als die andere: Beides sind mythische Geschichten, die das Potenzial spiegeln, das in jedem Menschen vorhanden ist. Auf Ihrer spirituellen Reise haben Sie vielleicht eine Phase in Ihrem Leben, in der Sie Gott als einen *Anderen* empfinden, und das Ziel für diese Phase könnte sein, eine zutiefst harmonische und innige Beziehung zu Gott als dem Anderen herzustellen. Für viele Menschen ist das ein sehr wichtiger und schöner Abschnitt der Reise.

Aber die Jesus-Geschichte schildert eine andere Reihenfolge der Erfahrung, eine, in der Sie sich jetzt ganz und gar selbst als das Göttliche erfahren. Wenn ich sage, »sich selbst«, dann meine ich nicht Ihr Ego. Wenn ein Ego sich für Gott hält, ist das ein irregeführtes und potenziell gefährliches Ego. Nicht Ihr Ego erkennt, dass es Gott ist, sondern Ihre wahre Essenz. Es wäre richtiger zu sagen, dass der Gott in Ihnen erkennt, dass er Gott ist; die Strahlung erkennt, dass Sie die Strahlung sind.

Wenn sich Verklärung ereignet, beginnen wir uns mit »spiritueller Autonomie« zu bewegen, wie ich das nenne. Mit spiritueller Autonomie meine ich eine Art Gewissheit – keine egoistische Gewissheit, sondern eine, die aus Ihrer grundlegenden Natur kommt, aus der Ebene des göttlichen *Seins*. In der Figur von Jesus finden wir diese spirituelle Autonomie sehr deutlich gespiegelt. Jesus geht durch sein Leben und weiß, wer er ist und was er tut, auch wenn seine Jünger ihn nicht verstehen, die Obrigkeit ihn nicht versteht, die Pharisäer ihn nicht verstehen. Zeitweise scheint die ganze Welt gegen ihn zu sein, aber er kennt seine Mission, und nichts und niemand wird ihn an ihr hindern. Er lebt die Mission aus bis zu seinem Tod. Der Preis, den er für diese Autonomie zahlt, ist sein eigenes Leben.

Dieses mythische Porträt zeigt, wie spirituelle Autonomie aussieht und wie sie sich durch die Welt von Zeit und Raum bewegt. Spirituelle Autonomie macht nicht einmal den Versuch, von der Ego-Perspektive Verständnis oder Zustimmung zu bekommen; sie ist ihre eigene Domäne, ihr eigenes Reich. Sie tut, was sie tut, und der Ego-Zustand des Bewusstseins hat absolut keine Möglichkeit, sie zu verstehen, denn diese Autonomie wirkt von einer anderen Dimension des *Seins* aus.

Jesus sprach davon, *in* der Welt zu sein, aber nicht *von* der Welt; das ist wahre spirituelle Autonomie in Aktion. Ich denke, Jesus zeigt und spiegelt uns diese Autonomie besser als jede andere Figur, der ich in spirituellen Geschichten oder Mythen begegnet bin.

Loslassen

Das nächste Stadium der Reise des Erwachens nenne ich das »Loslassen«. In der Jesus-Geschichte wird das Loslassen durch die Kreuzigung symbolisiert. Letztendlich ist dies die Erfahrung des Ego-Todes.

Erwachen ist die Transzendenz des Egos. Erwachen heißt

nicht, dass das Ego tot ist oder dass es irgendwohin gegangen ist. Die Erfahrung des Erwachens kann die Natur des Egos verändert und es einheitlicher und ausgewogener gemacht haben, aber das Ego ist immer noch da. Loslassen ist das, was spirituelle Lehrer meinen, wenn sie sagen: »Stirb, bevor du stirbst.« Viele Menschen verwechseln »stirb, bevor du stirbst« mit spirituellem Erwachen, denn Erwachen kann sich anfühlen wie ein Prozess von Tod und Wiedergeburt. Aber dieses Loslassen geht sehr viel tiefer; in ihm stirbt das Ego-Selbst tatsächlich, und hinterher handeln Sie von einem anderen Ort aus, einem Ort, der kein Zentrum hat.

Das wird im Bild der Kreuzigung dargestellt. Im Markus-Evangelium sind die letzten Worte, die wir von Jesus hören: »Mein Gott, mein Gott, warum hast du mich verlassen?« Dann endet sein Leben mit einem Todesschrei. Das ist die Menschlichkeit Jesu, der sich vollkommen von Gott im Stich gelassen fühlt. Es ist eine sehr dynamische Darstellung einer tatsächlichen inneren Erfahrung.

Natürlich kann man die Kreuzigung auf vielen verschiedenen Ebenen lesen; ich habe bereits erwähnt, dass schwierige, leidvolle und tragische Momente des Lebens Ähnlichkeiten mit einer Kreuzigung haben können. Aber hier spreche ich von der Kreuzigung als einem Stadium der spirituellen Reise. Der Ego-Tod fühlt sich wie ein Tod an, wird als Tod erfahren, und im Allgemeinen geht das Ego nicht auf leichte Weise. Natürlich ist die grundlegende Eigenschaft des Egos die Trennung: es ist getrennt vom Leben, getrennt von anderen und, religiös gesprochen, getrennt von Gott. Das erfährt Jesus in seinen letzten Augenblicken; der letzte Rest des eigenständigen Selbst, das sein Geständnis herausschreit: »Ich bin verlassen worden.« So fühlt sich der Zustand der Trennung an – wie ein Verlassensein. Wir können uns nur ungefähr vorstellen, wie für Jesus am Kreuz dieser letzte Rest des Gefühls, getrennt zu sein, plötzlich aus dem Nichts heraus auftaucht, während er seine Menschlichkeit in der spirituellen Reise auslebt. Aus einer anderen Perspektive gesehen ist er bereits durch all dies hindurchgegangen. Er steigt also ganz am Anfang vom Himmel herab, um die Reise zu durchleben, sodass Sie und ich diese Geschichte als ein Vorbild bekommen.

Die Verwandlung

Die allerletzte Phase des spirituellen Erwachens nenne ich »die Verwandlung«. Verwandlung wird durch Verklärung und Loslassen möglich gemacht. In ihr ist Ihr Bezug zum Leben absolut selbstlos. Es ist nicht so, dass Sie selbstlos sein *wollen* oder Selbstlosigkeit praktizieren: Sie sind vielmehr selbstlos, weil da kein Selbst ist.

Man muss durch den Tod des Egos gehen, damit dieser Übergang geschieht. Manche Aspekte der Verwandlung können sich auch früher in Ihrer Reise ereignen, aber die Kreuzigung oder das Loslassen muss geschehen sein, damit Verwandlung sich vollenden kann. Dann gibt es tatsächlich nichts anderes zu tun, als selbstlos und gütig in der Welt zu sein – es gibt wirklich nichts anderes zu tun, nichts, das Sinn machen würde. Wie immer das dann aussieht – und es sieht für jeden Menschen anders aus –, es ist der Endpunkt des ganzen Prozesses.

In der Jesus-Geschichte wird dieses Stadium Wiederauferstehung genannt. Aus dem Tod ist neues Leben auferstanden, und das bedeutet eine völlig neue Orientierung. Diese Bewegung, diese lange Umkehr vom Selbstbezug zur selbstlosen Ausrichtung trägt jetzt Früchte. Das ist der Endpunkt der Reise von Jesus, und dort endet es letztendlich für jeden, der die Reise des Erwachens gemacht hat.

Die Erlösung Ihrer menschlichen Inkarnation

Die Geschichte von Jesus ist ein Muster des spirituellen Erwachens für jeden, der die Augen hat, es zu sehen, oder die Erfahrung, es zu bemerken. Ich glaube, dies ist eine der stärksten Brillen, durch die wir die Geschichte betrachten können, denn aus dieser Perspektive beginnt die Geschichte als Metapher zu leben und zu atmen.

Jesus durchlebt nichts in kleinem Stil; alles in seiner Geschichte ist groß geschrieben. Das macht es uns leichter, zu sehen, dass er eine Reise des Erwachens beschreibt. Wir sollten nicht erwarten, unsere eigene Reise in derselben Weise zu erleben, und zum Glück müssen wir das auch nicht, obwohl unsere Reise mit Sicherheit ihre eigenen Herausforderungen und ihre eigene Heftigkeit haben wird.

Das Mysterium der Jesus-Geschichte ist dasselbe wie das Mysterium in Ihnen und mir und jedem Menschen: Wir alle sind Gott, der als Mann und Frau erscheint. Das sind tatsächlich zwei Seiten derselben Münze. Sie sind ein und dasselbe; es ist nur unser Geist, der Göttlichkeit und Menschlichkeit trennt. Wir trennen sie in unserem Geist und in unserer Erfahrung, aber die ganze spirituelle Reise endet schließlich damit zu sehen, dass sie nicht getrennt sind und nie getrennt waren. Sogar die Theologie von Jesus bestätigt das: »Denn Gott hat die Welt so sehr geliebt, dass er seinen einzigen Sohn hingab.« (Johannes 3,16)

Wenn ich Vorträge halte, sage ich den Menschen: »Gott hat die Welt so geliebt, dass er seine einzigen Söhne und Töchter hingab.« Das trifft nicht nur für Jesus zu: Das sind *Sie.* Stellen Sie sich vor, Sie würden das in sich aufnehmen, um Ihr Leben auf Ihre Göttlichkeit hin auszurichten. *Ihre* Göttlichkeit: »Ich habe die Welt so geliebt, dass ich alles von mir gegeben habe.« Stellen Sie sich Ihre Geburt vor wie einen Akt des sich Verströmens ins Leben, wie ein Werkzeug der Erlösung. Stellen Sie sich Ihr menschliches Leben als das vor, das zu erlösen Sie in die Welt gekommen sind. Und wenn Sie voll erwacht sind zu seiner Ganzheit, haben Sie Ihre menschliche Inkarnation vollkommen erlöst.

Jede Zeile und Episode der Jesus-Geschichte ist eine Metapher für die menschliche Erfahrung des Erwachens. Dies mag auf einen Bereich der menschlichen Erfahrung hinweisen, den viele Menschen nicht erleben, weil sie nie innehalten, nie ruhig werden, und doch ist er da. Er kann in der Ruhe gefunden werden, in der Stille. Wie die Bibel sagt: »Seid stille und erkennet, dass ich Gott bin.« (Psalm 46,11, Lutherbibel von 1912)

Und wenn Sie Ihr Leben auf diese Erkenntnis hin ausrichten, verstehen Sie: *Sie* haben die Welt so geliebt,

Sie hatten so viel Mitgefühl, *Sie* hatten so viel Liebe, dass Sie sich ins Leben verströmt haben, und dieses Verströmen war Ihre Geburt. Sie sind hier, um zu erlösen, was immer

Ihnen im Leben begegnet, und in allem die tiefe Wirklichkeit seiner göttlichen Existenz zu erwecken.

Das Himmelreich ist ausgebreitet auf der Erde, und die Menschen sehen es nicht. Wenn Sie dies erkennen, sind Sie kein Opfer Ihres Lebens mehr und geben niemandem die Schuld an den Tragödien, die Sie erleben. Ich meine, die Wahrheit ist, dass Sie sich bereitwillig aus der grenzenlosen Liebe in die Form begeben haben, um die Gesamtheit dieses Lebens zu erlösen. Aus dieser Perspektive sieht das Leben auf einmal sehr anders aus. Sie halten sich nicht länger vom Leben zurück, von Ihrem inneren Leben wie vom Leben, das Sie umgibt, denn das Himmelreich ist in Ihnen und in allem, was Sie umgibt. *Das* ist die Botschaft der Geschichte von Jesus.

Teil 2

Die Geschichte von Jesus

Kapitel 5
Geburt und Taufe

Jesus sagte: *»Selig ist, wer war, ehe er wurde.«*
Thomas-Evangelium

Nun werden wir beginnen, die Jesus-Geschichte selbst zu erkunden, beginnend bei der Geburt – der jungfräulichen Geburt. Das Bild der jungfräulichen Geburt ist ein altes mythisches Motiv, das seit mehr als tausend Jahren *vor* der Geburt von Jesus existierte, und es bezeichnet etwas ganz Wichtiges in der gesamten Theologie der Menschwerdung Jesu.

Die Bedeutung der jungfräulichen Geburt

Theologisch gesehen weist die Geschichte der jungfräulichen Geburt darauf hin, dass Jesus aus einem himmlischen Zustand auf die Erde hinabgestiegen ist. Was ist der himmlische Zustand? Es ist ein Zustand außerhalb der Zeit. Es ist ein Durchbruch in die Ewigkeit. Sie haben vielleicht Momente erlebt, die dem himmlischen Zustand ähnlich sind. Es gibt Momente im Leben, in denen sich spontan ein Tor in Ihrem Bewusstsein öffnet und Sie plötzlich alles aus einer sehr anderen Perspektive sehen. Die Tore der Wahrnehmung öffnen sich, und das Leben bekommt auf einmal einen tiefen Sinn, selbst wenn Sie nicht erklären können, was dieser Sinn ist. Der himmlische Zustand ist der Kontext der Ewigkeit, innerhalb der die Welt sich befindet.

Jeder Mensch erfährt solche Momente, in denen die Tore der Ewigkeit aufgehen – wenn auch nur für einen Spalt –, und man mit einem Gefühl der Ehrfurcht und Freude erfüllt ist. Wenn Sie sich mit dem unendlichen Mysterium des *Seins* verbinden, spüren Sie die Unermesslichkeit des Potenzials, das es enthält. Dieses Herabkommen aus dem himmlischen Zustand in die Welt von Zeit und Raum ist eng verbunden mit diesen Momenten, in denen sich unsere Wahrnehmung öffnet und wir mit der transzendenten Wirklichkeit verbunden sind.

In der Jesus-Geschichte ist die jungfräuliche Geburt der Moment, wenn das Tor aufbricht und der Geist von Jesus sich aus der Ewigkeit herabsenkt. Wir dürfen nie vergessen, dass Jesus ewiges *Sein* darstellt, jene Dimension unseres eigenen Seins, die jenseits von Zeit und Raum ist, jenseits dessen, was wir sehen und berühren und worüber wir nachdenken können. Was bedeutet es aus dieser Perspektive, dass Jesus direkt aus dem Himmel kommt? Dies ist ewiges, göttliches *Sein*, das durch das Lattenwerk der Zeit bricht – es bricht durch die Strukturen *unseres* Geistes, bricht durch *unsere* Glaubenssysteme und tritt in *unser* Bewusstsein ein.

Nun wird Jesus ja von einer Jungfrau geboren. Wofür steht die jungfräuliche Geburt? Dieses Bild sagt uns, dass Jesus nicht aus den Gegensatzpaaren geboren ist. Seine Geburt geschah geradewegs aus dem Himmel, und Himmel ist die ewige Ganzheit. Die jungfräuliche Geburt von Jesus bedeutet, dass der Himmel physische Form hier auf Erden annimmt. Die Geburt Ihrer physischen Form ist die Frucht Ihrer Mutter und Ihres Vaters, das sind die Gegensatzpaare. Aber Ihre tiefere Natur ist ewig und wird nicht aus den Gegensatzpaaren geboren. Sie ist zeitlos und wird in Zeit und Raum hineingeboren, sobald Sie als Mensch inkarniert sind. Da sind Sie also, ein menschliches Wesen, das mit dem Mysterium des ewigen *Seins* erfüllt ist, mit dem Leuchten des Geistes.

Das bildet die jungfräuliche Geburt ab: Zeit und Raum sind geöffnet und die Ewigkeit verkörpert sich als menschliches Wesen. Das sind Sie und ich, und doch wissen wir es nicht. Wir sind ewige, göttliche Wesen, die sich hier und jetzt in unserer menschlichen Natur als ein bestimmtes menschliches Wesen manifestiert haben. Unsere menschliche Form entsteht durch die Gegensatzpaare. Ihre Mutter und Ihr Vater kamen zusammen und zeugten ein Baby, ein schönes, inkarniertes Wesen, und dieses Wesen ist erfüllt und beseelt von der Vitalität des göttlichen *Seins.* Für diese Schönheit steht das Bild der jungfräulichen Geburt, wenn Sie die Metapher lesen können.

Der Ruf an Jesus

Die Evangelien von Matthäus und Lukas beginnen mit der Geburt von Jesus, aber der Beginn des Markus-Evangeliums zeigt Jesus, der bereits ein Mann in seinen frühen Dreißigern ist, wie er Johannes den Täufer aufsucht, der seine Ankunft prophezeit hat.

Warum nun sucht Jesus am Ufer des Jordans Johannes den Täufer auf? Wie ich sagte, beginnt für die meisten Menschen die Reise des spirituellen Erwachens mit einer Art Ruf, durch den sich in irgendeiner Weise ihr Leben auf das Mysterium ausrichtet, auf eine spirituelle Wirklichkeit. Aber im Fall von Jesus deutet nichts in der Geschichte darauf hin, dass er gerufen wurde, dass er ein Suchender war. Auch das ist aufschlussreich. Mir sind etliche Menschen begegnet, die kein Interesse an Spiritualität hatten, die einfach ihren Alltag gelebt haben, und plötzlich machte es Peng! Aus dem Nichts erwachen sie, ihr spirituelles Leben beginnt; sie erwachen aus dem, der sie geglaubt hatten zu sein, und finden sich in der Wirklichkeit des göttlichen *Seins* wieder.

In der Regel werden wir gerufen; wir können uns an einen Moment erinnern, in dem wir begonnen haben, uns auf unsere spirituelle Suche hin auszurichten. Aber es gibt Fälle, in denen der Ruf übersprungen wird und man direkt in die Initiation des spirituellen Erwachens gerät. Mir scheint, das sehen wir in der Begegnung von Jesus und Johannes dem Täufer. Uns wird nicht erzählt, ob er einen spirituellen Ruf hörte oder nicht, aber wir wissen, dass er bewusst Johannes den Täufer aufsuchte. Vielleicht fühlte er sich aufgerufen, von Johannes getauft zu werden, oder er hatte eine Vorahnung – irgendwie wusste er, wie sein Leben verlaufen würde, und sich der Taufe zu unterziehen war Teil seiner Lebensbestimmung.

Johannes der Täufer ist so etwas wie ein wilder Kerl. Er lebt an den Rändern der Gesellschaft. Von ihm wird erzählt, er trage ein Gewand aus Kamelhaaren und esse Heuschrecken und wilden Honig. Das ist einer, der außerhalb der Grenzen von Gesellschaft und Kultur agiert. Johannes der Täufer repräsentiert den unbedingten Teil unseres *Seins* – Ihres *Seins,* meines *Seins* – mit dem wir uns verbinden können, wenn wir mutig genug dafür sind. Es ist ein Teil unseres *Seins,* der nicht in die Gussformen von Gesellschaft und Kultur gepresst wurde.

Nun haben die Muster, in die uns Gesellschaft und Kultur formen, eine gewisse Nützlichkeit. Sie sagen uns, wie wir in der Welt der Zeit und der menschlichen Wesen handeln sollen und wie wir einen gewissen Sinn für Ethik und Moral entwickeln können. Diese Geschichte aber spricht von etwas anderem. Sie beginnt damit, wie Jesus von diesem Wilden getauft wird, außerhalb der Grenzen der konventionellen Gesellschaft und Religion. Das weist darauf hin, dass Sie höchstwahrscheinlich nicht in das tiefe Mysterium eindringen werden, wenn Sie einfach dem Weg der konventionellen Religion folgen; Sie werden für immer an der Oberfläche des Lebens bleiben. Es erfordert einige Wildheit und ist ein Risiko, die Oberfläche einer vorgegebenen religiösen Sicht zu durchdringen und hinter die Konvention zu blicken. Wenn wir den Himmel hier auf Erden finden wollen, müssen wir bereit sein, uns dem Unbekannten zu öffnen, weit über das hinaus, wohin die meisten Menschen sich erlauben werden zu gehen. Und so geht Jesus zu diesem

Mann, der das repräsentiert, was jenseits der Konvention ist, jenseits der Übereinkünfte der dualistischen Welt.

Als Jesus kommt, um getauft zu werden, ist Johannes bereits sehr bekannt. Massen von Menschen haben ihn schon aufgesucht, um von ihm getauft zu werden, und er ist offensichtlich eine sehr charismatische Figur, die aus eigenem Recht handelt. Er sprach diesen Geistesfunken in den Menschen an, als ob er sagen wollte: Komm und verlass die Grenzen dessen, was bequem ist, was bekannt ist, was dir gelehrt wurde. Dies ist die Quelle der Vitalität, hier draußen an den wilden Orten, im Unbekannten. Hier muss der Geist entdeckt werden.

Die meisten Menschen nehmen diese Art Unsicherheit nicht an und begeben sich erst in das Unbekannte in ihnen selbst, wenn ein traumatisches Ereignis sie so erschüttert, dass sie den Lebensweg, den sie sich vorgestellt haben, aufzugeben beginnen. Wir neigen dazu, an unseren vorgefassten Meinungen festzuhalten; wir neigen dazu, uns an unsere Glaubensstrukturen zu klammern, obwohl sie uns in einem sehr begrenzten Wahrnehmungsrahmen halten. Aber manchmal, wenn wir uns sehr schwierigen Ereignissen ausgesetzt sehen – wir sind mit einer ernsten Krankheit konfrontiert, gehen durch eine Scheidung oder verlieren einen geliebten Menschen durch Tod –, zerreißt die Intensität unserer Erfahrung unsere Bindung an die dualistische konditionierte Sicht und wir erhaschen vielleicht den Schimmer von etwas, das große Erhabenheit hat und jenseits all dessen ist, was wir je kannten.

Wenn die Situation dann wieder normal wird, kehren die meisten Menschen in ihr Glaubenssystem und ihre konditionierten Denkstrukturen zurück. Jesus aber verlässt, während er von Johannes getauft wird, die Welt und die Schranken der religiösen Strukturen seiner Zeit. Er sucht jemanden auf, der ihm helfen kann, sich mit dem Mysterium zu verbinden: dem Mysterium, das in der Wildnis gefunden wird, auf den unbekannten Pfaden, die kein Mensch betritt, an einem Ort im Inneren, an den Sie alleine gehen müssen, oder Sie gehen nie dorthin. Und so wartet Johannes der Täufer auf Jesus dort an der Schwelle, am Übergang zwischen diesen zwei Welten. Und Johannes der Täufer kennt seine Rolle.

Eintritt ins Mysterium

Johannes der Täufer hatte die Ankunft Jesu vorhergesagt; er wusste, dass etwas Neues in die Welt von Zeit und Raum kommen würde, etwas Neues und sehr Mächtiges.

Und dies war seine Botschaft: »Nach mir kommt einer, der stärker ist als ich; ich bin nicht wert, mich zu bücken und den Riemen seiner Schuhe zu lösen. Ich habe euch mit Wasser getauft, er aber wird euch mit Heiligem Geist taufen.« (Markus 1,7–8)

Johannes der Täufer ist ein Wilder, ein Mensch außerhalb der Schranken der organisierten Religion, aber seine Taufe ist die Taufe der Reue, der Versöhnung. Er hilft den Menschen, sich von der Last ihrer eigenen Psychologie, ihrer Vergangenheit, zu befreien. Das Wasser, in dem er die Menschen tauft, ist reinigendes Wasser. In vielen religiösen Traditionen symbolisiert Wasser nicht nur Reinigung, sondern auch die moralische und ethische Dimension des Lebens. Wenn Johannes der Täufer Menschen tauft, versucht er sie direkt an diese Schwelle zu führen, zwischen das Bekannte und das Unbekannte. Er will ihren Blick klären und ihre Seelen läutern, damit sie bereit sind, Jesus zu folgen, wenn er kommt.

Die Reue, von der Johannes der Täufer sprach, kann Sie direkt zur Grenzlinie führen, in jene Momente, in denen Sie sich plötzlich getroffen fühlen von etwas Fremdem und Zwingendem, das den Geist in Ihnen erweckt. Aber der, der nach ihm kommt – der Eine, der Jesus sein wird –, ist jener, der Sie hindurchführen wird, denn er lebt auf der anderen Seite dieser unsichtbaren Grenze. Johannes *zeigt* den Weg, aber Jesus *ist* der Weg.

Jesus bringt eine andere Art Taufe. Wie Johannes der Täufer sagt: »Er wird euch mit Heiligem Geist und Feuer taufen.« (Matthäus 3,11) Der Geist (im Englischen »Spirit«, Anm. d. Übers.) wird mit dem Atem assoziiert – zu inspirieren, einzuatmen. Geist ist auch die beseelende Kraft; er ist die dynamische spirituelle Kraft, die das ganze Universum durchdringt. Von dort *kam* Jesus. Er stieg vom Himmel herab, aus dem Bereich des Geistes, und ist fähig, Geist einzuflößen, sodass Sie ihn in sich erkennen. Noch einmal zur Erinnerung: Alle diese Qualitäten existieren im eigenen Inneren – der ethische und moralische Bereich, die Grenze zwischen dem Bekannten und dem Unbekannten und schließlich der Geist, der Sie über die Schwelle zieht und Sie zu einer neuen Dimension des *Seins* erweckt.

Wenn Sie erfassen, worüber hier gesprochen wird, können Sie beginnen, intuitiv zu erspüren, was diese Qualitäten für Sie sein könnten. Wie ist das Gefühl, direkt an die Grenze zum Unbekannten gebracht worden zu sein? Wie oft haben Sie sich von ihr zurückgezogen, nur um wieder zurückzukehren und sich wieder zurückzuziehen, weil es zu fremd war, zu unsicher, ein zu großes Risiko? Letzten Endes sind Sie gezwungen, diese Grenze in ein neues Leben zu überschreiten – ein *wirkliches* Leben, ein Leben voll Vitalität, ein bedeutungsvolles Leben –, aber das ist kein Leben, für das Sie sichere Vorhersagen machen können, und kein Leben, auf das die Gesellschaft Sie vorbereitet hat. Die Gesellschaft bereitet Sie auf das Leben vor, von dem *sie* wünscht, dass Sie es führen; sie bereitet Sie auf die Rolle vor, die *sie* ihnen zuteilt. Aber der Geist in Ihnen, diesem unglücklichen eingesperrten Wesen, kann Sie zwingen, ein *wahres* Leben zu führen, ein bedeutsames Leben, erfüllt von der Vitalität des Geistes.

Also kommt Jesus und wird im Wasser getauft, und in dem Moment, in dem er den Kopf hebt, kommt der Geist auf ihn herab. Wie es das Matthäus-Evangelium berichtet: »Als aber Jesus getauft war, stieg er sogleich aus dem Wasser. Da öffnete sich ihm der Himmel und er sah den Geist Gottes wie eine Taube herabschweben und auf sich kommen.« (Matthäus 3,16) Dieses Herabkommen des Geistes verändert sein ganzes Leben, gibt seinem Leben eine neue Ausrichtung. Von diesem Moment an wird das Leben von Jesus nie wieder sein, was es vorher war. Aus seinem Leben wird das werden, wovon wir in der Geschichte lesen. Und es gibt auch für Sie solche Momente, in denen Sie Ja sagen zum Mysterium, in denen Sie in diese Dunkelheit spähen und erkennen, dass Sie nicht der sind, der Sie glaubten zu sein – nicht Ihre Glaubensinhalte, nicht Ihre Ideen, nicht die einengende Rolle, mit der die Gesellschaft Sie belegt hat. Sie sind etwas anderes als das, wofür man Sie hält – sehr viel anders, als Sie es sich vorstellen können.

Dafür steht das Herabkommen des Geistes; es ist ein Ja sagen zu Ihrer wahren Natur. Aber zuerst müssen Sie Ja sagen zum Unbekannten. Sie müssen erkennen, dass Sie nicht wissen, wer Sie sind. Sie müssen erkennen, dass Sie nicht wissen, was Gott ist. Sie müssen an den Ort gelangen, an dem Sie erkennen, dass Sie nicht wissen, was das Leben ist. Sie haben Ihre Ideen und Meinungen, aber Sie wissen, dass diese nicht die Wahrheit über Sie selbst sein können, deshalb wollen Sie das Risiko eingehen. Sie sind gewillt, durch den Schleier zu gehen und in den spirituellen Bereich einzutreten. Jesus zeigt diesen Schritt. Sein Name dafür war *bereuen*.

Geist ist das Symbol für Transformation. Wenn wir uns also für den Geist öffnen, öffnen wir uns der Transformation: Wir werden nicht mehr dieselbe Person sein wie zu Beginn unserer Reise und wir werden uns nie wieder auf dieselbe Weise sehen. Wenn wir uns dem Geist öffnen, fügen wir der Persönlichkeit keine neue Schicht hinzu. Der Geist nimmt alle Persönlichkeitsmerkmale weg und verwirft sie. Der Geist hat keine Form, keine Ideologie. Er ist ewige Ganzheit und Vollkommenheit.

Was also geschieht, wenn Sie Ja sagen zu dieser Einladung? Was geschieht, wenn Sie metaphorisch gesprochen den sicheren Boden verlassen und in den Fluss steigen, um getauft zu werden ins Unbekannte? Wie fühlt es sich an, wenn die Himmel sich teilen und der ewige Geist auf Sie herabkommt?

Das Erwachen von Jesus geschah in dem Moment, als Johannes ihn im Fluss taufte und der Geist vom Himmel auf ihn herabkam. Die Rolle, die Johannes der Täufer in diesem Erwachen spielte, ist faszinierend. Johannes sagte: »Nach mir kommt einer, der stärker ist als ich«; er wusste, dass Jesus die größere Bedeutung hatte, aber Johannes war tatsächlich das Medium für das Erwachen von Jesus.

Das ist ein sehr intimer Teil der Schüler-Lehrer-Beziehung in der Spiritualität. Wenn jemand in einem gewissen Grad zum Geist erwacht ist, kann die bloße Tatsache, dass das eigene Bewusstsein zur spirituellen Dimension erwacht ist, mit anderen mitschwingen. Dann wird diese spirituelle Dimension auch in ihnen lebendig und beginnt ihnen bewusst zu werden. In der Spiritualität wird das *Übertragung* genannt. Ich benutze dafür das Bild von zwei Saiten-Instrumenten. Wenn Sie zwei Gitarren im selben Raum haben und einen Akkord auf einer Gitarre anschlagen, wird sich die Klangwelle durch den Raum bewegen und in der zweiten Gitarre eine Sympathieschwingung auslösen.

Wenn der spirituelle Zustand des Lehrers mit derselben Wirklichkeit im Schüler mitzuschwingen beginnt, wird der spirituelle Zustand des Lehrers diese beleben oder hervorrufen, selbst wenn der Schüler noch nicht zu dieser Wirklichkeit erwacht ist. In gewisser Weise ist es das, was Johannes für Jesus war: Soweit wir wissen, war Johannes nicht der Lehrer von Jesus, aber er war der Katalysator, der Jesus für das Herabkommen des Geistes öffnete.

Es muss einen Moment geben, in dem wir verfügbar werden, in dem wir uns hingeben – *Ahhhhh* – und unser Herz und unseren Geist öffnen. In diesem Moment kann sich die Übertragung des Geistes ereignen. Aber Sie müssen sich voll und ganz entspannen; Sie müssen ein Gefühl von tiefer Hingabe haben. Andernfalls wäre es so, als würden Sie Ihre Hand auf die Gitarrensaiten legen. Selbst wenn die andere Gitarre gespielt wird, würden Ihre Saiten nicht mitschwingen. Wenn wir uns also hingeben, werden wir verfügbar. Es ist, als würden wir unsere Hände von den Saiten nehmen; wir unterdrücken das Resonanzfeld in uns nicht mehr.

Alles, worauf das Leben wartet, ist ein Moment des Stillseins. Dann kann diese Resonanzkraft in Ihnen aktiviert werden und Sie öffnen, sodass der Geist in Ihnen lebendig werden kann. Das ist ein Moment des Erwachens. Wenn der Geist in Sie eintritt, sehen Sie die spirituelle Wirklichkeit Ihres wahren *Seins*, Ihrer göttlichen Natur. Sie identifizieren sich nicht länger mit Ihrem Namen, Ihrem Geschlecht, Ihrem Beruf oder Ihrer Vergangenheit. Sie erkennen und erfahren sich als reiner Geist, als das formlose und ewige Bewusstsein aller erschaffenen Dinge. Sie brauchen das göttliche *Sein* ihrem Selbst nicht hinzuzufügen; Sie *sind* göttliches *Sein*, ob Sie es wissen oder nicht. Sie werden nicht göttliches *Sein*: Sie erkennen es, Sie erwachen zu ihm. Und Sie erwachen zu ihm, wenn Sie sich hingeben, wenn Sie sich zutiefst einer anderen Person, die erwacht ist, oder einfach dem Mysterium des Lebens selbst öffnen.

Es braucht nur einen Moment, den Bruchteil einer Sekunde wahrer Verfügbarkeit. Dann findet der Geist Einlass, und dieser Moment ist der Moment des Erwachens. Das ist es, was mit Jesus dort am Jordan geschah, als er von Johannes getauft wurde und die Himmel sich teilten. Er erwachte, und von da an predigte er Reue – umzukehren und in sich hineinzuschauen auf das, was von innen her schaut. Dieses Erwachen war der Beginn seines neuen Lebens, der Anfang seiner Mission.

Kapitel 6
Prüfungen und Leiden

»Mut zu haben zu allem, was das Leben bereithält – darin ist alles enthalten.«
Heilige Teresa von Avila

Nach dem Erwachen treten wir in die nächste Phase der spirituellen Reise ein. Im Erwachen erkennen wir plötzlich unsere wahre Natur. Wir erkennen, dass wir nicht die Ego-Persönlichkeit sind, die wir glaubten zu sein, sondern göttliches *Sein*, das Strahlen des Bewusstseins selbst. Irgendwann nach dieser Erkenntnis wird es so aussehen, als ob die Welt uns antwortet, indem sie uns ganz besondere Tests und Prüfungen auferlegt, in denen wir aufgefordert werden, uns auf das Leben vom erwachten Zustand aus einzulassen, ihn zu manifestieren und von ihm aus zu handeln. Die Wirklichkeit Ihres *Seins* zu erkennen, ist eine Sache, aber fähig zu sein, ihm konkreten Ausdruck zu geben, ist etwas völlig anderes. Die Prüfungen und Drangsale des Lebens sind herausfordernd, aber tatsächlich helfen sie uns dabei, unsere Erkenntnis in der Welt von Zeit und Raum, unserem täglichen Leben, zu manifestieren und zu beginnen, von ihr aus zu handeln. Wenn wir das Leben von Jesus betrachten, sehen wir, dass es eine lange ununterbrochene Prüfung war, die uns immer wieder zeigt, wie der Geist sich in der Welt von Zeit und Raum bewegt.

Die erste Versuchung

Sofort nach seinem Erwachen geht Jesus in die Wüste, um vierzig Tage und vierzig Nächte zu fasten. Im Matthäus-Evangelium heißt es: »Danach wurde Jesus vom Geist in die Wüste geführt, um vom Teufel versucht zu werden.« (Matthäus 4,1) Dieses Motiv des sich Begebens an einen Ort der Erprobungen und Prüfungen ist sehr alt und sehr universell. Der Buddha hatte eine ganz ähnliche Erfahrung unter dem Bodhi-Baum. Der Bodhi-Baum ist tatsächlich ein Symbol für den Lebensbaum, also sitzt der Buddha an einem üppigen Ort, ganz anders als die Wüste, in die Jesus geht. Dennoch wird er in gleichem Maß versucht und von den Kräften von Maya bestürmt. Im Buddhismus steht Maya für die Illusion; Maya spielt dieselbe Rolle wie Satan oder der Teufel im Christentum. Der Unterschied ist, dass Maya die unpersönliche Kraft der Illusion und der Verblendung im Universum ist; sie ist nicht darauf aus, jemanden in böser Absicht zu zerstören. In der christlichen Erzählung ist Satan die Personifikation der Illusion, und deshalb hat Satan eine viel dunklere, unheimlichere Qualität.

So wird Jesus also in die Wüste geführt, wo er Satan begegnet. »Nachdem er vierzig Tage und vierzig Nächte gefastet hatte, bekam er Hunger. Da trat der Versucher an ihn heran und sagte: ›Wenn du Gottes Sohn bist, so befiehl, dass diese Steine Brot werden.‹« (Matthäus 4,2–3)

Stellen Sie sich vor, Sie haben vierzig Tage und vierzig Nächte gefastet; Sie werden müde, Sie werden hungrig, Sie werden schwach. Da kommt diese dunkle Kraft daher – ob nun von außen oder aus Ihrem Inneren – und versucht Sie in diesem Moment der Schwäche. Im Wesentlichen sagt sie: Ich weiß, du hast Hunger, also wenn du tatsächlich ein großes erwachtes Wesen bist, tu's einfach, verwandle einfach diese Felsen in Brot. Und Jesus antwortet Satan: »Es steht geschrieben: ›Nicht vom Brot allein lebt der Mensch, sondern von jedem Wort, das aus dem Mund Gottes kommt.‹« (Matthäus 4,4)

Diese erste Versuchung hat zu tun mit dem Thema Furcht und Überleben, und das sind tatsächlich zwei Seiten einer einzigen, außerordentlich mächtigen Kraft. Und so fragt uns die erste Versuchung: Wenn du dich fürchtest, wenn dein Wohlsein und sogar dein Überleben auf dem Spiel stehen, worauf greifst du dann zurück? Worauf beruhen deine Entscheidungen? Wenn du Angst hast, entscheidest du dich dann aus der Angst heraus? Wenn du dich bedroht fühlst, reagierst du dann mit deinem alten konditionierten Gefühl des Selbstschutzes oder hältst du eine Verbindung mit diesem stillen Ort in dir aufrecht – diesem Bereich der Klarheit und Liebe in dir, an dem du keine Angst hast, obwohl du Angst hast? Der Ort, an dem die Liebe größer ist als der Überlebensinstinkt?

Dieser innere Ort hilft Ihnen, durch Ihre Angst zu gehen und selbst durch das Verlangen, zu überleben. Uns wird oft gesagt, unser tiefster Instinkt sei unser Überlebensinstinkt, und wenn es hart auf hart käme, würden alle Lebensformen im gesamten Universum zuallererst versuchen zu überleben.

Aber wir können sehen, dass dies zumindest beim Menschen nicht der Fall ist. Es gibt Zeiten im Leben, in denen Menschen mehr als gewillt sind, ihr Leben für jemanden oder etwas aufs Spiel zu setzen, denn es gibt eine Liebe, zu der sie Zugang haben und die sie handeln lässt, und diese Liebe ist stärker als der Überlebensinstinkt.

Stellen Sie sich vor, Ihr Kind steht in der Mitte der Straße, und ein Auto rollt auf es zu. Sie sehen sofort, dass Sie nur eine Chance haben, Ihr Kind zu retten: auf die Straße zu rennen und es aus der Gefahrenzone zu stoßen, weil keine Zeit ist, es auf die sichere Seite zu tragen. Die meisten Eltern würden direkt vor das Auto rennen und ihr Kind aus dem Weg stoßen, selbst wenn sie wüssten, sie würden von dem Wagen erfasst und getötet werden. Die meisten Eltern würden nicht einmal darüber nachdenken; es wäre eine instinktive, unverzügliche Handlung. In solchen Momenten haben wir das persönliche Überleben transzendiert und sind in unsere kollektive Einheit eingetreten.

Etwas Ähnliches, wenn auch nicht so dramatisch, geschieht, wenn Sie wahres Mitgefühl oder Sympathie für jemanden haben. Jeder Mensch hat seine eigenen Erfahrungen, aber wenn Sie jemandem begegnen, der leidet, und Sie sind offen und verfügbar für ihn, dann nehmen Sie an seiner Erfahrung teil. Natürlich wäre es leichter für Sie, wenn Sie an der Erfahrung anderer nicht teilnähmen, wenn Sie einfach Ihr Herz verschließen würden und kein Mitgefühl hätten. Aber das menschliche Herz hat eine tiefe Fähigkeit zur Verbindung. Ich meine, unser angeborenes Mitgefühl entsteht aus der Intuition, dass wir nicht getrennt sind, dass Ihre Sorge in gewisser Weise auch meine ist, dass Ihr Leiden mein Leiden ist. Das ist stärker als die Trennung und das Verlangen zu überleben.

Dieser Teil der Jesus-Geschichte mit Satan und den Versuchungen in der Wüste kann abstrakt und irgendwie fantastisch wirken, aber wenn Sie sich anschauen, was die darunterliegenden Metaphern zu vermitteln versuchen, werden Sie feststellen, dass er tatsächlich viel mit dem täglichen Leben zu tun hat. In jeder Woche gibt es zahlreiche Momente, in denen das Leben uns fragt: Von wo aus wirst du handeln? Was ist deine Absicht? Was sind deine wahren Werte? Gilt deine Wertschätzung der Verbundenheit und der tiefen Wahrheit, oder schätzt du Angst und Überleben? Es ist leicht zu sagen, dass Sie Verbundenheit und Wahrheit schätzen, aber wenn Sie in eine Situation gebracht werden, in der Sie sich unsicher fühlen und deren Ausgang Sie nicht abschätzen können, wenn das Handeln aus der tiefsten Wahrheit und Liebe einen Preis von Ihnen fordern wird, was werden Sie dann tun? Was hat Ihre höchste Wertschätzung? Das ist es, was Jesus hier begegnet.

Die zweite Versuchung

Die zweite Versuchung hat zu tun mit Überheblichkeit. Ich glaube, wir alle haben schon Überheblichkeit erfahren, wenn wir ein wenig zu begeistert waren von uns selbst oder glaubten, wir seien ein wenig edler, als wir tatsächlich sind. Überheblichkeit in diesem Sinn kann unbeabsichtigt sein, aber in ihrem dunkleren Aspekt wird Überheblichkeit zu ausgesprochener Arroganz bis hin zu Verblendung.

Im Matthäus-Evangelium wird die nächste Versuchung von Jesus so beschrieben:

> *»Darauf nahm ihn der Teufel mit in die Heilige Stadt, stellte ihn auf die Zinne des Tempels und sagte zu ihm: Wenn du Gottes Sohn bist, so stürze dich hinab. Denn es steht geschrieben: ›Seinen Engeln wird er deinetwegen Befehl geben und sie werden dich auf Händen tragen, damit dein Fuß nicht an einen Stein stößt.‹«* (Matthäus 4,5–6)

Was Satan hier sagt, ist: »Du bist so großartig, schau, was du erkannt hast. Jetzt beweise es mir; gib damit an; sei jemand Besonderes für mich; mach was mit dieser großartigen Erleuchtung, die du hast.« Und Jesus antwortet ihm einfach: »Du sollst den Herrn, deinen Gott, nicht versuchen.« (Matthäus 4,7) Das ist so eine schlichte Antwort. Sie mag altmodisch klingen, aber was er tatsächlich sagt, ist: »Ich werde nicht angeben. Auch wenn ich der Sohn Gottes bin, werde ich das nicht verkünden. Ich werde nicht herumgehen und es *beweisen*. Ich weiß es, und das genügt. Ich lasse mich nicht dazu verführen, meine Macht zu missbrauchen.« Ist es für Sie als Mensch genug, dass *Sie* wissen, oder brauchen Sie ständig Anerkennung für das, was Sie wissen? Müssen Sie Aufmerksamkeit bekommen? Müssen Sie angeben? Oder werden Sie, falls Sie große Macht erlangen, versucht sein, sie für selbstbezogene Zwecke zu benutzen? Wieder einmal zeigt Jesus uns, was es heißt, sich auf seine tiefere Wahrheit auszurichten. Vermittelt wird die Frage: Wenn du auf die Probe gestellt wirst, worauf richtest du dich aus?

Lassen Sie mich zwei Beispiele geben dafür, wie spirituelle Überheblichkeit aussehen könnte. Das eine Beispiel ist persönlich, das andere entspringt meiner Beobachtung. Das persönliche Ereignis geschah kurz nach meinem ersten Erwachen, das ich im Alter von fünfundzwanzig Jahren hatte. Einige Monate nach jenem Erwachen war ich im Haus meiner Lehrerin, wo ich jede Woche mit anderen Schülern meditierte. Ich erinnere mich, wie ich da saß und meditierte und auf einmal dieses Gefühl der Arroganz aufstieg und ich mich spirituell hoch erhoben fühlte, verglichen mit jedem anderen im Raum. Sogar damals war es schrecklich für mich; diese Gedanken, wie viel besser ich war als die anderen, weil ich diese Erfahrung hatte und sie nicht, wanderten durch meinen Geist.

Das war Überheblichkeit in der Form von Arroganz. Sie stieg von irgendwo tief im Unbewussten auf, und als sie an die Oberfläche kam, war ich schockiert und entsetzt. Sobald sie aufstieg, sah und wusste ich glücklicherweise, dass sie lächerlich war. Ich agierte sie natürlich nicht aus. Tatsächlich versuchte ich, während ich da saß, alles, um sie loszuwerden. Zuerst versuchte ich zu widerstehen; ich sagte mir immer wieder: »Ich weiß, das ist nicht wahr, ich weiß, das ist nicht wahr, aber warum geschieht das hier?«

Die Wochen vergingen, aber an jedem Sonntagmorgen, wenn ich zu meiner Lehrerin ging und mit den anderen Schülern zusammen war, passierte dasselbe, sobald ich mich hinsetzte. Ich gab dem für mich sogar einen Namen, ich nannte es »arroganter Kerl«. Ich wandte alle meine Strategien an, um den arroganten Kerl loszuwerden. Nach dem Widerstand – obwohl ich wusste, er würde ohnehin nicht funktionieren –, versuchte ich ihn zu akzeptieren. Dann versuchte ich, die Arroganz liebevoll und mitfühlend anzunehmen. Ich probierte jeden Trick aus, den es gibt. Nach etwa zwei Monaten, in denen dieser Gedankenstrom der Arroganz in meinem Geist immer wieder aufgestiegen war, saß ich wieder einmal an einem Sonntagmorgen bei meiner Lehrerin mit der Gruppe der Schüler, und wieder erschien der arrogante Kerl. Und schließlich erkannte ich: Es gibt nichts, was ich dagegen tun kann. Ich kann ihn nicht loswerden durch Widerstand, ich kann ihn nicht loswerden, indem ich ihn liebe, ich kann ihn nicht loswerden, indem ich ihn hasse, ich kann ihn nicht loswerden, indem ich ihn verstehe. In dem Moment versuchte ich überhaupt nichts mit ihm zu tun. Ich sah ihm einfach beim Aufsteigen zu – kein Widerstand, kein Schwelgen in ihm, nichts. Und als er aufstieg in diesen Raum hinein, in dem mit ihm keine Beziehung bestand, platzte er plötzlich buchstäblich wie eine Blase und war weg. Und ich muss sagen, ich war sehr, sehr erleichtert. In diesem Fall hatte ich Glück, denn ich wusste, es war nicht wahr. Ich wusste, es war Arroganz, und machte mir nichts vor, und doch musste ich da hindurchgehen.

Viele Jahre hindurch habe ich viele Menschen gesehen, die Erfahrungen des Erwachens hatten, und ich habe gesehen, auf wie viele Weisen sich diese Überheblichkeit zeigen kann. Im Zen nennen wir diese Art Überheblichkeit »trunken vor Leerheit«. Der Begriff *Leerheit* meint etwas Ähnliches wie das Wort *Geist,* also bezeichnet »trunken vor Leerheit« eine Art Überschwänglichkeit für den erwachten Zustand selbst. Wenn der erwachte Zustand sich das erste

Mal zeigt, ist er oft so neu und unerwartet, dass sich eine gewisse Ekstase einstellt. Das ist einfach Teil des Energiefeldes des erwachten Zustands, besonders am Anfang, und es ist sehr leicht, in diesem Überschwang stecken zu bleiben, als hätte man ein neues Spielzeug zum Spielen erhalten. Die meisten Menschen, die diese spirituelle Überheblichkeit erfahren, sind nicht übel gesinnt, aber dennoch können wir beginnen, den Bezug zur menschlichen Dimension des Lebens zu verlieren. Wir können ganz von uns selbst eingenommen sein und herumgehen und jedem erzählen, dass wir wissen, was wahr ist. Das ist eine sehr offensichtliche Form der Arroganz.

Eine andere Form dieser Überheblichkeit geschieht, wenn wir in unserem exaltierten Zustand so aufgehen, dass wir unserem relativen Leben keine Aufmerksamkeit mehr schenken. Es gibt eine Geschichte, die ein Licht darauf wirft, und sie hat mit dem Lehrer meiner Lehrerin zu tun. Ihr Lehrer, ein Zen-Meister, der von Japan herübergekommen war, traf einen seiner fortgeschrittenen Schüler, der eine Frau und mehrere Kinder hatte. Eines Tages fragte der Lehrer ihn: »Na, wie geht es deiner Frau und deinen Kindern?«

Der Schüler sagte: »Nun ja, nicht so ganz gut.«

Der Lehrer sagte: »Erzähl mir, was los ist.«

»Also«, sagte der Schüler, »meine Frau sagt, ich schenke ihr keine Aufmerksamkeit, und die Kinder sagen, ich verbringe nicht genug Zeit mit ihnen.«

Und der Lehrer sagte: »Und, ist es so?«

»Na ja, weißt du, seit ich diese große spirituelle Veränderung hatte, ist mein spirituelles Leben vergleichsweise so viel lebendiger«, antwortete der Schüler. »Es fühlt sich an, als wäre dies die Realität, und mein Familienleben erscheint mir nicht mehr so faszinierend oder wirklich.«

Gerade stand ein Retreat bevor, und der Lehrer sagte: »Ich will, dass sowohl du als auch deine Frau zu dem nächsten Retreat kommen.«

Der Schüler war ein guter Schüler und stimmte zu, und seine Frau ebenfalls. Und so kamen sie zum Retreat und dachten, sie würden in Meditation sitzen, wie man das bei Zen-Retreats tut. Stattdessen rief der Lehrer beide zu sich und sagte: »Ich habe nur für euch beide ein Zimmer reserviert. In dem Zimmer ist ein Bett, und ich will, dass ihr beide die nächsten vierundzwanzig Stunden zusammen in dem Bett verbringt. Es ist mir egal, worüber ihr redet, ob ihr überhaupt redet, ob ihr auf den gegensätzlichen Enden des Bettes liegt – ich will nur, dass ihr im Bett bleibt.«

Am nächsten Tag kamen sie zurück, und der Lehrer sagte: »Also, wie geht es?«

»Nun«, sagte der Schüler, »nach etwa zehn Stunden in dem Bett haben wir angefangen, ein Gespräch zu führen und ein wenig mehr Beziehung zueinander herzustellen.«

»Das ist gut«, sagte der Lehrer. »Jetzt bitte ich euch, weitere vierundzwanzig Stunden miteinander in dem Bett zu verbringen.« Und so ging es das ganze Sieben-Tage-Retreat hindurch; sie verbrachten buchstäblich sieben Tage miteinander im Bett. Während der Schüler in diesen sieben Tagen bei seiner Frau sein *musste* und sich dem stellen musste, was er vermieden hatte, begann sich seine Überheblichkeit schließlich aufzulösen. Sein Gefühl der Überlegenheit; sein Gefühl, dass seine Frau und die Familie ihn nicht verstehen konnten; sein Gefühl, dass sie von Natur aus nicht so wertvoll waren wie die letztendliche Wahrheit, die er erkannt hatte – all das begann sich aufzulösen in diesen sieben Tagen, und sie begannen wieder, miteinander zu sprechen und sich aufeinander zu beziehen. Das rettete seine Ehe und seine Beziehung zu seinen Kindern. In gewissem Sinn brachte es ihn zurück auf die Erde; nicht, indem er aus dem, was er erkannt hatte, herausgeholt wurde, sondern indem die rohe Energie des erwachten Zustands geerdet und zurück ins Leben und in seine Familie geholt wurde. Es war sein Glück, eine Familie zu *haben,* denn wenn Sie nichts haben, was Ihnen Boden unter den Füßen geben kann, können Sie in solchen Zeiten tatsächlich aus der Balance geraten.

Es ist gut, daran erinnert zu werden, dass ungehemmte Überheblichkeit ernste Konsequenzen in Ihrem Leben haben kann. Wenn wir sie nicht rechtzeitig bemerken, könnten wir zu spät erkennen, dass wir ein paar sehr wichtige Dinge in unserem Leben verloren haben. Die Schönheit dieser Geschichte liegt darin, dass sie uns daran erinnert: Halte deine Füße fest verwurzelt in der Erde, halte dein Bewusstsein und dein Herz offen und bleibe verfügbar für diese relative Welt und all die Menschen in ihr.

Die dritte Versuchung

In der dritten Versuchung geht es um Macht, und ganz sicher gibt es in unserer Welt viele Beispiele für Menschen, die durch Macht versucht wurden. Menschen sind bereit, ihre Moral und ihr Gefühl für Richtig und Falsch zu opfern für Geld oder Macht oder Einfluss. Wir sehen, wie sich dies in der politischen Arena abspielt, wo die Menschen fast alles behaupten, um gewählt zu werden. Sie sagen das eine in dieser Woche und das Gegenteil davon in der nächsten. Auf der persönlichen Ebene kann jeder von uns in seinem Leben diese Versuchung am Werk sehen, im Kleinen oder im Großen. Wo verkaufen wir uns an Macht oder Einfluss, um vorwärtszukommen und uns zu beschaffen, was unser Ego haben will? Dieses Verlangen nach Macht ist ein immerwährendes Thema in der Geschichte der Menschheit.

In der Jesus-Geschichte nun nimmt diese Versuchung eine mythische Form an. Bei Matthäus heißt es während der dritten Versuchung: »Wieder nahm ihn der Teufel mit auf einen sehr hohen Berg; er zeigte ihm alle Reiche der Welt und ihre Herrlichkeit und sagte zu ihm: ›Das alles will ich dir geben, wenn du niederfällst und mich anbetest.‹« (Matthäus 4,8–9)

Satan sagt, wirf dich nieder und verrate die Wahrheit; verrate diese leise kleine Stimme in dir, die die richtige Ausrichtung kennt, und ergib dich der Illusion. Tu das, und du kannst *alles* haben.

»Da sagte Jesus zu ihm: ›Hinweg, Satan! Denn es steht geschrieben: Den Herrn, deinen Gott, sollst du anbeten und ihm allein dienen.‹« (Matthäus 4,10)

Als sich diese Versuchung zur Macht zeigt, sagt Jesus: »Verschwinde. Tut mir leid, vergiss es. Das nehme ich dir nicht ab.« Erinnern Sie sich daran, dass Satan nicht *da draußen* in der Welt ist, sondern eine Personifikation von *inneren* Kräften der Dunkelheit. Satan repräsentiert das, was wir in unserem modernen Sprachgebrauch den inneren Schatten nennen würden. Satan ist jene Stimme im Hintergrund Ihres Geistes – und für manche Menschen sogar im Vordergrund –, die sagt: »Nimm, was du kannst, so schnell wie möglich. Sichere dir einen Vorteil; das ist es, was du tatsächlich tun willst.«

Die Lehre liegt hier darin zu zeigen, wie es aussieht, verbunden zu bleiben – verbunden mit den vitalen Kräften des Universums, verbunden mit Ihrer Liebe, verbunden mit dem, wovon Sie wissen, dass es wahr ist. Diese Verbundenheit ist etwas anderes als einfach das Richtige zu tun. Dies sind im Grunde keine moralischen oder ethischen Fragen, obwohl sie moralische und ethische Konsequenzen haben. Aber Jesus ist hier auf einer völlig anderen Ebene verbunden. Das ist jemand, der eine tiefe spirituelle Veränderung erfahren hat; er ist erwacht zu seiner wahren Natur und weiß, dass er göttliches *Sein* ist. Was für Prüfungen und Versuchungen könnten entstehen für jemanden, der sich selbst als göttliches *Sein* erkannt hat? Man würde annehmen, dass all dies Schattenmaterial beim Erwachen aufgelöst und auf der Stelle verschwinden wird – und für vieles davon trifft das auch zu. Aber das Erwachen selbst wird die Tiefenbereiche und Schattenanteile des Unbewussten aufwühlen und sie ins Bewusstsein heben. Deshalb werden Menschen, die ein tiefes und bedeutsames Erwachen erfahren haben, im Allgemeinen an irgendeinem Punkt ihren inneren Schatten auf einer sehr tiefen und grundlegenden Ebene begegnen müssen. Indem wir uns mit diesem Schattenmaterial auseinandersetzen, verbinden wir uns mehr und mehr – aber nicht mit Ideen von Richtig und Falsch, Gut und Böse. Das hier ist eine andere Art Verbundenheit, eine Verbundenheit mit dem inneren Gefühl von spiritueller Wirklichkeit, Liebe und göttlichem *Sein*.

In die Verbundenheit kommen

Als Jesus diese Proben bestanden hat, kehrt er zurück aus der Wildnis. Er hat sich mit dem tiefsten Schattenmaterial befasst; er ist jeder Schwäche begegnet; er hat festgestellt, dass er sich, wenn er unter Druck steht, unter allen Umständen mit der tieferen Wirklichkeit verbindet. Und dieses Thema des sich Verbindens mit der Wahrheit, des sich Verbindens mit der tieferen spirituellen Wirklichkeit der Ganzheit, wird ein Thema sein, das sich durch die Evangelien zieht, und es ist auch ein Thema, das sich durch unser Leben zieht. Werde ich wahrhaftig sein? Werde ich aus dieser Wirklichkeit heraus leben? Werde ich hier und jetzt offen sein? Das scheinen einfache Fragen zu sein, aber jederzeit – zum Beispiel, wenn Sie mit jemandem sprechen und ein Streit oder eine Meinungsverschiedenheit entsteht – kann es ganz leicht passieren, dass Sie in den reagierenden Geist gehen, der recht haben, verstanden werden oder gewinnen will.

Worauf richten wir uns aus in diesem Moment? Worauf legen wir Wert? Wenn wir in einem solchen Moment auf unser spirituelles *Sein* ausgerichtet bleiben, sind wir mit einem tiefen Zustand der ruhigen Klarheit und Liebe verbunden, in dem wir uns nicht voneinander getrennt haben. Sobald Sie aus der Wahrheit fallen, *spüren* Sie das kinästhetisch; Sie spüren es in Ihrem Körper, wenn Sie die Verbindung verloren haben. Haben Sie jemals in einem Gespräch etwas gesagt, das nicht ganz den Tatsachen oder der Wahrheit entsprach? Wenn Sie sensibel sind, spüren Sie in dem Moment, wie das Band der Verbundenheit energetisch zerreißt.

Dementsprechend spüren wir, wenn wir uns in die tiefe und innige Wahrheit begeben, die aus der Stille und Ruhe und Liebe aufsteigt, eine tiefe energetische Verbindung, eine Vertrautheit mit dem Moment und jedem und allem, was dieser Moment enthält. So hilft uns sogar unser physischer Körper, uns mit der spirituellen Wirklichkeit zu verbinden, mit den tieferen Dimensionen dessen, was wirklich wahr ist. Wenn unser Körper leidet, wenn wir einen inneren Konflikt spüren, wissen wir, dass wir nicht im Gleichgewicht sind. Wir sind aus der Verbundenheit mit dem, was ist, herausgefallen.

Tatsächlich spiegeln die mythischen Elemente dieser Geschichte immer wieder die Reise des spirituellen Erwachens und auch die Realitäten unseres Lebens von Moment zu Moment. Geh nicht unbewusst durch das Leben, sagt die Geschichte; auch dir widerfahren solche Momente in deinem täglichen Leben, wenn du sie nur wahrnehmen würdest. Sie werden aufgefordert, sich auf die tiefste Wirklichkeit in Ihnen auszurichten, sie zu erkennen und dann aus ihr heraus zu handeln.

Sobald Jesus die Wüste verlassen hat, beginnt er seine Jünger um sich zu versammeln. In alten Zeiten wäre ein Schüler als Eingeweihter betrachtet worden, jemand, der eigentlich zum innersten Kreis gehört. Dieses Thema durchzieht die ganze Geschichte – Zugehörige und Außenstehende, Eingeweihte und Nicht-Eingeweihte.

In der Antike hatte jede Religion eine Sammlung Kerngeschichten, sehr ähnlich wie die Geschichte von Jesus. Es gab Geschichten über die Erschaffung der Welt, Geschichten über den Gottesmenschen, Geschichten von Exil und Rückkehr. Wie es noch heute in vielen Kirchen geschieht, wurde dem gewöhnlichen Menschen gelehrt, dass diese Geschichten im Wesentlichen Tatsachen waren und historisch richtig und wahr.

Ein Eingeweihter war jemand, der bei einem Lehrer lernte, bis der Lehrer ihn für bereit hielt, tiefer in das Mysterium seiner eigenen religiösen Sicht einzudringen. Irgendwann wäre dem Eingeweihten gesagt worden: »Wir haben dir erzählt, dass alle diese Geschichten historisch richtig und historisch wahr sind, aber das ist tatsächlich die Betrachtungsweise für die Außenstehenden. Mehr können sie nicht annehmen und mehr wollen sie nicht wissen; für sie reicht es aus, eine Geschichte zu haben, nach der sie ihr moralisches und ethisches Leben ausrichten können. Aber für dich, den Eingeweihten«, hätte der Lehrer gesagt, »werden wir den Schleier zurückziehen; wir werden dir zeigen, was diese Geschichte *wirklich* bedeutet.«

Und an jenem Punkt wäre dem Schüler als erste Einweihung gezeigt worden, dass die religiöse Geschichte – was immer sie an der Oberfläche zu bedeuten schien – tatsächlich eine Metapher für die spirituelle Reise war. Es war nicht notwendig zu glauben, dass die Geschichte eine Tatsache war, denn die Geschichte enthüllte mehr als Tatsache und Historie. Die Geschichte enthüllte tiefe spirituelle Wirklichkeiten; sie war gedacht als ein Spiegel und eine Metapher für das, was in Ihnen selbst geschieht. Sobald Sie diese tiefere Bedeutung empfangen hätten, wären Sie ein Eingeweihter gewesen.

Und das ist die Hoffnung von Jesus; das ist seine Absicht, als er beginnt, seine Jünger um sich zu versammeln. Er wählt zwölf Schüler, denen er die tiefste Wirklichkeit der Existenz vermitteln will. Er hofft, ihnen das zu vermitteln, was er das Himmelreich nennt und was ich das Erwachen zum göttlichen *Sein* nenne. Das ist die Mission von Jesus. Und so versammelt er seine Schar Jünger um sich. Von diesem Moment an wird die Geschichte sehr faszinierend, denn wir sehen, wie sich die Beziehung zwischen Jesus und seinen Jüngern entwickelt und wie Jesus seine wahre Rolle und seine Bestimmung in der Welt findet.

Stellen Sie sich vor, Sie hätten eine tiefe Bewusstseinsveränderung erfahren. Stellen Sie sich vor, Sie hätten plötzlich erkannt, dass Sie nicht die Person sind, für die Sie sich ein Leben lang gehalten haben; dass die Art, in der Sie das Leben betrachtet haben, nicht dem wahren Leben entspricht; dass es eine transzendente Wirklichkeit gibt, auf der die gesamte Welt der Formen und Erscheinungen beruht und aus der sie ihre Existenz bezieht. Sie hatten diese ganze Identität Ihrer selbst und wussten, wie die Welt funktioniert, und dann erfahren Sie ein spirituelles Erwachen, in dem der Geist in Sie hineinfließt, und auf einmal erkennen Sie, dass Ihre Identität nicht auf Ihren Körper, den Geist oder die Persönlichkeit beschränkt ist; vielmehr ist da eine strahlende spirituelle Wirklichkeit in Ihnen.

Viele Menschen finden, dass dies wunderbar klingt und dass solch ein Erwachen dem Leben ein Gefühl der Freiheit und Leichtigkeit geben würde, und das tut es auch. Aber das ist es eigentlich nicht, worum es beim spirituellen Erwachen geht. Spirituelles Erwachen ist eine grundlegende Bewusstseinsverschiebung, die Ihre gesamte Beziehung zum Leben auf den Kopf stellt. Die Folge dieser gigantischen Bewusstseinsverschiebung ist eine große Neuorientierung. Was fange ich an mit meinem Leben? Was ist meine Rolle? Was ist meine Beziehung zu meinen Freunden, meiner Familie, meinem Mann, meiner Frau, meinen Kindern? Ihre ganze Beziehung zum Leben beginnt sich umzukehren und anfangs wissen Sie nicht, wie Sie als ein menschliches Wesen in das Bild passen sollen. Sie wissen nicht recht, was Ihre Rolle sein soll. Denken Sie an all die Beziehungen in unserem Leben und wie wir dazu neigen, uns an diesen Beziehungen und unseren Bindungen an sie auszurichten. Dann stellen Sie sich vor, Sie hätten eine grundlegende Bewusstseinsveränderung erfahren, die alle diese Beziehungen infrage stellt. Wie werde ich mich jetzt mit Menschen verbinden? Worüber werde ich mit ihnen reden? Was geschieht jetzt, wo ich sehe, dass so viel von dem, worauf ich mein eigenes persönliches Leben gegründet habe, kaum mehr als ein Traum war, eine Fantasie, etwas, das ich fälschlicherweise für wahr gehalten habe?

Dies ist eine schwerwiegende Erkenntnis und sie erzeugt eine komplette Veränderung der Beziehung zum ganzen Leben. Das geschieht nicht einfach über Nacht. Durch die gesamte Jesus-Geschichte hindurch beobachten wir Jesus, wie er herausfindet, was seine Rolle ist, wie er lehren soll und was er lehren soll. Sein erster Instinkt ist, das zu tun, was zu jener Zeit an jenem Ort üblich war: Schüler um sich zu versammeln, solche, die zu Eingeweihten werden, und zu versuchen, seine Lehre zu übertragen – buchstäblich seinen Bewusstseinszustand auf sie zu übertragen. Das war die akzeptierte Methode zu jener Zeit.

Wie wir im Lauf der Geschichte sehen, funktioniert das für Jesus nicht so richtig. Es stellt sich heraus, dass die Jünger Jesus nicht wirklich besser verstehen als die anderen in der Geschichte. Jesus ist eine sehr charismatische Figur. Menschen fühlen sich von ihm angezogen, denn er verkörpert die spirituelle Wirklichkeit, das Strahlen des göttlichen *Seins;* wenn jemand das göttliche *Sein* klar erkannt hat, wird etwas an dieser Person faszinierend. So jemand ist nicht länger in erster Linie eine Person, sondern eine strahlende Präsenz. Es gibt eine Art von Charisma, die sich vom Charisma einer Berühmtheit oder einer öffentlichen Figur unterscheidet. Es findet tiefe Resonanz in den Herzen der Menschen, denn menschliche Wesen schwingen mit einem, der göttliche Wirklichkeit ausstrahlt. Die Menschen fürchten es auch, weil sie nicht genau wissen, was das ist. Zum Strahlen des erwachten Bewusstseins fühlen sie sich hingezogen, aber sie weichen auch zurück, denn ein erwachtes Wesen ist unberechenbar und handelt nicht so, wie wir das vielleicht erwarten.

Durch die ganze Geschichte hindurch beobachten wir Jesus, wie er seine Rolle findet: Er sammelt seine Jünger und versucht, ihnen seine Verwirklichung zu übertragen; er wird ein Heiler und versucht, durch Heilen zu lehren; er erzählt Gleichnisse und versucht, durch diese Gleichnisse zu lehren. Erst spät in seinem Leben beginnt er zu erkennen, dass seine wahre Lehre nicht das Heilen ist, nicht das Sprechen in Gleichnissen, nicht einmal das Übertragen der tieferen Wirklichkeit auf die Gruppe seiner Schüler, weil das nicht wirklich funktioniert. Irgendwann begreift er, dass seine wahre Lehre seine Lebensgeschichte ist. Er selbst ist die Lehre.

Aber das alles wird später geschehen. Im Moment sammelt er erst einmal seine kleine Gruppe Schüler und geht aus, um die Kranken zu heilen und *Reue* zu predigen, womit er meint »umzukehren und sein Herz zu verändern«.

Kapitel 7
Die Mission des Heilens

»Die Liebe allein gibt allen Dingen Wert.«
Heilige Teresa von Avila

Jesus beginnt mit dem Heilen sofort nach seiner Rückkehr aus den Prüfungen durch Satan in der Wüste und dem Versammeln seiner ersten Jünger. Viele Menschen nehmen an, dass diese Heilungen nur zu tun haben mit einer Art magischer Kraft, die Jesus hat, um physische Leiden zu heilen. Aber wenn wir uns die Entwicklung der Geschichte genauer anschauen, entdecken wir, dass fast jede Episode des Heilens ein tieferes Motiv hat. Die Heilungen durch Jesus geschehen oft im größeren Kontext der Reue, die sein eigentliches Anliegen ist, und dienen tieferen metaphorischen Bedeutungen; sie haben damit zu tun, das göttliche *Sein* wieder an seinen wahren Platz zu stellen und ihm die Herrschaft im Inneren zurückzugeben.

Das physische Heilen ist also für Jesus zweitrangig; fast immer gibt es eine darunterliegende Botschaft, die ihm letztendlich wichtiger ist als das Heilen selbst.

Wir entdecken, dass Jesus auf viele subtile Weisen tatsächlich beim Heilen eine Lehre vermittelt. Die Heilungen geschehen sowohl auf physischer als auch auf spiritueller Ebene und enthalten gleichzeitig Kritik an der Gesellschaft und den religiösen Führern seiner Zeit. Eine der ersten Heilungen, von der wir erfahren, ist die Heilung eines Aussätzigen durch Jesus. In alten Zeiten fürchteten sich die Menschen davor, sich mit Lepra anzustecken, deshalb war ein Lepröser ein Ausgestoßener, ein extremer Außenseiter. In der Geschichte des Leprösen, die sich sowohl bei Markus als auch bei Matthäus findet, kniet der Lepröse vor Jesus nieder und bittet Jesus, ihn rein zu machen.

Ich finde die Aussage des Leprakranken »Du kannst mich rein machen« sehr aufschlussreich. Stellen Sie sich vor, Sie sind zu jemandem gegangen, um von einem physischen Leiden geheilt zu werden. Ich glaube nicht, dass die erste Bitte, die Sie an ihn hätten, die ist, Sie rein zu machen. Sie würden von ihm körperlich geheilt werden wollen. Wenn dieser Lepröse sagt »mach mich rein«, zeigt das, dass dieses Heilen – sowohl vom Standpunkt Jesu aus als auch von dem des Leprösen – mit etwas Tieferem und Fundamentalerem zu tun hat als mit körperlicher Heilung. Es hat auch zu tun mit psychologischer und spiritueller Heilung.

Jesus berührt den Mann, und seine Lepra verschwindet auf der Stelle. Dann schickt Jesus den Mann weg mit einer strengen Warnung; er weist ihn an, sofort zum Tempel zu gehen und sich einem Reinigungsritual zu unterziehen und niemandem von dieser Heilung zu erzählen. Auch hier finde ich die Worte und den Tonfall sehr aufschlussreich. Jesus hat eine liebevolle Handlung begangen und den Mann aus Mitgefühl geheilt, und das Nächste, was er tut, ist, ihn mit Strenge aufzufordern, sich einer rituellen Reinigung zu unterziehen.

Natürlich hängt diese Warnung mit der ersten Aussage des Leprösen zusammen: »Wenn du willst, kannst du mich rein machen.« Dieses Ritual hat nicht unbedingt mit einer körperlichen Reinigung zu tun; es ist eine spirituelle Reinigung, eine Reinigung seines *Seins*, eine neue Ausrichtung seines Herzens. Das zeigt, dass in den Evangelien ein sehr tiefer Zusammenhang zwischen spiritueller Unreinheit und körperlichem Leiden besteht. Heute wissen wir natürlich, dass es tatsächlich eine Verbindung zwischen Geist und Körper gibt, und verstehen, dass Krankheit von Stress, Angst und emotionalem oder psychischem Ungleichgewicht verursacht werden kann – von allen Umständen, die den Körper unter großen Stress setzen. Auch in früheren Zeiten begriff man, dass der innere psychische oder spirituelle Zustand eine konkrete Verbindung mit dem körperlichen Zustand hat.

Das bedeutet nicht, dass jede Krankheit, die wir als körperlich erfahren, von psychischem, emotionalem oder spirituellem Ungleichgewicht verursacht wird, aber einige Krankheiten werden das sicher, und das war in früheren Zeiten ebenso bekannt wie heute.

Nun ist der Lepröse, wie Sie sich vorstellen können, so glücklich darüber, geheilt zu sein, dass er nicht, wie Jesus ihm aufgetragen hat, in den Tempel geht; stattdessen läuft er herum und erzählt *jedem*, was geschehen ist. Das ist verständlich, denn es muss ihn total überrascht haben, dass er geheilt wurde. Aber auch hierin liegt eine tiefere Bedeutung. Der Leprakranke wusste von Anfang an instinktiv, dass etwas Unreines an ihm war. Wenn Jesus ihn heilt und ihm dann befiehlt, in den Tempel zu gehen für eine rituelle Reinigung, wird uns klar, dass es einen inneren Grund für die Krankheit gibt, die er im Äußeren erfährt. Aber sobald seine Gesundheit wiederhergestellt und seine Energie zurückgekehrt ist, vergisst er seinen ganzen inneren Zustand.

Das ist eine weitverbreitete Reaktion. Im Leben sehen wir uns manchmal sehr schwierigen Umständen gegenüber – ernste Krankheit, Scheidung, Verlust des Arbeitsplatzes, also alles, was großen psychischen Druck erzeugt – und in solchen Zeiten werden wir häufig offener für eine innere Transformation. Wenn alles gut läuft, können wir uns leicht in den äußeren Aspekten des Lebens verlieren. Wenn es nicht so gut läuft, beginnen Menschen oft, sich ihrem Inneren zuzuwenden. Wir beginnen uns wirklich anzuschauen, prüfen unsere Motivationen und fragen uns: »Was hat mich in diese Situation gebracht?« Aber sobald wir uns besser fühlen, wird in unserem neu gefundenen Überschwang diese Art Innenschau oft vergessen.

Diese Geschichte von der Heilung des Aussätzigen beeindruckt mich als eine Geschichte der Warnung. Wir erfahren nicht, was mit dem Leprösen danach geschieht, aber wir wissen, dass er nicht das tat, was Jesus ihm zu tun aufgetragen hatte, und stattdessen tat, was Jesus ihn gebeten hatte nicht zu tun. Ich frage mich, ob irgendwann seine Lepra zurückkehren wird – weil er nicht durch die rituelle

Reinigung ging, weil er sein inneres Leben in der Begeisterung über seine Heilung vergessen hat. Mir scheint, die Wirkung und Kraft dieser Geschichte liegt in ihrem Bezug zu einer sehr menschlichen Neigung, weniger bewusst zu werden, sobald es uns besser geht.

Spirituelle Kräfte

Es ist interessant, dass Jesus in vielen Heilungs-Geschichten sagt: »Erzähle niemandem, was geschehen ist.« Er hält seine wahre Rolle in der Welt irgendwie geheim; er will noch nicht, dass die Menschen seine Bestimmung kennen. Ich glaube, er sagt den Menschen auch deshalb, sie sollten es anderen nicht erzählen, weil jedes Mal, wenn es jemand tut, Massen von Menschen zu ihm kommen. Menschen fühlen sich angezogen von kraftvollen Heilern und Wundertätern, und Jesus wollte die Aufmerksamkeit wirklich nicht.

Dafür gibt es zwei Gründe, denke ich. Der erste Grund hat damit zu tun, dass er, wie ich sagte, seine Bestimmung verbarg; damit werden wir uns später befassen. Der zweite war einfach, dass er nicht von einer Menschenmenge umgeben sein wollte, die Heilung verlangte. Mein Eindruck ist, dass er die innere spirituelle Transformation als das Geschenk ansah, das er der Welt bringen konnte, und dass er nicht bekannt werden wollte als Heiler. Heilen war einfach nur ein Mittel zum Zweck, ein Mittel, das innere Transformation bewirken sollte. Wäre der Schwerpunkt seiner geistigen Bestimmung einfach nur das Heilen, wären vermutlich nur wenige seiner Anhänger an der Art von tiefer und grundlegender Transformation interessiert, die Jesus tatsächlich vermitteln will. Dennoch wird man, wenn man ein wirklich kraftvoller Heiler ist, die Massen anziehen; das ist unvermeidlich.

Die Heilungen weisen noch auf etwas anderes hin. Wenn wir erwachen und in das eintreten, was man einen höheren Bewusstseinszustand nennen könnte, entwickeln wir sehr häufig gewisse Kräfte. In einigen Traditionen sind diese spirituellen Kräfte bekannt als *Siddhis*; dazu können Hellsichtigkeit, Heilkräfte und die Fähigkeit, die Zukunft vorherzusagen, gehören.

Wir halten den normalen Ego-Zustand des Bewusstseins, des gewöhnlichen Wach-Bewusstseins, für den natürlichen Zustand, einfach deshalb, weil die meisten Menschen sich in diesem Zustand befinden. Aber tatsächlich ist dieser normale Bewusstseinszustand, aus dem heraus die meisten Menschen handeln, außerordentlich begrenzt; er blockiert oder filtert buchstäblich eine immense Dimension des *Seins* heraus, die subtilere Ebenen des Bewusstseins enthält. Diese Fähigkeiten können sich bei uns zeigen, wenn wir uns diesem weiteren Bewusstsein öffnen. Das heißt nicht, dass jeder, der erwacht, großartige Heilkräfte und Hellsichtigkeit oder die Fähigkeit, die Zukunft vorherzusagen, bekommt; manche Menschen bekommen sie und manche nicht.

Macht ist ein äußerst gefährliches Aphrodisiakum für das Ego; manche Menschen sind sehr fasziniert von Macht. Selbst in unserer gewöhnlichen Alltagswelt entstehen Machtprobleme. Wenn Sie ein Unternehmen leiten oder ein Manager sind, üben Sie Macht aus auf das Leben der Menschen; diese müssen sich in die Strukturen und das

Kräftespiel einfügen, die von den Menschen über ihnen erschaffen wurden. Macht kann auf jeder Ebene – sei es wahre Macht oder relative Macht aufgrund Ihrer Position in der Welt – Verlangen hervorrufen und verstärken, denn Macht erzeugt das Verlangen nach mehr Macht.

In jeder spirituellen Tradition wird streng davor gewarnt, sich von dieser Art Macht verführen zu lassen und die übersinnlichen Fähigkeiten zu begehren, die mit dem Erwachen auftreten können. Der übliche Rat ist, diese Kräfte weder zu leugnen oder wegzuschieben noch sie zu ergreifen, zu ersehnen oder sich ihnen hinzugeben. Im Fall von Jesus gibt uns die Geschichte eine lebhafte Darstellung davon, was es bedeutet, Macht weise anzuwenden. Jesus ist ein Mensch von hoher Autorität, großer innerer Kraft und starkem Charisma, und die Menschen fühlen sich von ihm sehr angezogen, sei es wegen des Heilens oder wegen der spirituellen Transformation oder einfach, um in seiner Nähe zu sein. In einem Beispiel nach dem anderen übt er seine Macht mit Weisheit und Liebe aus. In den gesamten Evangelien sehen wir, wie Jesus Macht anwendet, wann er sie anwendet und wann er sich zurückzieht und die Dinge lässt, wie sie sind. Er ist ein Meister des weisen Gebrauchs von Macht.

Den Zweck verfehlen

Eine andere Heil-Geschichte, die ich faszinierend finde, ist die Geschichte von dem Gelähmten. Ein paar Tage nach der Heilung des Leprösen wird ein gelähmter Mann zum Heilen zu Jesus gebracht. Alles, was Jesus zu ihm sagt, ist:

»Kind, deine Sünden sind dir vergeben.« (Markus 2,5) Und mit dieser schlichten Feststellung »deine Sünden sind dir vergeben« ist der Mann geheilt.

Das wirft die Frage nach der Bedeutung der Sünde auf. Das Thema Sünde durchzieht das gesamte Neue Testament, oft gepaart mit Vergebung. Wir haben uns angewöhnt, Sünde als eine Art moralischer Verfehlung anzusehen, aber diese Interpretation entstand tatsächlich durch die Machtstrukturen der Kirche und die religiösen Autoritäten. Wenn man jemanden davon überzeugen kann, dass er zutiefst unrein ist und es einen Makel gibt im Zentrum seines *Seins,* dann wird Sünde zu einem Fehlverhalten, das eine Rüge verdient.

Natürlich gibt es Zeiten, in denen wir menschlichen Wesen moralisch versagen und nicht den Anweisungen des Herzens folgen. Aber diese Interpretation entspricht nicht der ursprünglichen, viel nuancierteren Bedeutung des Wortes *Sünde.* Im griechischen Original ist eine der Bedeutungen von *Sünde (harmartia)* einfach »den Zweck verfehlen«. Stellen Sie sich vor, Sie gehen zur Beichte, und der Priester sagt zu Ihnen: »Bekenne deine Sünden.« Stellen Sie sich weiter vor, dass dieser Priester Ihnen sogar vorwirft, ein Sünder zu sein, und erspüren Sie, wie es sich anfühlen würde in Ihrem Geist und Ihrem Herzen, für einen moralischen Versager gehalten zu werden. Jetzt stellen Sie sich stattdessen vor, wie Sie sich fühlen würden, wenn jener Priester sagen würde: »Also, sag mir, wie hast du den Zweck deines Lebens verfehlt?« Es gibt einen gewaltigen Unterschied, wie diese beiden Interpretationen der Sünde in unserem Herzen, unserem Geist und unserem Körper aufgefasst werden. Wenn wir begreifen, dass Sünde bedeutet, den Zweck zu verfehlen, ist es nicht so persönlich und verurteilend.

Eine andere Bedeutung von Sünde ist einfach eine »schwache Stelle«, wie eine Trübung in einem Diamanten. Nun, jeder Mensch, der auf der Erde herumgeht, hat irgendeine schwache Stelle. Es gibt nicht die eine hygienisch reine Version der Perfektion, die wir alle erreichen müssen. In dieser Geschichte werden Sie bemerken, dass Jesus den Gelähmten nicht für seine Sünden verurteilt; er erzählt ihm nicht, dass er aufgrund seiner Sünden ein Versager ist; er sagt: »Deine Sünden sind dir vergeben.«

Der Gelähmte hat nicht einmal etwas dafür getan, um die Vergebung seiner Sünden zu verdienen; er wurde einfach nur zu Jesus getragen und in seine Nähe gebracht. Und das ist tatsächlich die größte Heilkraft von Jesus, die Kraft seiner Präsenz. Das gilt für jeden von uns. Die Kraft der Präsenz ist eine sehr starke Heilkraft, nicht nur für andere, sondern auch in uns selbst. Wenn Jesus also sagt, »deine Sünden sind dir vergeben«, sagt er: »Ich vergebe dir, dass du auf so viele Weisen den Zweck verfehlt hast.« Jesus schenkt den Menschen seine Vergebung als eine Art Heilungsbalsam. Vergebung zu erhalten ist für Menschen etwas Kraftvolles. Wenn die Vergebung authentisch ist, hat sie eine ganz tiefe und starke Wirkung. Manchmal vergibt uns jemand anderes, und manchmal sind wir aufgerufen, uns selbst zu vergeben, sodass wir unseren Weg mit ganzem Herzen weitergehen können. Wenn wir bereuen (unser Herz verändern), ist unsere Sünde (den Zweck zu verfehlen) vergeben. Dann sind wir wieder verbunden mit der Weisheit des vereinigten Herzens.

Sie sehen also, dass diese Themen Sünde und Vergebung tatsächlich miteinander verbunden sind. Sie sagen uns, dass es keine schreckliche Sache ist, den Zweck zu verfehlen, und dass selbst eine schwache Stelle – eine Schwäche in unserem Charakter vielleicht – nicht von Natur aus übel ist. Der Heilungsbalsam ist die Vergebung; sie heilt die Schwäche. Sie erlaubt uns, uns wieder auszubalancieren, unser inneres Gleichgewicht zu finden – psychisch, emotional und spirituell. Das ist es, was Jesus tut: Er richtet die Person neu aus und hilft ihr, rasch die innere Balance zu finden. Wenn sie das Gleichgewicht findet, wenn ihr innerer Zustand eine Ganzheit bildet, geschieht Heilung.

Natürlich wird dies in der Jesus-Geschichte als außergewöhnlich dargestellt. Schließlich ist es eine Geschichte, und sie enthält ein altes mythologisches Motiv des Heilens und seiner Bedeutung. Wenn wir von außerordentlichen Dingen lesen wie der Fähigkeit Jesu zum Heilen, können wir uns leicht in den äußeren Formen des Heilens verlieren, weil wir beeindruckt sind von den Möglichkeiten und Fähigkeiten dieser Person namens Jesus. Aber metaphorisch gesehen weisen diese Heilungsgeschichten auf eine innere Heilung hin: Wir kommen in Ordnung und wenden uns wieder dem göttlichen *Sein* im Inneren zu.

Wenn dies geschieht, verlieren wir uns nicht im Ego-Geist, nicht in Verlangen, nicht im Widerstand. Wir sind in Ordnung gebracht worden; wir haben diesen Mittelpunkt gefunden, um den herum sich die Welt dreht. Dieser Mittelpunkt ist das Himmelreich – der Ort, wo alles ewig ist und immer in Ordnung. An diesem Ort spüren Sie, dass nichts jemals falsch war. In Ihrem äußeren Selbst – im

Ego, der Persönlichkeitsstruktur, sogar in Ihrem physischen Körper – kann es sich durchaus so anfühlen, als wären die Dinge schief gegangen. Aber wenn wir uns wieder auf das göttliche *Sein* ausrichten, entdecken wir einen Ort in uns selbst, den die relative Welt der Zeit niemals berührt. Er kann nicht beschmutzt werden, er kann nicht verwundet werden, er ist ewig und immer in Ordnung. Tatsächlich ist er mehr als in Ordnung – er strahlt vor Glück. Diese Heilungs-Geschichten sind eine Möglichkeit, die Aufmerksamkeit wieder auf diesen Ort zu lenken und das menschliche Herz, den Geist und unsere spirituelle Wahrnehmung neu auszurichten.

Die Kraft der Vergebung

Vergebung ist ein ganz wichtiger Teil der Lehre Jesu. Vergebung ist eine sehr mächtige Kraft, nicht nur in der Jesus-Geschichte, sondern auch in der christlichen Theologie, die sich in den vergangenen zweitausend Jahren entwickelt hat, in der Jesus als Erlöser mit seinem Tod und seiner Wiederauferstehung für die Sünden der ganzen Menschheit büßt. Folglich ist es eine der Hauptaufgaben von Jesus, zu vergeben.

Vergebung kommt aus einem tief offenen Herzenszustand des Mitgefühls. Tatsächlich kommt sie aus unserer spirituellen Essenz – die ich göttliches *Sein* nenne –, denn aus unserer spirituellen Essenz heraus verstehen wir, was Leiden wirklich ist. Aus dem Herzen des göttlichen *Seins* heraus erkennen wir, dass alles, was uns Schmerz und Kummer bereitet, letztendlich aus dem Missverstehen entsteht. Es ist eine Art Illusion. Später in der Geschichte, bei der Kreuzigung, wenn Jesus sagt, »Vater, vergib ihnen, denn sie wissen nicht, was sie tun« (Lukas 23,34), weist er darauf hin. Wenn Menschen in einem Zustand spiritueller Klarheit sind – einem inneren Zustand der psychischen, emotionalen und spirituellen Einheit –, dann verhindert die Natur dieser Einheit, dass Menschen aus Unwissenheit heraus handeln. Unwissenheit ist einfach ein Missverstehen der grundlegenden Wirklichkeit, dessen, was wir wahrhaft sind.

Wenn wir das Bewusstseins unseres tiefsten Selbst verlieren – unseres tiefsten *Seins*, das göttliches *Sein* selbst ist –, werden wir in gewissem Sinn unbewusst. Man könnte sagen, ein Teil von uns verfällt in Schlaf. Dann sind wir anfällig für Illusionen. Wir missverstehen die Dinge. Wenn uns zum Beispiel jemand beschimpft, glauben wir, mit Ärger reagieren zu müssen; wir vergessen, dass diese Person einfach nur ihren inneren Konflikt ausdrückt, ihre eigene innere Spaltung, die letztendlich auf einem Missverständnis beruht. Die eigentliche Wurzel der Sünde – um die Sprache von Jesus zu verwenden – ist etwas, das vergeben werden kann. Es ist verzeihlich, denn es ist ein unbewusster Akt, der geschieht, weil jemand spirituell gesehen schläft. Wir können nicht getadelt werden für unsere Unbewusstheit, für das Ausagieren unserer Unbewusstheit und nicht einmal dafür, dass wir die Wirkungen unserer Unbewusstheit in unserer eigenen Psyche spüren.

Jeder kennt solche Tage, an denen er das Gefühl hat, auf der guten Seite des Universums aufgewacht zu sein; alles fühlt sich auf natürliche Weise ganz und vollständig an, man ist glücklich und in Frieden und weiß eigentlich keinen Grund dafür. Wenn das geschieht, sind Sie stärker in Übereinstimmung mit dem Leben, und Sie bewegen sich selbstverständlich als ein weit offenerer Mensch durch den Tag. Sie sind mitfühlender und liebevoller, denn Mitgefühl und Liebe sind Ausdruck für die innere Vereinigung. Vergebung ist also letztendlich eine Handlung, die aus dieser inneren Vereinigung kommt. Um zu vergeben, muss man nicht vollständig in der inneren Vereinigung leben. Vergebung kann auch aus dem Gefühl von Offenherzigkeit entstehen und dem Verständnis dafür, dass niemand perfekt ist.

Das offene Herz ist mitfühlend, weil es eine grundlegende Verbindung aufrechterhält. Aber sobald wir uns voneinander trennen – sobald wir sagen, »nein, da gibt es nichts in dir, was mit mir im Einklang ist«, sobald wir vergessen, dass du und ich im Wesentlichen derselben spirituellen Essenz angehören – trennen wir uns ab und machen dem anderen Vorwürfe. Vergebung kommt aus der tiefen Empfindung unserer Gleichheit, aus der menschlichen Natur, die wir alle teilen. Wenn wir dies erkennen, beginnen die Verteidigungsmauern zu bröckeln, denn das Verurteilen ist im Grunde eine Verteidigungsstrategie, eine Art zu sagen: »Ich bin nicht wie du.« Zu vergeben dagegen ist eine Art zu sagen: »Ich sehe etwas in dir, das genau so ist wie etwas in mir.« Selbst wenn Sie dann aufgebracht sind, selbst wenn die andere Person Ihnen vielleicht Schmerz oder Schaden zugefügt hat, wird Vergebung da sein, wenn Sie sich mit der menschlichen Natur verbinden, die Sie beide teilen.

Vergebung ist vielleicht der größte Heiler, den es gibt. Wenn wir jemandem vergeben, sind wir an das, was wir vergeben haben, nicht länger gebunden und es hat keine Kontrolle mehr über uns. Wir können es, wie im Buddhismus, Mitgefühl nennen. Wir können es *agape* nennen – Selbstlosigkeit, universelle Liebe. Universelle Liebe war eine der zentralen Botschaften von Martin Luther King während der Bürgerrechtsbewegung. Seine Botschaft war eine des Friedens, der eine Art Vergebung ist. Er wollte, dass farbige Menschen dieselben Rechte und Freiheiten haben wie jeder andere in Amerika, aber er grenzte sich gegen niemanden ab. Er stand für die Rechte aller Menschen, die Würde aller Menschen, und verwickelte sich nicht in Schuldzuweisungen. Er predigte unablässig gegen Gewalt, denn er hatte die Herzensgröße, andere zuerst zu verstehen und sich dann mit ihnen zu verbinden, selbst mit jenen, denen er widersprach. Ich sage nicht, dass er sich auf intellektuelle Weise mit ihnen verband, sondern eher auf grundlegende Weise; irgendwo in ihm gab es dieses Gefühl der Verbundenheit, und daraus entstand seine Fähigkeit zum Vergeben.

In der Geschichte von Jesus geschieht dieser ultimative Akt des Vergebens fast am Ende, wenn Jesus vom Kreuz herab sagt: »Vater, vergib ihnen, denn sie wissen nicht, was sie tun.« (Lukas 23,34) Wenn Sie jemandem dafür vergeben können, dass er Sie foltert und ans Kreuz nagelt, dann können Sie alles vergeben. Und warum vergeben? Weil *sie nicht wissen, was sie tun*. Diese Vergebung kommt aus einem tiefen spirituellen Verständnis für die Ursachen des Leidens – und auch für jene, die Leiden verursachen, denn dem, der Leid zufügt, wurde früher immer selbst Leid zugefügt. Wenn wir beginnen, das zu erkennen, öffnet sich unser Herz. Sicher haben Sie Darstellungen des heiligen Herzens von Jesus gesehen – dieses große rote Herz in der Mitte von Jesu Brust, das Vergebung auf die ganze Menschheit ausstrahlt. Es ist eines der stärksten Symbole der gesamten christlichen spirituellen Tradition. Es ist das größte Geschenk von Jesus, der kraftvollste Heilbalsam, den es gibt.

Alle Grenzen zerstören

Als Jesus nun den Gelähmten heilt, indem er seine Sünden vergibt, bringt er die Pharisäer gegen sich auf, die man als die religiösen Fundamentalisten oder Radikalen jener Zeit ansehen kann. Der Grund für ihre Verärgerung ist, dass aus ihrer Sicht Gott der Einzige ist, der die Fähigkeit hat, Sünden zu vergeben. Die religiösen Institutionen, in die Jesus hineingeboren wurde und von denen er sich oft umzingelt sah, fühlten sich von seiner Anwesenheit sehr bedroht. Sie hielten seine Taten für die ultimative Sünde. Jesus vergab Sünden, heilte Menschen und zog große Massen an. Das alles waren wirkliche Bedrohungen für die damaligen religiösen Machthaber. Dieses Thema der Beziehung zur Macht taucht in vielen der Heilungen von Jesus auf, denn die religiöse Hierarchie ist sehr verunsichert von der Anwesenheit Jesu. In gewissem Sinn wurde ihre Macht von einer größeren Macht an sich gerissen. In Jesus ist die Macht des Geistes selbst erwacht, und diese religiösen Institutionen werden ständig daran erinnert, dass ihre hierarchische Macht blass ist im Vergleich zu der Macht des göttlichen *Seins*, die Jesus ist und in diesen Geschichten darstellt. Die Machtstrukturen werden von der Macht Jesu zu Fall gebracht – ein Thema, das wir immer wieder in den Evangelien auftauchen sehen.

Es gibt eine weitere Begegnung zwischen Jesus und den Pharisäern, als Jesus und seine Jünger im Haus von Levi zu Abend essen. Im Markus-Evangelium heißt es: »Als er (Jesus) in seinem Haus zu Tisch lag, aßen auch viele Zöllner und Sünder mit Jesus und seinen Jüngern. Denn es waren viele, die ihm nachfolgten.« (Markus 2,15) Diese Sünder sind Menschen von schlechtem Ruf, sie leben auf den niedrigsten Rängen der Gesellschaft, und Steuereintreiber (in der Bibel »Zöllner« genannt, Anm. d. Übers.) waren in früheren Zeiten sogar noch weniger beliebt als heute. In alten Zeiten war die Steuerschätzung eine persönliche Abwicklung, denn ein Steuereintreiber konnte von jemandem auf der Stelle Geld verlangen.

Für eine spirituelle Figur höchster Bedeutung wie Jesus war es zu jener Zeit einfach nicht akzeptabel, mit den niedrigsten Rängen der Gesellschaft zusammenzusitzen. In alten Zeiten gab es eine klare Rangordnung in der Gesellschaft, ähnlich der indischen Gesellschaft mit den Brahmanen an der Spitze und den Unberührbaren auf der untersten Ebene. Es gab klare Grenzen zwischen jenen, mit denen man zusammen sein konnte, und jenen, mit denen man das nicht konnte, zwischen denen, die sauber und rein waren, und denen, die unsauber und unrein waren. Jesus ging über all diese Grenzlinien hinweg und zerstörte sie auf Schritt und Tritt. In den Augen der Pharisäer tat Jesus etwas Schreckliches – eine hohe spirituelle Figur, die mit den niedrigsten Rängen speist. Menschen in Machtpositionen sind auf den höchsten Rängen der Gesellschaft. Um ihren hohen Status zu erhalten und als mächtig und edel angesehen zu werden, *brauchen* sie Menschen, die für niedriger gehalten werden. Vom religiösen Standpunkt aus gesehen waren diese Unterscheidungen äußerst wichtig, aber für Jesus waren sie völlig unwichtig. Jesus zerstört die Grenzen, die Menschen voneinander trennen, denn das ist es, was der Geist tut: Er sieht die Einheit aller Wesen. Er sieht das, was wir alle miteinander teilen, und nicht das, was uns trennt und entzweit.

Eine andere Heilungs-Geschichte beginnt, als Jesus den Tempel betritt. Dort trifft er auf einen Mann mit einer verdorrten Hand. Die religiösen Autoritäten beobachten ihn, um herauszufinden, ob er es wagen würde, den Mann am Sabbat zu heilen. Jesus weiß, was die Autoritäten denken, und er weist den verkrüppelten Mann an, aufzustehen. »Und er blickte sie ringsherum zornig an, betrübt über die Verhärtung ihres Herzens, und sagte zu dem Mann: ›Streck die Hand aus!‹ Er streckte sie aus und seine Hand wurde wieder gesund. Da gingen die Pharisäer hinaus und fassten sogleich zusammen mit den Herodianern den Beschluss, ihn umzubringen.« (Markus 3,5–6)

Das ist ein Wendepunkt in der Jesus-Geschichte. Jesus ist in den Tempel gegangen, und seine bloße Gegenwart ist für die Machthaber eine Bedrohung. Er hat bemerkt, dass die Pharisäer ihn beobachten, miteinander tuscheln und auf ihn herabsehen. Er erlebt hier eine sehr menschliche Emotion; er bemerkt, was um ihn herum vorgeht, und empört sich. Er ist wütend, weil er die Abgrenzungen in ihnen, den höchsten Machthabern der religiösen Autorität, wahrnimmt, und ist fassungslos über all die Trennungen, die Menschen erschaffen. Also handelt er sehr abrupt, fast schon schroff, indem er zu dem Mann mit der verdorrten Hand sagt, »streck die Hand aus«. Der Mann streckt seine Hand aus und – *zack* – ist auf der Stelle geheilt.

Diese Geschichte hat weniger mit dem Heilen zu tun als damit, dass Jesus die Grenzen der religiösen Machtstrukturen durchbricht. Sie erzählt uns etwas sehr Wichtiges über den Geist, über unser wahres göttliches *Sein*. Wir leben für Gewöhnlich in einem Zustand, in dem unser *wahres Sein*, unsere wahre Souveränität, unsere wahre Macht in unserem Inneren verborgen ist. Es steckt tief in den Schattenecken unseres Unbewussten, sodass der Ego-Geist – mit seinen Wünschen und seinem Verlangen und seiner Liebe zur Macht und sogar seinem Wunsch, ein Opfer des Lebens zu sein – sich voll und ganz austoben kann. Aber wenn der Geist in Ihnen zu erwachen beginnt, spüren Sie, dass er eine unbeherrschbare Kraft ist. An diesem Punkt beginnen die Menschen oft zurückzuweichen. Sie suchen Erleuchtung, suchen Gott, suchen die letztendliche Natur der Wirklichkeit, aber wenn sie anfangen, diese Natur zu berühren, ist sie nicht das, was sie von ihr erwartet haben. Sie ist eine Kraft von großer innerer Vitalität, ungezähmt und unbezähmbar; sie durchbricht alle Geistes-Strukturen, die Trennung aufrechterhalten.

Dieses Thema des Durchbrechens aller Strukturen der Unwissenheit und Trennung ist die treibende Kraft im Leben von Jesus. Nun durchbricht Jesus nicht die Strukturen einfach nur, um sie zu durchbrechen; er hat kein inneres Problem mit Autorität, ihn ärgert nur die Korruption der Macht. Er kämpft nicht per se gegen Macht und Autorität. Jesus selbst ist ein außerordentlich machtvolles Wesen, und er handelt mit großer innerer Autorität. Aber sein Leben ist ein Leben des Geistes, und der Geist reißt die falschen Machtstrukturen nieder – zuerst in Ihnen selbst und dann in der äußeren Welt. In den Evangelien ist der Geist eine dynamische und unvorhersehbare Quelle der Vitalität und Befreiung.

Viele der gesellschaftlichen und religiösen Regeln halten das menschliche Herz im Zaum, und als Ergebnis davon fühlen sich die meisten Menschen eingesperrt. Wenn wir uns der Religion zuwenden, sperren uns leider die Kirchen oft noch mehr ein. Sie erzählen uns, wir hätten einen eingeborenen Fehler und benötigten Vergebung für diese Sünde, diesen Makel, den wir haben. Die erste und wichtigste Rolle der Religion ist es, Sie mit dem Mysterium des Lebens und dem Mysterium Ihres eigenen *Seins* zu verbinden. Wenn die Religion bei dieser Aufgabe versagt, hat sie ihre wesentliche Mission verraten, und uns bleiben nur das Dogma und der Glaube.

Die Kirchen, Synagogen und Tempel *aller* Religionen sind mit dieser Aufgabe betraut – die alten Geschichten und Lehren so zu interpretieren, dass sie uns für das transzendente Mysterium des Lebens öffnen, und nicht so, dass sie uns im Ego-Zustand gefangen halten durch Furcht, Schuld und Unterdrückung. In meiner Arbeit als Lehrer begegne ich ständig Menschen, die in der Kirche aufgewachsen sind, sich aber irgendwann von ihrer Religion abgewandt haben, weil sie es müde waren, immer wieder zu hören, dass ihre grundlegende Natur einen Makel hat, dass die schlichte Tatsache, geboren zu sein, eine Art kosmischer Fehler war, der ihnen für immer die Schande der Sünde auferlegt hat.

Viele Menschen empfangen diese Art Botschaft von der Religion ihrer Kindheit und lehnen sie irgendwann ab, weil sie so schmerzhaft ist und vor allem nicht der inneren Intuition entspricht.

Einer der Gründe, weshalb ein neues Verständnis der Jesus-Geschichte auf uns so große Wirkung hat, ist, scheint mir, die Tatsache, dass sie die grundlegende Geschichte der westlichen Kultur ist und unser Leben in weiten Bereichen dominiert – selbst wenn wir uns überhaupt nicht als Christen verstehen. Es gibt viel Schönes an der christlichen Botschaft, an der Botschaft von Jesus und an der Erscheinung, die Jesus verkörpert, aber oft wird das nicht deutlich in den Kirchen, die wir besuchen. Die Botschaft von Jesus handelte von innigem, persönlichem, unmittelbarem Zugang zum göttlichen *Sein*, zum Himmelreich im eigenen Inneren. Das ist es, was er predigte. Für ihn gab es keinen Vermittler. Ein Priester war nicht nötig, um Sie mit dem Mysterium von Gott zu verbinden, nur ein offenes Herz und ein offener Geist. Diese Ansicht brachte ihm eine Menge Schwierigkeiten ein mit den religiösen Autoritäten seiner Zeit, denn Machtstrukturen erheben fast immer den Anspruch, ein notwendiger Vermittler zwischen Ihnen und dem Göttlichen zu sein. Wie heute versagten in der Zeit von Jesus viele religiöse Institutionen dabei, ihre wichtigste Aufgabe zu erfüllen, nämlich uns mit unserer spirituellen Natur zu verbinden.

Bald nachdem er den Mann mit der verdorrten Hand geheilt hat, ist Jesus umgeben von einer großen Menschenmenge, die sich ihm aufdrängt. Die Menschen sind gefesselt von seinem charismatischen, spirituell aufgeladenen Sein. Die Nachricht verbreitet sich schnell, und immer mehr Menschen kommen, um ihm zuzuhören und in seiner Nähe zu sein. Während er nun durch eine Menge geht, streckt eine Frau, die seit zwölf Jahren unter Blutungen leidet, die Hand aus und berührt sein Gewand. »Sofort versiegte die Quelle ihres Blutes und sie spürte, dass sie von ihrem Leiden geheilt war.« (Markus 5,29)

Jesus bemerkt sofort, was geschehen ist, und er wendet sich an die Menge und fragt: »Wer hat meine Kleider berührt?« Schließlich tritt die Frau vor, voller Angst, und kniet nieder zu seinen Füßen. Und Jesus sagt zu ihr: »Meine Tochter, dein Glaube hat dir Heilung gebracht. Geh hin in Frieden und sei geheilt von deinem Leiden!« (Markus 5,34) Diese Geschichte vermittelt eine weitere wichtige Wahrheit über das Heilen. Jesus sagt nicht: »Tochter, ich habe dich geheilt, nun geh in Frieden.« Er sagt: »Dein *Glaube* hat dir Heilung gebracht. Geh hin in Frieden.« Es ist nicht die Kraft von Jesus, die Menschen heilt. Tatsächlich sagt Jesus immer und immer wieder, dass er das Werk des Vaters tue, dass er ein Kanal sei, durch den die heilende Kraft hindurchfließt und wirkt. Jesus macht immer sehr deutlich, dass es nicht sein menschliches Selbst ist, das diese Kräfte besitzt, dass das menschliche Selbst nicht der Heiler ist, dass das menschliche Selbst nicht das machtvolle charismatische Wesen ist. Er schreibt all diese Kräfte dem Bereich des Geistes zu, dem Königreich Gottes.

Was die Frau heilt, ist ihr Glaube, ihr Vertrauen in das, was unsichtbar ist. Normalerweise denken wir bei Glauben einfach an etwas, *an das* wir glauben, weil es keinen Beweis gibt. Heutzutage hat Glaube fast immer mit einer Art Glaubensstruktur zu tun. Aber Jesus gibt nie eine Anweisung, *woran* jemand glauben muss; er sagt nicht »dein Glaube an mich hat dich geheilt«. Vielmehr ist es der Glaube selbst, das Vertrauen in das Unsichtbare, der heilt.

Was also bedeutet es, Vertrauen in etwas zu haben, das man nicht sehen kann? Wir können den größten Teil der Lebensstrukturen nicht sehen: Wir können mit dem bloßen Auge weder die Atome oder Elektronen sehen noch die immense Leere, die jedes physische Objekt umgibt. Alle Objekte sind mehr *nichts* als *etwas*. Mit anderen Worten: In ihnen ist mehr Raum als physische Substanz. Und doch sehen wir, wenn wir einen Stuhl oder unser Gesicht im Spiegel anschauen, die Form. Wir sehen nicht, dass in der Form tatsächlich mehr Leere und mehr Unsichtbares ist als Sichtbares.

Wir können auch die Schwerkraft nicht sehen, aber wir erfahren Schwerkraft in jedem Moment unseres Lebens. Ohne sie würden wir alle einfach davontreiben. Die Liebe ist eine sehr wirkliche Erfahrung und spielt eine zentrale Rolle in der menschlichen Existenz. Wir kommen ins Leben durch Liebe, werden im Leben durch Liebe genährt und wenn wir sterben, sterben wir hoffentlich *in die* Liebe hinein, wir geben uns der Liebe hin. Aber was ist Liebe? Wir können sie nicht sehen, nicht wiegen, sie hat keine

Farbe, und doch ist sie sehr, sehr real. Wenn Jesus also von Glauben spricht, weist er auf die Kraft hin, auf etwas zu vertrauen, das man nicht sehen und mit dem dualistischen Geist nicht einmal verstehen kann. Und doch kann Sie der Glaube öffnen für eine Art von Wirklichkeit, die sich weit jenseits der gewöhnlichen Wahrnehmung befindet. Diese Wirklichkeit nannte Jesus das Himmelreich, und in anderen Traditionen wird sie Erleuchtung genannt. Erleuchtung kann nicht mit unserem Geist erfasst werden; man kann nur zu ihr erwachen. Sie bedeutet einen vollkommenen Wechsel der Perspektive vom gewöhnlichen Ego-Bewusstsein hin zum Bewusstsein der Einheit und Vollständigkeit. Dafür kann Glaube Sie bereit machen, wenn Sie an den Ort der Stille in sich glauben. Finden Sie den Ort in sich selbst, wo nichts sich jemals bewegt, und durch ihn können Sie Eingang finden in das Königreich.

In Momenten, in denen Menschen verzweifelt sind oder zutiefst leiden, beginnen sie sich anderen Möglichkeiten zu öffnen. Es ist, als würde das Leiden uns fähig machen, die Existenz anderer Energien im Leben in Betracht zu ziehen – Dinge, die wir nicht sehen können, über die wir nichts gelernt haben, die wir aber vielleicht erreichen können. Ein altes Sprichwort sagt: »Es gibt keine Atheisten in einem Schützengraben.« Wenn Ihr Leben an eine Grenze gelangt ist, wenden Sie sich ganz natürlich einer höheren Göttlichkeit zu.

Nun werden einige argumentieren, dass man sich, wenn man Angst hat, die Dinge schönredet, um durch die schwierige Zeit zu kommen, und vielleicht ist das nicht ganz falsch. Aber wie ich in meinem eigenen Leben erfahren habe und wie mir viele Menschen über viele Jahre hinweg erzählt haben, öffnen wir uns, wenn wir leiden, auf irgendeine Weise. Wenn das Leben gut geht, denkt der Ego-Geist, er habe die Kontrolle und habe kapiert, wie die Dinge laufen. Die Menschen schauen im Allgemeinen nicht in das tiefere Mysterium ihrer Existenz, wenn alles gut geht. Aber wenn das Leben nicht so gut läuft – wenn wir angespannt sind, Angst oder Kummer haben –, beginnen die Menschen, über andere Möglichkeiten nachzudenken.

In der zen-buddhistischen Tradition, aus der ich komme, wird viel Wert auf Meditation gelegt. Ich brauchte sehr lange, um zu erkennen, dass Meditieren, das Sitzen in Stille, eigentlich ein Akt tiefen Glaubens ist. In Stille zu sitzen, heißt, den dualistischen Geist loszulassen, das Ego, das der Meinung ist: »Ich muss die Kontrolle behalten über mein spirituelles Leben. Ich muss die Führung übernehmen, damit etwas geschieht.« Aber wenn wir in Schweigen und Stille sitzen, lassen wir das los. Meditieren ist ein Akt des Glaubens; es ist die höchste Form des Gebets. Es ist das stille Gebet, in dem wir uns für das göttliche Mysterium unserer eigenen Existenz öffnen. Das ist tatsächlich die Essenz der Meditation.

Oft versuchen Menschen, wenn sie meditieren, krampfhaft, ihren Geist zu kontrollieren und gewisse Gedanken am Aufsteigen zu hindern. Das zeigt, dass sie keinerlei Glauben haben; ihre Meditation ist eine vollkommen vom Ego gesteuerte Handlung. Ich will nicht sagen, dass eine solche Handlung keine Rolle spielt oder nutzlos ist, aber letzten Endes wird der Glauben benötigt, um uns mit dem Mysterium des *Seins* zu verbinden. Glauben zu haben heißt, die

Kontrolle aufzugeben; es heißt, den Trieb des Egos, ständig die Aufsicht zu führen, zu beruhigen. Glauben öffnet also den Aspekt des Egos, der alles kontrollieren will und meint, er habe alle Antworten. Das ist Glauben: ein Öffnen des Herzens, ein Öffnen des Geistes. Jesus wusste aus eigener Erfahrung, dass Sie sich buchstäblich der heilenden Anwesenheit öffnen, wenn Sie Herz und Geist öffnen. Sie öffnen sich dem, das Sie transformieren kann – physisch, spirituell und psychisch.

Offen zu sein *ist* ein Akt des Glaubens. Das ist außerordentlich wichtig in allen Heilungs-Geschichten von Jesus. Ich finde es wirklich interessant in diesen Geschichten, dass die Menschen zu Jesus kommen, um geheilt zu werden, aber wenn sie ihn sehen, verstehen sie auch etwas von seiner wahren Natur. Im weiteren Verlauf der Geschichte werden wir sehen, dass seine eigenen Jünger oft ziemlich verwirrt sind von ihm; sie fühlen sich von ihm angezogen, aber sie verstehen nicht wirklich, wer und was er ist. Und natürlich fühlt sich die religiöse Hierarchie von ihm bedroht und weiß auch nicht, was sie von ihm halten soll.

Die Evangelien zeigen Jesus als einen Mann, der sehr alleine ist – wahrscheinlich eines der einsamsten menschlichen Wesen, die jemals auf Erden wandelten. Warum? Weil sein gesamtes Leben hindurch fast niemand ihn wirklich und wahrhaftig verstand – die Bedeutung dessen verstand, wer und was er war und was er tat. Aber die Menschen, die eine Ahnung davon hatten, wer und was er war, waren jene, die Heilung suchten. Es ist, als hätte ihr Leiden sie geöffnet und sie fähig gemacht, etwas in ihm zu sehen, das viele andere nicht sahen. Ich denke, dies ist ein weiteres Beispiel für die Art, in der Leiden uns größere Weite gibt – unsere Herzen ausdehnt, aber auch unsere Wahrnehmung erweitert. Wenn sich unsere Wahrnehmung öffnet, können wir Dinge erahnen, die wir vorher nicht erahnen konnten. Die Kranken und Bedürftigen haben eine Intuition dafür, wer Jesus wirklich ist. In etlichen Beispielen erhalten sie nicht nur physische Heilung, sondern auch eine tiefe spirituelle Heilung.

Kapitel 8
Ich heiße Legion

Jesus sagte: »*Wer sucht, soll nicht aufhören zu suchen, bis er findet, und wenn er findet, wird er erschrocken sein; und wenn er erschrocken ist, wird er verwundert sein, und er wird über das All herrschen.*«
Thomas-Evangelium

Die nächste Heilungs-Geschichte, die ich untersuchen möchte, ist die Heilung von Legion. Legion hat keine körperliche Krankheit. Er ist nicht gelähmt, er ist nicht blind, er blutet nicht, seine Hand ist nicht verdorrt. Die Krankheit von Legion ist eine des Geistes, der Psyche. Im modernen Vokabular würden wir ihn wahrscheinlich einfach geisteskrank nennen.

Von Dämonen besessen

Legion ist, als Jesus ihm begegnet, eindeutig verrückt. Niemand kann ihn kontrollieren, und er kann sich selbst nicht kontrollieren. Das Markus-Evangelium nennt ihn »einen Mann mit unreinem Geist«, und oft hört man ihn spät in der Nacht schreien. »Er hauste in den Grabhöhlen und nicht einmal mit Ketten vermochte man ihn zu fesseln.«

(Markus 5,3) Das ist jemand, der unausgeglichen und unbeherrscht ist, jemand, der geistig und emotional zutiefst instabil ist. Er ist buchstäblich außer Kontrolle. Niemand kann ihn kontrollieren, und er kann sich selbst nicht kontrollieren. Jesus fragt ihn nach seinem Namen, und er sagt: »Ich heiße Legion; denn wir sind viele.« (Markus 5,9)

Das ist eine meiner liebsten Zeilen in der gesamten Jesus-Geschichte. Wenn Legion sagt, »Ich heiße Legion, denn wir sind viele«, dann ist es nicht Legion, der Mann, der zu Jesus spricht. Die Person Legion – das gesunde, rationale menschliche Wesen – ist vollkommen besetzt worden von etwas anderem, von »den vielen«, wie es Legion nennt. Wenn nun Legion sagt, »denn wir sind viele«, was sind dann die vielen? Unsere moderne Interpretation wäre, dass Legion eine völlig zerbrochene Psyche hat. Wenn die Psyche zusammenbricht, ist das, als würde eine Glasscheibe auf den Boden fallen; sie zerbricht in viele Teilchen und Stückchen. Jemand, dem das passiert, ist buchstäblich verloren im Unbewussten; das wird dann seine Realität. Wenn Sie um eine Straßenecke biegen und jemand murmelt vor sich hin oder schreit Menschen an, die gar nicht da sind, dann wissen Sie, dass diese Person von den unsichtbaren Bereichen ihres Unbewussten überwältigt ist. Für jemanden, der einen psychotischen Zusammenbruch hatte, ist das Unbewusste die Wirklichkeit, wie chaotisch und unberechenbar sie auch sein mag.

In den Tagen von Jesus nun ist die Erklärung für die »vielen« des Legion nicht eine zerbrochene Psyche, sondern Dämonen. Wenn Legion also sagt, »wir sind viele«, sind es die Dämonen, die zu Jesus sprechen. Dämonen stehen für den zersplitterten Geist, in dem viele Ichs miteinander in Konflikt sind. Es ist eine extremere Version des normalen Ego-Zustands, den ein buddhistischer Lehrer, wie ich mich erinnere, einmal bezeichnete als »die normale Menge an Hass, Unbewusstheit und Gier«. Selbst im normalen Zustand des Ego-Bewusstseins gibt es in den meisten Menschen viele Ichs, nicht nur ein Ich. An einem Tag fühlen Sie sich wie ein guter Mensch, am nächsten Tag empfinden Sie sich nicht als gut. In einer Stunde fühlen Sie sich wertvoll; in der nächsten Stunde geschieht etwas, und Sie fühlen sich wertlos. In einer Minute fühlen Sie sich sehr kompetent, voller Energie und Zuversicht; in der nächsten Minute fühlen Sie sich inkompetent und unterdrückt. Dieses sich schnell wandelnde innere Gefühl für den, der wir sind, ist eine weitere Linse, durch die wir »die vielen« betrachten können. Der Ego-Zustand des Bewusstseins ist selbst ein zersplitterter Zustand, der aus zahlreichen »Personas« besteht. Es ist ein Zustand, in dem viele psychische Kräfte miteinander im Streit liegen. Das erzeugt psychische Reibung, und unsere Bezeichnung für psychische Reibung ist Leiden.

Heutzutage können wir darüber streiten, ob es Dämonen gibt oder nicht. Wir können Dämonen interpretieren durch die moderne psychologische Linse, als Scherben einer zersplitterten Psyche. In jedem Fall ist die Erfahrung, auf die sie verweisen, etwas Reales. In meinen siebzehn Jahren als Lehrer habe ich dies oft erlebt: Ich spreche mit jemandem, und an einem bestimmten Punkt habe ich die absolut klare Wahrnehmung von einem Etwas, das die Person überwältigt. Ich habe erlebt, wie mitten in einem Satz jemand plötzlich völlig wegtritt und etwas anderes in ihn hineinkommt. Das, was die Person einnimmt, ist oft sehr dunkel, fast schon bösartig. Es genießt das Leiden – entweder sein eigenes Leiden oder das Leiden, das es anderen zufügt. Ich meine, es spielt keine Rolle, ob wir dies für einen Dämon halten, für ein dunkles Wesen oder Energiefeld oder für innere psychische Kräfte im Unbewussten.

Der Schmerzkörper

Der zeitgenössische spirituelle Lehrer Eckhart Tolle spricht über etwas, das er den »Schmerzkörper« nennt. Der Schmerzkörper ist ein Energiefeld, das mit Negativität angefüllt ist. Wir gehen in den Schmerzkörper, wenn wir auf eine Situation in konditionierter Weise reagieren – zum Beispiel, wenn wir uns in einem Gespräch beleidigt fühlen, oder wenn etwas, das zu uns gesagt wird, eine schmerzhafte Erinnerung weckt. Die Bezeichnung »Schmerzkörper« ist eine perfekte Beschreibung, denn sobald Sie in ihn *hineinbewegt* werden durch Ihre Konditionierung, spüren Sie einen inneren Konflikt.

Wenn Sie sensibel sind, wenn Ihre Wahrnehmung offen ist, spüren Sie, wenn sich jemand in den Schmerzkörper hineinbewegt, selbst wenn diese Person nichts sagt. Ich kann einen Raum betreten und auf der Stelle wissen, ob der Schmerzkörper von jemandem aktiviert ist. Die Menschen werden in ihn hineingezogen durch ihre innere Programmierung, mit der sie auf verschiedene Umstände reagieren. Sie können auch Dämonen als Schmerzkörper betrachten; wenn der Schmerzkörper sehr intensiv wird, überwältigt er das Bewusstsein, und Sie sind komplett verloren.

Legion also ist viele, und er ist total verloren. Sein Menschsein ist vollkommen von den dunkleren Kräften eingenommen. Nun ist eine der großartigen Heilungskräfte von Jesus seine Fähigkeit, Dämonen auszutreiben – mit anderen Worten, Schmerz, Leiden und Dunkelheit auszutreiben. Als Jesus die Dämonen von Legion anspricht mit den Worten, »Fahr aus, unreiner Geist, aus diesem Menschen!« (Markus 5,8), bitten ihn die Dämonen, sie nicht einfach auszutreiben. Sie wollen nicht ausgelöscht werden. Stattdessen bitten sie Jesus, als sie eine große Schweineherde in der Nähe sehen: »Schick uns in die Schweine, lass uns in sie hineinfahren!« (Markus 5,12) Das gibt der Geschichte eine sehr bizarre Wendung. Jesus erlaubt also den Dämonen, in diese Herde hineinzufahren, die an die zweitausend Schweine groß ist. Sobald die Schweine von diesen Dämonen überfallen werden – vom Schmerzkörper, vom Leiden –, stürzen sie sich von einer Klippe ins Meer und ertrinken.

Das ist sehr dramatisch, aber erinnern Sie sich daran, dass jede Facette der Geschichte überlebensgroß dargestellt wird, um etwas in unserer Erfahrung so deutlich zu machen, dass wir es nicht übersehen können. Hier werden unsere inneren Dämonen dargestellt, nicht unbedingt als Wesenheiten, sondern einfach als die Schattenseite bestimmter Energien. Joseph Campbell, der große Kenner der Mythen, schrieb: »Die unterdrückten Götter werden zu Teufeln, und oft sind es diese Teufel, denen wir zuerst begegnen, wenn wir uns nach innen wenden.« Wenn Sie eine mächtige Kraft in Ihrem Inneren freigeben oder, wie wir im Buddhismus sagen, sie ihrer wahren Natur oder ursprünglichen Form zurückgeben, hat sie die Kraft eines Gottes. Aber wenn sie dieselbe Kraft leugnen oder tief im Unbewussten vergraben, wird sie zu etwas Dunklem und Schattigen. Sie wird zu einem Dämon – und jeder hat seine Dämonen.

Zorn und Liebe

Früher gab ich Retreats in einem wunderbaren tibetisch-buddhistischen Tempel, und im Meditationsraum hingen die Wände voller Thangkas. Thangkas sind Gemälde auf Seide, die all die unterschiedlichen Arten von Gottheiten zeigen, und diese Gottheiten sind tatsächlich Darstellungen psychischer, emotionaler und spiritueller Kräfte in *Ihnen*. Stellen Sie sich also diese Meditationshalle voller Thangkas vor, die Dutzende verschiedener Gottheiten zeigen, einige davon sehr plastisch gemalt. Da gibt es zornige Gottheiten, denen Blut aus den Zähnen tropft, mit Totenschädeln in den Händen oder einem blutbeschmierten Schwert, das sie soeben benutzt haben, um jemandem den Kopf abzuschneiden. Und es gibt auch Gottheiten, die ganz überirdisch und schön sind, Heilungs-Gottheiten, die sanft und offen und zugewandt sind. Von dämonisch bis glückselig und alles dazwischen, das ganze Spektrum menschlicher Erfahrung und Emotion kann unter diesen Gottheiten gefunden werden.

In Tibet werden diese Thangkas als Objekte der Kontemplation benutzt. Traditionellerweise würden Sie das Bild einer bestimmten Gottheit als Meditationsobjekt benutzen und dadurch in sich selbst das hervorrufen, was die künstlerische Darstellung symbolisiert. Wenn Sie also über eine zornige Gottheit der heftigen Energie meditieren und sehr tief meditieren, wird das diese Wirklichkeit und Energie in Ihnen hervorzurufen beginnen. Das könnte eine Energie sein, die Ihnen sehr unangenehm ist. Sie weckt vielleicht ungelöste Konflikte in Ihrem Leben – Dinge, die mit diesem besonderen inneren Energiefeld zu tun haben, dieser psychischen und spirituellen Kraft, die durch die Kontemplation auf die Gottheit ausgelöst wurde. Das kann eine sehr wirksame Praxis sein, denn sie reinigt die Tiefen des Unbewussten, und indem sie das tut, bringt sie das Allerbeste in Ihnen ans Licht – den heiligen, himmlischen Aspekt Ihrer Natur und auch die dunkelsten, schrecklichsten Seiten Ihrer Natur. Denn nur, wenn wir das Ganze von uns sehen können – das Licht und den Schatten, das Gute, das Schlechte und das Neutrale –, können wir diese Energien annehmen, sodass sie uns nicht länger besetzen und erschrecken können.

Wenn Sie wirklich zu dem inneren Bewusstseinszustand werden, den eine Gottheit repräsentiert, kann sogar eine zornvolle Gottheit als sehr reine und lebendige Art von Energie erfahren werden. Wenn Sie das Gesicht einer psychischen Kraft lange genug ansehen, wird sie sich schließlich wenden und ihr anderes Gesicht zeigen, wie Zahl und Wappen derselben Münze. So kann selbst eine zornvolle Energie, wenn Sie sie furchtlos annehmen, ganz unmittelbar, innig und in ihrer reinen Form erfahren werden. Dann beginnen Sie zu erkennen, dass inmitten dieses Zorns eine große Klarheit des Friedens und der Liebe existiert.

Natürlich gibt es in der Jesus-Geschichte viele Beispiele dafür, dass Jesus zornig ist, aber sein Zorn kommt nicht nur aus der Klarheit, sondern auch aus der Liebe und dem Mitgefühl. Zum Beispiel regt er sich bei verschiedenen Gelegenheiten darüber auf, wie die religiösen Hierarchien den Zugang der Menschen zum transzendenten Mysterium verhindern. Er ist wütend, weil er das liebt, was allen Menschen zu eigen ist. Er weiß, es gibt etwas Schönes und Kraftvolles und Befreiendes in jedem Wesen und innerhalb der Struktur der Wirklichkeit selbst, und er ist wütend, weil manchmal selbst unsere größten religiösen Institutionen, wenn sie nicht wachsam sind, die Welt vertreten können anstatt der letztendlichen Wirklichkeit. Mit anderen Worten, die Religionen beginnen, sich selbst zu vertreten – die Aufrechterhaltung der Struktur, die Aufrechterhaltung der Hierarchie sowie Reichtum und Macht –, und dann versperren sie uns den Zugang zum transzendenten Mysterium, obwohl es ihre Aufgabe wäre, uns zum Erwecken des Mysteriums zu verhelfen. Also ist der Zorn von Jesus nicht zu trennen von seiner Liebe zur Menschheit und seinem Mitgefühl für ihr Leiden; alles, was dieses Leiden verlängert, wird ein Objekt seines Zorns.

Wie ich sagte, ist Jesus ein Mann der Handlung. Das ist der Grund dafür, dass er eine so wichtige Figur in der heutigen Spiritualität ist. Die Mehrheit der Menschen, die einen authentischen, tiefen spirituellen Ruf hören, fühlt sich heutzutage nicht unbedingt aufgefordert, die Welt zu verlassen und in ein Kloster einzutreten oder sich in eine Höhle zurückzuziehen. Der spirituelle Impuls ist heute im Allgemeinen nicht ein Impuls, der Welt zu entsagen. Manchmal wird es immer noch so sein, und das ist eine vollkommen legitime Art für den Geist, sich zu manifestieren, aber ich sehe immer öfter einen anderen spirituellen Ruf – nicht der Welt zu entsagen, sondern die Welt aus dem Grund des Geistes heraus zu transformieren. Ich meine, hier wird die Geschichte von Jesus sehr wichtig und wirkungsvoll, denn Jesus selbst war ein Mann der Handlung, ein Mann der Welt, obwohl er eine lebendige Präsenz dessen war, was jenseits der Welt der Formen liegt.

In dieser Hinsicht ist Jesus anders als Buddha. Er fühlte sich nicht aufgerufen, eine monastische Bewegung innerhalb einer neuen Tradition ins Leben zu rufen, wie es der Buddha tat. Jesus interessiert sich *überhaupt nicht* für Formen oder Strukturen; er zerschlägt fast *jede* Form, der er begegnet. Tatsächlich gibt es im Thomas-Evangelium einen Vers, der lautet: »Jesus sprach: ›Die Menschen denken wohl, dass ich gekommen bin, um Frieden auf die Welt zu bringen. Und sie wissen nicht, dass ich gekommen bin, um Zerwürfnisse auf die Erde zu bringen, Feuer, Schwert, Krieg.‹« (Thomas-Evangelium 16)

Das klingt wie das Gegenteil der offenherzigen, liebevollen Gestalt von Jesus, die sich die meisten von uns vorstellen. Natürlich sind Liebe und Mitgefühl ein wichtiger Teil dessen, wofür Jesus steht, aber er steht auch für die dynamische Kraft des Geistes, der sich in der Welt engagiert, und ich denke, wir brauchen mehr Beispiele dafür, wie engagierte Spiritualität tatsächlich aussieht. Wer weiß, wie sehr oder wie wenig diese Erzählung seitdem ausgeschmückt wurde, um sie zu einer faszinierenden und kraftvollen Geschichte zu machen. Wie immer sind wir also aufgefordert, diese Geschichte mythisch und metaphorisch zu lesen, nicht als etwas, das an Tatsachen und Historie gebunden ist. Wenn

Sie glauben, Sie müssten in die Welt hinausgehen und so handeln, wie Jesus in der Geschichte handelt, würden Sie die Geschichte falsch verstehen und zu wörtlich nehmen. Aber wenn Sie die Geschichte metaphorisch lesen, beginnen Sie ein Gefühl zu bekommen für diese engagiertere Spiritualität; man könnte sie »Spiritualität in Aktion« nennen.

Sich zurückbesinnen auf göttliches Sein

Als Jesus den Legion heilt, sagt er ihm ausdrücklich, seine Geschichte mitzuteilen – das Gegenteil von dem, was er vorher zu dem Leprösen sagte. Ich erkläre oft den Menschen, dass der Geist sich nicht wirklich gleichmäßig bewegt; er bewegt sich so, dass es angemessen ist und dem Zweck des Moments entspricht. Wenn zu sündigen bedeutet, den Zweck zu verfehlen, dann bedeutet nicht zu sündigen, absolut richtig zu handeln. »Absolut richtig« heißt zu wissen, was gebraucht wird und was genau hier und jetzt wahr und wichtig ist, deshalb muss man natürlich äußerst wach, präsent und völlig offen sein für das, was im gegenwärtigen Augenblick erforderlich ist.

Als die Dämonen aus ihm vertrieben sind, ist Legion verändert. Er sitzt da in vollkommenem Frieden und Wohlgefühl; er verfehlt nicht länger den Zweck. Er ist nicht mehr viele, er ist jetzt einer. Das ist ein Beispiel für eine Heilung, die nicht körperlich ist, sondern psychisch und spirituell. Als Jesus jene Kräfte des Konflikts aus Legion entfernte, richtete sich das ganze Wesen von Legion auf natürliche Weise auf die Einheit des göttlichen *Seins* aus. Das Bild von Legion, der vollkommen ruhig, vollkommen gesammelt dasitzt, zeigt uns, dass er eins geworden ist.

Mein Eindruck ist, dass Jesus den Legion deshalb angewiesen hat, den Menschen zu erzählen, was geschehen ist, weil Legion eine Heilung erhalten hat, die nicht nur körperlich war. Legion erfuhr eine sehr tiefe spirituelle Heilung. In gewissem Sinn wurde Legion erleuchtet, und das ist es, was Jesus vermitteln will. Darum geht es bei seiner ganzen Mission – Sie aufzuwecken zum göttlichen *Sein* in Ihnen selbst. Legion erfuhr eine innere spirituelle Revolution, eine augenblickliche Korrektur seines Wesens. Wie ich schon sagte, ist da immer eine spirituelle Komponente, wenn Jesus jemanden heilt, aber wie wir sahen, rannte der Lepröse nach seiner Heilung davon und erzählte jedem, was geschehen war, anstatt in den Tempel zur Reinigung zu gehen. Das zeigt, dass sein inneres Sein nicht vollkommen in Ordnung war, sonst wäre er der Anweisung von Jesus gefolgt. Anders bei Legion: Als Jesus auf sein Boot geht, um abzufahren, bittet Legion ihn, mitkommen zu dürfen. Jesus aber sagt: »Das ist nicht für dich; geh hinaus in die Welt und erzähle deine Geschichte.« Sie sehen, Legion ist vollkommen in Ordnung gebracht. Legion wurde erleuchtet; er braucht es nicht, Jesus zu folgen, und Jesus weiß das. Er braucht Jesus nicht zu folgen, weil er versteht, was Jesus im Tiefsten ist.

Es gibt viele andere Heilungs-Geschichten in den Evangelien, aber ich wollte nur einige von jenen teilen, welche die tieferen Themen im Wirken von Jesus als Heiler zeigen. Wie ich es verstehe, war das Heilen eigentlich die erste Form des Lehrens von Jesus. Später in der Geschichte wendet er sich ab vom Medium des Heilens, und man versteht auch, warum; wenn man einmal als Heiler bekannt ist, will jeder geheilt werden. Wohin immer Jesus geht, ist er umgeben von einer Menschenmenge. In der Geschichte versucht er zeitweise, den Massen zu entrinnen und ein wenig Alleinsein zu finden.

Jesus interessierte sich nicht für diese Art von Schmeichelei. Er wählte zwölf Jünger, und nie mehr als zwölf. Er interessierte sich nicht für Zahlen; er interessierte sich für innere Transformation. Irgendwann begann sein Wirken als Heiler seiner Lehre im Weg zu stehen, denn die Menschen kamen aus den falschen Gründen zu ihm. Sie kamen zu ihm, weil er eine spirituelle Berühmtheit war. Wir tun heute dasselbe mit unseren Berühmtheiten. Die meisten unserer Berühmtheiten sind keine religiösen Führer, sondern Filmstars, Sänger und Ähnliches. Das sind unsere modernen Götter; Berühmtheit ist das, was ein Großteil der westlichen Kultur tatsächlich anbetet. Aber genau wie ein Filmstar schließlich der Paparazzi müde wird und fliehen will, wird Jesus der Berühmtheit müde, die dem Heiler gilt. Er sieht, dass das Heilen seiner Mission nicht dient, und beginnt, eine neue Lehrform einzuführen – das Lehren in Gleichnissen.

Kapitel 9
Lehren in Gleichnissen

»Der Same Gottes ist in uns. Bei einem klugen und fleißigen Bauern wird er gedeihen und zu Gott hin aufwachsen, dessen Same er ist, und seine Früchte werden von Gottes Natur sein.«
Meister Eckhart

Eine weitere Lehrform, die Jesus benutzte, war das Gleichnis. Das griechische Wort für »Gleichnis« bedeutet auch »Vergleich oder Analogie«; es ist im Wesentlichen eine sehr kurze Geschichte, die eine spirituelle Wahrheit enthüllt. Ein Gleichnis ist ein wenig wie ein Rätsel: Es hat eine Bedeutung, die man mit dem logischen, konditionierten Geist nicht ganz verstehen kann. Ein Gleichnis soll Ihrem Geist etwas zeigen, das Sie zwingt, Ihre gegenwärtige Verständnisebene zu überschreiten, damit Sie das Gleichnis verstehen können. Die verschiedenen Gleichnisse betonen unterschiedliche Grade des Verständnisses: Einige sind ziemlich klar und verständlich, während andere viel abstrakter sind.

Früher waren Gleichnisse eine übliche Form des Lehrens; in der christlichen Tradition sind sie besonders wichtig. Es gibt viele Gleichnisse in den Evangelien, aber ich möchte mich besonders auf zwei konzentrieren, weil ich meine, dass sie die gesamte Tradition der gleichnishaften Geschichten und die Art, in der sie wirken, aufzeigen. Das erste ist das Gleichnis vom Senfkorn. Es ist sehr kurz; schauen wir uns also das ganze Gleichnis an und untersuchen wir dann, was es bedeutet.

> *»Er sprach: ›Womit sollen wir das Reich Gottes vergleichen oder in welchem Gleichnis sollen wir es darstellen? Wie mit einem Senfkorn ist es, das, wenn es in die Erde gesät wird, das kleinste von allen Samenkörnern auf der Erde ist. Wenn es aber gesät ist, geht es auf und wird größer als alle Gartengewächse und treibt große Zweige, sodass in seinem Schatten die Vögel des Himmels nisten können.‹*
>
> *In vielen solchen Gleichnissen verkündete er ihnen das Wort, wie sie es verstehen konnten. Ohne Gleichnis dagegen redete er nicht zu ihnen. Aber wenn sie allein waren, legte er seinen Jüngern alles aus.«* (Markus 4,30–34)

Diese Textstelle benutzt die alte Tradition von Zugehörigen und Außenseitern. Jesus erklärte diese Gleichnisse seinen Jüngern, denn sie waren Zugehörige, jene, die er erwählt hatte, seine Botschaft zu verstehen. Diesen zwölf Eingeweihten hoffte er die Wahrheit dieser Geschichten übertragen zu können, wie wir im Zen sagen. In vielen esoterischen Formen der Spiritualität spielt die Übertragung vom Lehrer auf den Schüler eine Schlüsselrolle. Die relative oder sichtbare Art, Übertragung zu verstehen, wird in diesem Gleichnis erläutert. Zu übertragen heißt zu erklären, die Bedeutung von etwas zu enthüllen. In einem mehr esoterischen Sinn ist Übertragung buchstäblich eine Form von Schwingung oder erwachtem Bewusstseinsfeld, das in einem spirituellen Meister lebendig ist und dazu beitragen kann, spirituelles Erwachen in einem anderen zu aktivieren.

Weil Jesus erleuchtet ist, weil er im Himmelreich verwurzelt ist, trägt sein Bewusstsein das Resonanzfeld des Himmelreichs und kann es in den Menschen, die ihn umgeben, erwecken, wenn sie für ihn zutiefst offen sind. In der esoterischen Spiritualität – das heißt, jenen inneren Formen der Spiritualität, die sich mit Erwachen, Transformation und Erleuchtung befassen –, spielt Übertragung eine wichtige Rolle. Es ist nicht etwas, das Worte oder Erklärungen benötigt, aber es ist auch keine energetische Übertragung; es ist ein Bewusstseinsfeld. Letzten Endes ist die reine Gegenwart von Jesus sein stärkstes Lehrmittel.

Stellen Sie sich, um das ein wenig klarer zu machen, vor, Sie betreten einen Raum, und dort sitzt eine Person in einem Sessel und starrt zutiefst depressiv an die Wand. Jetzt stellen Sie sich vor, Sie würden durch die Tür gehen, dann innehalten und nur die Atmosphäre in jenem Raum *erspüren*. Wenn Sie sensibel sind, würden Sie buchstäblich die dunkle, schwere Energie des Menschen in jenem Raum spüren; Sie würden seine Depression fühlen. Auch das ist eine Art Übertragung, also ist Übertragung nicht so geheimnisvoll, wie es erscheint. Eigentlich ist es unsere Fähigkeit, in gewisser Hinsicht zu fühlen, was jemand anderes fühlt. Wir haben Teil am Bewusstseinszustand dieser Person. Wenn jemand glücklich ist, ist sein Bewusstsein klar, vital und lebendig, und Sie können diese Klarheit und Vitalität spüren, weil das Bewusstsein des anderen tatsächlich die Klarheit und die freudigen Aspekte Ihres eigenen Bewusstseins aktiviert.

Zwischen spirituellen Lehrern und ihren Schülern bedeutet Übertragung, dass eine Wechselwirkung geschieht zwischen dem Bewusstseinszustand des Lehrers oder der Lehrerin und dem Bewusstsein des Schülers oder Jüngers. In dieser Geschichte benutzt Jesus also beide Formen der Übertragung. Es gibt die gewöhnliche oder relative Übertragung, die darin besteht, die verborgene Bedeutung eines Gleichnisses auf begriffliche oder intellektuelle Weise zu erklären oder zu offenbaren. Und es gibt die viel wesentlichere Übertragung, bei der Jesus die Kraft seiner Präsenz benutzt, um andere zu erwecken und zu transformieren. Dieses Zentrum der Vitalität, diese Präsenz, die Jesus verwendet, um Weisheit zu übertragen, ist dieselbe Präsenz, die er benutzte, um Menschen physisch und spirituell zu heilen.

Jesus benutzt immer seine Präsenz, und bei seinen Jüngern benutzt er sie auf besondere Weise. Wie ich sagte, sind seine Jünger diejenigen, die er ausgewählt hat, um mit ihnen intensiv zu arbeiten. Früher waren Philosophie und Religion nicht getrennt. In der Moderne hat sich die Philosophie abgespalten und wurde eine eigene intellektuelle Disziplin, aber zu Jesu Zeiten waren Philosophie und Religion im Wesentlichen ein und dasselbe. Als Schüler jener Zeit würden Sie für Ihre Ausbildung zu einem Lehrer der

Philosophie oder zu einem Priester gehen, und diese würden den richtigen Zeitpunkt für die Enthüllung der verborgenen Bedeutung der Lehren wählen, wenn sie sehen, dass Sie bereit sind, den nächsten Schritt über die äußere Form hinaus zu tun. Wenn Sie bereit wären, hinter den Schleier zu blicken und einen tieferen Aspekt der Lehre zu sehen, würde der Lehrer Sie aussondern und zu einem Eingeweihten machen.

So wurde das früher gemacht, und so wird es auch heute noch gemacht. Der Zweck ist nicht unbedingt, eine Trennung zwischen Eingeweihten und Außenseitern zu machen. Es ist einfach so, dass es gewisse spirituelle Lehren gibt, die Bewusstseinszustände hervorrufen, denen manche Menschen nicht zu früh ausgesetzt werden sollten, weil sie dann zu verwirrt und ängstlich werden könnten. Dasselbe Erwachen, das für einen Menschen zur Befreiung und Vereinigung führt, kann für einen anderen sehr bedrohlich und verwirrend sein, wenn er dafür nicht bereit ist. In extremen Fällen kann die Schwingungsfrequenz eines höheren Bewusstseinszustands tatsächlich die Psyche zerbrechen lassen, sodass die Menschen einen psychotischen Zusammenbruch erleben. Normalerweise geht das vorüber, aber das weiß man nie mit Sicherheit. Also gibt es gute Gründe, warum jemand wie Jesus die Menschen sorgfältig auswählte, die er in seine Nähe zog, um das tiefere Wesen seiner Lehre zu offenbaren.

Schauen wir uns an, wie Jesus seinen Jüngern sein Lehren in Gleichnissen erklärt. »Da sagte er zu ihnen: Euch ist das Geheimnis des Reiches Gottes gegeben. Jenen draußen aber wird alles in Gleichnissen zuteil, auf dass sie *sehend sehen und doch nicht erkennen, und hörend hören und doch nicht verstehen.*« (Markus 4,11–12)

Es gibt ein Zitat aus der Bergpredigt, in dem Jesus davor warnt, Perlen vor die Säue zu werfen. Das ist genau das, worüber er hier spricht; er will die tiefsten Lehren nicht jenen geben, die sie nicht verdienen, entweder weil sie die Lehren nicht erkennen und verwerfen würden oder weil sie dafür nicht bereit sind, und allein das Ausmaß einer spirituellen Öffnung kann mehr sein, als sie ertragen könnten. Mit anderen Worten: Für manche ist es am besten, mit einer äußeren Form von Spiritualität weiterzumachen, bis ihre emotionale Gesundheit und spirituelle Integrität stabil sind. Offensichtlich hat Jesus genau jene zwölf Jünger als die Menschen ausgewählt, denen er eine viel tiefere Lehre vermitteln würde, und er entschloss sich, seine Lehre in Gleichnissen auszudrücken, sodass die Menschen nicht genau verstehen konnten, was er sagt, bevor sie nicht in einem tiefen Zustand der Bereitschaft waren.

Der Zen-Buddhismus – die Tradition, in der ich ausgebildet wurde –, ist bekannt dafür, das Koan als ein Mittel der Lehre zu verwenden. Ein Koan ist eine Art Frage oder Rätsel und so formuliert, dass man die angemessene Antwort nicht aus dem konditionierten Geist heraus geben kann. Um ein Koan richtig zu beantworten, muss man buchstäblich zum Koan *werden* und es verkörpern. Das vermutlich bekannteste Koan in unserer Kultur ist: Was ist der Klang einer klatschenden Hand? Wir alle kennen den Klang von zwei Händen, die klatschen, aber was ist der Klang einer Hand? Das ist ein Beispiel für ein Koan oder Rätsel, das Ihnen zur Meditation gegeben werden könnte, bis die Frage ›Was ist der Klang einer klatschenden Hand?‹ Teil Ihres Bewusstseins wird. Wenn Sie dann Ihren Lehrer aufsuchen und ihm eine intellektuelle Antwort präsentieren, würde im Kontext des Zen die Antwort, selbst wenn sie philosophisch tiefschürfend und verständlich wäre, als falsch angesehen und abgelehnt werden. Man würde Ihnen die Anweisung erteilen, weiter über die Frage zu meditieren, bis Sie tatsächlich die Erfahrung des Klangs einer klatschenden Hand gemacht haben und dies Ihrem Lehrer zeigen können.

Sobald wir aus unserem begrifflich denkenden Geist herausfallen – dieser Teil des Geistes, der dauernd unsere Erfahrung auf abstrakte Weise betrachtet, sodass wir ständig in unseren Gedanken leben –, können wir die Frage werden. Dann dringt die Frage zu den tiefsten Wurzeln unseres Bewusstseins durch, und irgendwann sehen wir, dass das gesamte Universum eine klatschende Hand ist – das ist sein wirkliches Wesen. Ich kann das nicht auf intellektuelle Weise erklären, aber das ist die Art Verständnis, die ein Koan erweckt. Im Zen wird von Ihnen erwartet, mit dem Koan zu arbeiten, aber anderen Leuten nicht zu erzählen, auf welche Antworten Sie gekommen sind. Es gibt also auch im Zen eine Tradition des Geheimen; die Antworten auf oder die Lösungen für die Koans dürfen nicht in Büchern publiziert oder jemand anderem ausgehändigt werden. Die

Antwort auf ein Rätsel zu lesen, würde Ihnen vielleicht ein intellektuelles Verständnis davon geben, aber Sie sind immer noch nicht selbst die Antwort geworden, und der ganze Zweck eines Koans ist es, die Lösung der Frage zu *werden*.

In gewisser Weise funktionieren Gleichnisse ähnlich wie Koans. Um ein Gleichnis zu verstehen, müssen Sie ganz und gar in seiner Bedeutung leben. Und wenn Sie ganz und gar in der Bedeutung leben, sind Sie ins Himmelreich eingetreten, ins ewige Leben – in Ihre wahre Natur, Ihre todlose Natur. In der Tat beginnt das Thomas-Evangelium mit dem Satz Jesu, dass jene, die seine Lehren verstehen, ins Himmelreich eintreten und keinen Tod erfahren werden. Diese Gleichnisse und Lehren von Jesus können nur aus der Perspektive des göttlichen *Seins* verstanden werden, aus der Perspektive des Himmelreichs – also müssen Sie in diesem Zustand sein, um sie zu verstehen. Es hat eine lange Tradition, eine Lehre so zu formulieren, dass sie nur im erleuchteten Zustand verstanden werden kann. Wenn man in diesem Zustand ist, macht alles plötzlich Sinn.

Das Gleichnis vom Sämann

Jesus hat also seine Jünger um sich versammelt, die Eingeweihten, denen er seine Lehre übertragen will. Das ist jedenfalls seine Hoffnung, aber es funktioniert nicht ganz so, wie er es sich vorgestellt hat. In der nächsten Passage hat Jesus gerade zu einer großen Menschenmenge gesprochen, die sich am Ufer des Sees versammelt hat, und ihnen das Gleichnis vom Sämann erzählt, das vom Säen der Samen auf die unterschiedlichen Arten von Böden handelt. Jetzt ist er mit seinen Jüngern allein und stellt fest, dass er ihnen das Gleichnis erklären muss.

»Und er sagte zu ihnen: Versteht ihr dieses Gleichnis nicht? Wie wollt ihr da alle anderen Gleichnisse verstehen? Der Sämann sät das Wort. Die auf dem Weg aber, das sind die, bei denen das Wort zwar gesät wird, aber sobald sie es gehört haben, kommt gleich der Satan und nimmt das Wort, das in sie gesät war, weg. Entsprechend ebenso sind die, bei denen auf steinigem Grund gesät ist, jene, die das Wort, sobald sie es hören, mit Freuden aufnehmen; aber sie haben keine Wurzel, sondern sind Augenblicksmenschen. Sobald nachher Drangsal oder Verfolgung um des Wortes willen entsteht, kommen sie zu Fall. Bei anderen fällt das Wort in die Dornen; das sind jene, die das Wort gehört haben, aber die weltlichen Sorgen, der Trug des Reichtums und die Begierden nach anderen Dingen dringen ein und ersticken das Wort, und es bringt keine Frucht. Auf gutes Erdreich gesät ist bei jenen, die das Wort hören und aufnehmen und Frucht bringen, dreißigfach, sechzigfach und hundertfach.« (Markus 4,13–20)

In gewisser Hinsicht ist das eine einleuchtende Lehre. Wenn man das Geschenk des Geistes macht, ist das vergleichbar mit dem Säen von Samen; wenn der Same auf felsigem Boden landet, kann er dort keine Wurzeln schlagen. Sie sind vielleicht glücklich, die Lehre empfangen zu haben oder die Übertragung der Wirklichkeit von Herz zu Herz, aber wenn Sie felsiger Boden sind, können Sie die Lehre nicht aufrechterhalten. Sobald Sie Leiden erfahren, sobald

Schwierigkeiten auftreten, verlieren Sie, was Ihnen gegeben wurde, weil es in Ihrem *Sein* keine tiefen Wurzeln geschlagen hat. Das nächste ist das Bild des Samens, der auf dornigen Grund gesät wird. Das bezieht sich auf jene, die zwar die Lehre hören können, aber so sehr um sich selbst kreisen – um ihre Egos, Ängste, Sehnsüchte und die äußeren Dinge der Welt –, dass ihre Lust an den Äußerlichkeiten den Geist erstickt. Wenn Sie glauben, dass die vollkommene Befriedigung im Anhäufen von immer mehr Reichtum oder Erfolg in der Welt gefunden werden kann, werden Sie, selbst wenn Ihnen die Wahrheit gegeben wurde, selbst wenn Sie eine Erfahrung des göttlichen *Seins* hatten, das Geschenk früher oder später für etwas aufgeben, das Ihnen mehr wert ist. Wenn nun aber der Same auf guten Boden fällt, wächst und vermehrt er sich. Wenn Ihnen der Same der Wahrheit übergeben wurde und Sie ihn in Ihrem Inneren empfangen haben, wenn Sie wirklich dafür bereit sind, wenn er Ihren höchsten Wert darstellt, wenn er das ist, was Sie am meisten wollen, dann wird er in Ihnen erblühen. Die Lehre, die Übertragung der Einheit wird in Ihnen blühen – dreißigfach, sechzigfach, hundertfach.

In meiner Arbeit als Lehrer habe ich gesehen, dass das stimmt. Deshalb ist es mein erstes Anliegen beim Lehren, den Menschen dabei zu helfen, ihre Absicht zu klären. Mit anderen Worten: Was wollen Sie? Was ist wertvoll für Sie? Denn wenn Ihnen nicht klar ist, was Ihr tiefster Wert ist, dem Sie treu bleiben wollen, dann wird sich Ihr zersplitterter Geist, selbst wenn Sie sich der göttlichen Präsenz öffnen, instinktiv davon abwenden. Sie werden die göttliche Präsenz verwerfen, ohne wirklich zu wissen, dass Sie sie verwerfen. Es gibt eine Art von innerer Vereinigung, die geschehen kann, in der das, was Sie wollen und am höchsten wertschätzen, wie ein Pfeil ist, der in eine einzige Richtung zielt; er taumelt nicht überall in der Gegend herum.

In der Ego-Dimension des Bewusstseins haben wir oft viele Wünsche, die miteinander im Streit liegen. Wir wollen und mögen viele Dinge, und manche Wünsche und Werte sind im Widerspruch zu anderen Wünschen und anderen Werten. Ein wesentlicher Teil der Spiritualität liegt darin, ein Gefühl von Klarheit zu bekommen für das, was wir zutiefst wollen, zutiefst wertschätzen – und für das, was wir dafür aufzugeben bereit sind. Das ist es, worüber Jesus in dieser Erklärung des Gleichnisses spricht.

Jesus sagt, dass jene, die felsiger Boden sind, das Wort mit Freude empfangen, aber weil sie nicht in sich selbst wurzeln, fallen sie sofort um, wenn sie Leiden oder Verfolgung erfahren. Es ist interessant, dass sich, als im Leben von Jesus Leiden und Verfolgung geschehen, seine eigenen Jünger als felsiger Boden erweisen. Sie fallen um, sie alle leugnen ihn, sie alle verlassen ihn, als er gefangen genommen wird, und das ist der Anfang seiner unausweichlichen Bewegung hin zur Kreuzigung. Und doch erlebt jeder dieser Jünger große Freude, als er zum ersten Mal vom Wort erfährt, als er das erste Mal Jesus hört und erlebt. Jeder antwortet sofort und folgt ihm. Sie scheinen absolut bereit dafür zu sein, vollkommen begeistert und ohne Zweifel über das, was sie wollen. Aber als Verfolgung und Leiden einsetzen – und durch genau das muss Jesus letztendlich hindurchgehen –, fallen sie um. Der Same stirbt auf felsigem Boden.

Im Grunde fragt Jesus seine Jünger: Wie kommt es, dass ihr nicht versteht, was ich euch sage? Wie er am Beginn dieser Textstelle sagt: »Wenn ihr schon dieses Gleichnis nicht versteht, wie wollt ihr dann all die anderen Gleichnisse verstehen?« Er hat ihnen ein ganz einfaches Gleichnis erzählt, und doch verstehen ihn seine eigenen Eingeweihten nicht. Selbst als er ihnen die tiefere Bedeutung erklärt, verstehen sie immer noch nicht. Stellen Sie sich vor, Sie wären an Jesu Stelle. Sie haben diese Jünger um sich versammelt, diese Eingeweihten, und Sie wollen ihnen die Lehre übertragen. Aber schon am Anfang wird Ihnen klar: »Oh, sie sind felsiger Boden. Sie haben nicht die Fähigkeit, zu verstehen, was ich sie zu lehren versuche. Sobald ich ihnen etwas zeige, stirbt es einfach in ihnen ab. Am Anfang sind sie begeistert, aber sobald ein Druck entsteht, fallen sie zurück in ihre alte Weise des *Seins*.« Es muss Jesus die Augen geöffnet haben, zu erkennen, dass seine eigenen ausgewählten Jünger in einem solch einfachen Gleichnis keinen Sinn sahen.

Zwei Kategorien des Seins

Diese Methode des Lehrens in Gleichnissen hat nicht einfach nur mit Eingeweihten und Außenseitern zu tun, sondern genau genommen mit zwei verschiedenen Kategorien des *Seins*. Die Jünger Jesu leben – wie die meisten der Menschen, die ihn aufsuchen – im Ego-Bereich des Bewusstseins. Jeder glaubt, er sei ein separater Jemand, abgetrennt von der Welt, die ihn umgibt und auch abgetrennt von Gott. Das ist der Bewusstseinszustand, in dem sie sich aufhalten, und das ist der Bewusstseinszustand der meisten Menschen bis zum heutigen Tag. Diese Sichtweise stellt eine bestimmte Kategorie des *Seins* dar. Jesus dagegen stellt eine vollkommen andere Kategorie des *Seins* dar. Er verkörpert das Himmelreich, den erleuchteten Zustand des *Seins*. Das ist der Grund, weshalb seine eigenen Jünger ihn nicht verstehen können, und der Grund, weshalb fast niemand ihn verstehen kann. Sie alle gehen auf derselben Erde herum, aber was sie wahrnehmen, ist vollkommen anders. Sie gehören verschiedenen Kategorien des *Seins* an, die so verschieden voneinander sind wie eine Raupe und ein Schmetterling.

Eine Raupe hat die Möglichkeit, sich in einen Schmetterling zu verwandeln, aber solange diese Verwandlung nicht geschehen ist, kriechen Raupen auf dem Boden herum. Sie können an einem Baum hochkriechen, aber im Grunde sind sie an die horizontale Dimension gebunden. Ein Schmetterling kann in die Luft steigen; sein Gefühl für die Wirklichkeit ist völlig anders. Eine Raupe kann sich vorstellen, wie es wäre, zu fliegen, aber sie kann das Fliegen nicht erfahren, bevor sie nicht durch diese Verwandlung gegangen ist. In gewissem Sinn ist Jesus ein Schmetterling. Er gehört einer völlig anderen Kategorie des *Seins* an. Alle, denen er begegnet, sind *potenzielle* Schmetterlinge, aber um sich zu verwandeln, müssen sie zuerst alles, was sie wissen, loslassen – ihre gesamte Vorstellung von dem, was sie sind, und ihre gesamte Vorstellung davon, wer Gott ist. Bevor sie das nicht tun, können sie die Kategorie des *Seins*, in der Jesus lebt, nicht erreichen. Damit ihnen diese Verwandlung gelingt, müssen sie entschlossen sein; sie müssen wissen, was sie wollen, und bereit sein, in eine völlig unbekannte Dimension des Bewusstseins einzutreten.

Und sie müssen sich auch klar darüber sein, was sie aufzugeben bereit sind. Das ist die Demarkationslinie. Viele Menschen sagen: »Ich wäre gern erwacht, ich wäre gern erleuchtet.« Das ist schön und gut, aber sind Sie wirklich bereit, Ihre alte Welt hinter sich zu lassen? Sind Sie wirklich bereit, Ihr altes Selbst hinter sich zu lassen, oder hoffen Sie, die Freiheit der Erleuchtung hinunter in Ihre gewohnte Ego-Dimension des *Seins* zu ziehen? Mit anderen Worten, wollen Sie Erleuchtung als etwas, das Sie besitzen können, während Sie mit Ihrem Leben wie gewohnt fortfahren, oder sind Sie wirklich bereit, das Leben, das Sie bis dahin kannten, aufzugeben? Niemand kann je wissen, was passiert, wenn er das Leben aufgibt, das er kannte, wenn er ins Mysterium eintritt, in die transzendente Präsenz, die durch alle Formen der Zeit hindurchschimmert.

Dieses Strahlen des Bewusstseins schimmert unablässig hindurch und drückt sich durch alle Formen aus. Und doch sind wir, wenn wir in der Welt der Form und der Identifikation mit Körper und Geist feststecken, an eine bestimmte Kategorie des *Seins* gebunden. Selbst eine tiefe spirituelle Offenbarung ist keine Garantie dafür, dass wir in Zukunft in dem Zustand leben werden, der uns offenbart wurde. Wir müssen bereit und entschlossen sein, wenn es geschieht. Wir müssen es so sehr wollen, dass wir bereit sind, alles aufzugeben, was nötig ist, um in dieser neuen Dimension des Bewusstseins zu leben. Man kann nie wissen, wie es geschieht. Es ist immer ein Sprung, der Vertrauen erfordert. Sind Sie bereit, diesen Sprung zu tun? Niemand kann wissen, wie sein Leben sein wird, bevor er nicht gesprungen ist. Es gibt keine Garantien für das, was geschehen wird.

In der gesamten Jesus-Geschichte sehen wir seinen Jüngern zu, wie sie damit ringen, diesen vertrauensvollen Sprung zu tun. Sie wollen wirklich das Himmelreich erfahren, von dem er spricht, und auf ihre Weise sind sie aufrichtig, aber es ist eine völlig andere Frage, ob sie dazu bereit sind oder nicht. Sie scheinen ihn in fast jedem entscheidenden Moment misszuverstehen. Diese Missverständnisse zwischen Jesus und seinen Jüngern sind ein wiederkehrendes Thema in den Evangelien, besonders im Markus-Evangelium. Und gegen Ende seines Lebens werden seine Jünger ihn im Stich lassen, weil sie Angst haben, verfolgt zu werden. Wenn es hart auf hart kommt, finden sie alle heraus, was ihnen wirklich wichtig ist. Sie dachten, sie würden das, was Jesus sie zu lehren versuchte, wertschätzen, aber letztendlich sind sie von Furcht und Zweifel beherrscht. Und in Anbetracht der Umstände kann man ihnen das wirklich nicht vorwerfen.

Noch einmal: Dies ist eine Metapher für das innere *Sein*, für das, was wir vorfinden, wenn wir in uns hineinschauen. Die Dinge sind nicht immer so schwarz und weiß, wie Mythen und Metaphern sie darstellen. Die meisten Menschen sind gespalten in dem, was sie wollen und nicht wollen. Die meisten Menschen sind eine Kombination von felsigem Boden, dornigem Boden und guter Erde; in unserem Herzen und unserem Geist haben wir alle diese Arten von Bereitsein. Was ist es, dem wir treu sind? Was wertschätzen wir wirklich? Denken Sie daran: Was wir am meisten wertschätzen, zeigt sich nicht in dem, was wir behaupten zu schätzen, sondern in unseren Handlungen – und das wird in dieser Geschichte deutlich gemacht. Die Jünger sagten, sie würden mit Jesus überallhin gehen. Sie glaubten, sie würden ihn nie im Stich lassen – aber letzten Endes verlassen sie ihn alle. Ihre Handlungen zeigen schließlich, wie es in ihren Herzen aussieht. Ich denke, diese Geschichte hält dem menschlichen Herzen einen Spiegel vor und fragt: Was siehst du wirklich? Siehst du ungeteilte feste Absicht, oder ist deine Treue gespalten?

Kapitel 10
Wunder und Verklärung

»Ich bin das Licht der Welt. Wer mir folgt, wird nicht in der Finsternis umhergehen, sondern wird das Licht des Lebens haben.«
Johannes 8,12

Jeder, dem die Jesus-Geschichte vertraut ist, kommt nicht umhin, von Jesus dem Wundertäter fasziniert zu sein. Für mich ist es letzten Endes keine wichtige Frage, ob die Wunder, die in den Evangelien beschrieben werden, tatsächlich geschahen oder nicht. Ein Wunder ist einfach etwas, das wir mit rationalen Denkprozessen oder wissenschaftlicher Analyse nicht erklären können. So gesehen sind Wunder sehr real. Selbst das Erwachen erscheint, wenn es geschieht, wie ein Wunder. Wenn wir mit den Augen der göttlichen Präsenz sehen, gibt es überall Wunder.

Wunder überall um uns herum

Je bewusster wir werden, desto kraftvoller werden wir. Wir werden nicht unbedingt Wundertäter, aber wenn wir zu erwachen beginnen und sich unser Bewusstseinszustand öffnet, zeigen sich verschiedene Fähigkeiten in uns und werden uns verfügbar. Wenn Sie mit dem Leben in Harmonie kommen, scheint das Leben auf mysteriöse und fast wundersame Weise in Harmonie mit Ihnen zu gehen. Es entsteht das Gefühl, dass alles sich genau so entfaltet, wie es sich entfalten soll, dass alles genau zum richtigen Zeitpunkt geschieht. Wenn wir aufhören, das Leben kontrollieren zu wollen und es in die Richtung zu zwingen, die das Ego sich vorstellt, beginnt das Leben tatsächlich auf unseren Bewusstseinszustand zu antworten. Und das ist ein Wunder – dass sich, wenn Ihr Bewusstseinszustand sich verändert, die Beziehung des Lebens zu Ihnen ebenfalls ändert.

Manchen Menschen mag das wie eine obskure Idee erscheinen, aber das gehört einfach dazu, wenn man bewusster wird. Wir können uns nicht vom Leben abtrennen. Alle Grenzlinien sind illusorisch. Sie können einen menschlichen Körper nicht aus seiner Umgebung entfernen. Ohne den Sauerstoff, den Sie atmen, sterben Sie. Ohne die Sonnenwärme können Sie nicht überleben. Je mehr wir uns der wechselseitigen Verbundenheit des ganzen Lebens bewusst werden, umso stärker beginnt das Leben selbst, mit uns in harmonischer Weise zusammenzuarbeiten. Das ist ein Wunder. Wie es einem menschlichen Wesen gelingt, ein Baby zu gebären, ein schönes kleines Wesen ins Leben zu bringen – das ist ein Wunder. Wenn wir uns nur auf große, außergewöhnliche Wunder konzentrieren, vergessen wir, dass das Leben selbst ein Wunder ist. Die bloße Tatsache, dass da *etwas* ist und nicht nichts, ist ein absolutes Wunder.

Wir sind umgeben von Wundern; wir brauchen nur unsere Augen zu öffnen und sie zu sehen. Je mehr wir uns der Wirklichkeit unserer eigenen Göttlichkeit öffnen, umso mehr beginnen wir das Leben als ein wundersames Ereignis anzusehen. Und auch wenn die Wunder unseres täglichen Lebens vielleicht an dem von sich selbst besessenen Geist unbemerkt vorübergehen, sind sie dennoch da. Mir scheint, ein sehr intimer Aspekt des Erwachens besteht darin, sich des täglichen Wunders bewusst zu werden, durch das wir uns bewegen – das Wunder namens Leben. Dann können die großen Wunder der Art, die Jesus bewirkt, unsere Aufmerksamkeit auf das Wunder unseres eigenen Lebens lenken.

Ich sehe die Wunder, die das Neue Testament schildert, als Symbole für tiefer liegende Wirklichkeiten. Mit anderen Worten, die Wunder selbst sind Metaphern oder Lehrmittel, um unsere Aufmerksamkeit zu schärfen, damit wir uns der Dinge im Leben und in uns selbst bewusst zu werden beginnen, die uns für gewöhnlich nicht bewusst sind. Alle Wunder in der Jesus-Geschichte haben einen, wie ich es nennen würde, tieferen Beweggrund; der Punkt, um den es bei dem Wunder geht, ist nicht das Wunder, sondern die darunterliegende Lehre, die das Wunder vermittelt.

Jesus beruhigt den Sturm

Das erste Wunder, über das ich sprechen möchte, findet statt, als Jesus mit dem Boot über den See von Galiläa fährt. Die Geschichte geht folgendermaßen:

> *»Da erhob sich ein gewaltiger Sturm und die Wogen schlugen ins Boot, sodass das Boot sich schon füllte. Er aber schlief im Heck des Bootes auf dem Kissen. Da weckten sie*

ihn und sagten zu ihm: Meister, liegt dir nichts daran, dass wir zugrunde gehen? Da stand er auf, schalt den Wind und sagte zur See: Schweig, sei still! Da legte sich der Wind und es trat große Stille ein. Er sagte zu ihnen: Was seid ihr so furchtsam? Habt ihr noch keinen Glauben? Da gerieten sie in große Furcht und sagten zueinander: Was ist das für ein Mann, dass selbst der Wind und der See ihm gehorchen?«
(Markus 4,37–41)

Hier geschieht ein offensichtliches Wunder, wenn Jesus den Wind und die Wellen zurechtweist. Mir gefällt dieser Rüffel, dieses »Ruhe! Sei still!«. Das ist die wirkungsvollste spirituelle Praxis – einfach ruhig zu sein, still zu sein. Wenn jemand von der spirituellen Reife, die Jesus hat, sagt: »Ruhe! Sei still!«, dann wird alles ruhig und still sein.

Malen Sie sich die Szene aus, alle in einem Boot inmitten eines heftigen Sturms: Die Jünger haben Angst um ihr Leben und fürchten, dass das Boot kentern könnte, während Jesus im Heck des Bootes schlafend auf einem Kissen liegt. Dieses Bild zeigt mit großer Deutlichkeit den Unterschied zwischen den zwei Kategorien des *Seins*. Jesus ist verwurzelt im göttlichen *Sein*, an dem Ort, von dem aus alles immer vollkommen in Ordnung ist. Dieses Zentrum kennt keine Furcht; es kennt keine Angst. Das ist der Ort, an dem Jesus sich aufhält. Die Jünger dagegen handeln vom Ort des Egos aus. Sie fürchten um ihr Leben, und ihr Hauptinstinkt ist einfach der, zu überleben. Sie sind so unbeständig wie der Wind, wenn Furcht sie überfällt.

Die Tatsache, dass sie sich auf dem Wasser befinden, ist ebenfalls faszinierend. Ich habe schon erwähnt, dass Wasser das Medium der ethischen und moralischen Dimension ist und, in spirituellen Geschichten, auch das Medium der Reinigung. In der modernen psychologischen Terminologie bedeutet Wasser das Unbewusste. Wenn Sie zum Beispiel davon träumen, im Wasser zu sein, weist dieser Traum darauf hin, dass Sie Zugang haben zu einem tiefen Bereich Ihres Unbewussten. Hier treibt also Jesus mit seinen Jüngern in einem Boot auf dem Wasser, das für den ethischen und moralischen Bereich steht, den die meisten Religionen für sich in Anspruch nehmen. In seiner Wildheit und seinem Aufgewühltsein steht es auch für das Unbewusste. Das ist ein wunderbares mythisches Bild. Ich denke, jeder hat innere Zustände voller Angst und Aufgewühltsein erlebt, von Emotionen und Befürchtungen, die ihn zu überwältigen drohen. In solchen Momenten ringen Sie um Ihr Gleichgewicht und versuchen, sich an etwas zu klammern, das Ihnen Frieden geben kann, aber Ihre eigene Psyche ist ganz und gar außer Kontrolle; Sie können ihr nicht befehlen, sich zu beruhigen, wenn Sie nicht einer anderen Kategorie des *Seins* angehören.

Jesus ist völlig entspannt beim Treiben auf dem Wasser des tiefen Unbewussten, das angefüllt ist mit all jenen Kräften in uns selbst, die wir für gewöhnlich leugnen und vor denen wir uns verstecken. Warum ist Jesus so voller Frieden in diesem Bereich? Weil er erwachtes *Sein* ist, und weil er sich mit all dem schon zuvor auseinandergesetzt hat. Er ist diesen Kräften in der Wüste begegnet, als er Satan gegenüberstand – seinem Dämon, seinem eigenen unbewussten Schatten. Jesus ist durch all dies hindurchgegangen. Er hat das Zentrum gefunden, und er weiß, was für ihn letzten

Endes das Wichtigste ist. Er ist in seiner Psyche oder seinen Absichten nicht gespalten. Er ist eine vollkommene und absolute Einheit, fest gegründet in dem stillen Punkt der Ewigkeit innerhalb seines eigenen *Seins*, und deshalb weiß er, dass das Unbewusste für ihn keine Bedrohung darstellt, wie dunkel und wie bedrohlich oder bösartig auch immer die Schatten zu sein scheinen. Die Jünger sind noch immer gefangen in der Welt, die um den stillen Punkt der Ewigkeit herumwirbelt. Sie befinden sich in der relativen Welt und sind machtlos. Jesus dagegen hat den Frieden jenseits des Verstandes gefunden. Er kann zu jenen Wellen des Unbewussten sagen, »seid still«, und auf der Stelle werden sie still sein. Die Jünger könnten schreien, »seid still!«, und nichts würde geschehen.

Etwas Ähnliches kann geschehen, wenn Sie in Meditation sitzen. Jeder, der in Stille gesessen hat, weiß, wie es ist, wenn man versucht, ruhig und friedvoll zu sein, aber der Geist und die Emotionen sind in Aufruhr, und es scheint nichts zu geben, was man dagegen tun kann. Sie können das nicht kontrollieren; Sie wissen nur, dass Sie sich wünschen, es möge aufhören. Also klammern Sie sich an irgendeine Ihrer Meditations-Techniken in der Hoffnung, sie möge helfen. Jeder, der jemals meditiert hat, hat an irgendeinem Punkt eine solche Erfahrung gemacht – und vermutlich viele, viele Male. Aber jemand, der wahre Herrschaft hat über den Schattenbereich des Unbewussten, hat keine Angst davor. Er weiß, er hat sich damit auseinandergesetzt, und wenn er sagt, »sei still«, dann wird vollkommene Stille herrschen. Das ist keine Technik; es kommt aus einem tieferen Bewusstseinszustand.

Wie diese Geschichte zeigt, gehört Jesus der Dimension des göttlichen *Seins* an, während seine Jünger in der Dimension des Ego-Bewusstseins sind. Deshalb fällt es Jesus schwer, seine Jünger zu verstehen. Für ihn ist alles so einfach – warum habt ihr nicht einfach Glauben? In seiner Dimension ist das keine große Sache. Aber für die Jünger ist es eine große Sache, so groß, dass Jesus, der den Wind und die Wellen zur Ruhe bringt, ihnen mehr Furcht einjagt als der Sturm selbst. Entsetzt fragen sie einander: »Wer *ist* das? Wer ist dieser Mensch, dem wir folgen?« Was sie tatsächlich fragen, ist: »Wo bin ich da hineingeraten?«

Ich denke, viele Menschen, die sich engagiert ihrer spirituellen Reise widmen, hatten Momente, in denen sie sich gefragt haben: »Oh je, worauf habe ich mich da eingelassen? Was habe ich getan?« Am Beginn der Reise fühlt es sich so an, als würden *Sie* Gott nachjagen, und das ist etwas, das Sie verstehen können. Aber an irgendeinem Punkt, wenn Sie Gott lange und ernsthaft genug verfolgt haben, dreht sich alles um, und es fühlt sich an, als würde Gott *Ihnen* nachjagen. Und sobald Gott Sie verfolgt, erkennen Sie, dass die Herrschaft über Ihr Leben nicht länger in der Hand Ihres Egos liegt. Eine andere Kraft bestimmt jetzt Ihre spirituelle Reise, und Ihr Leben hat einer neuen, transformierenden Kraft Platz gemacht, der Kraft des Geistes und des Feuers. Und Geist und Feuer sind, wie ich sagte, unberechenbar – Sie können sie nicht kontrollieren. Sobald sie in Ihnen befreit wurden, haben sie ein eigenes Leben, das unberechenbar ist.

Auch diese Geschichte kann als Metapher dienen für etwas, das allen menschlichen Wesen gemeinsam ist. Wenn wir sie nur als eine Geschichte über Jesus und seine Jünger lesen, halten wir uns fern von ihr. Aber wenn wir uns ihrer tieferen Bedeutung öffnen, sehen wir uns selbst in ihr gespiegelt. Dann müssen wir uns selbst fragen: Verbinde ich mich mit dem Energiefeld, das Jesus darstellt – diesem ruhigen, stillen Ort inmitten des Aufruhrs –, oder werde ich herumgeworfen von den Wellen des Unbewussten, mit all ihren Befürchtungen und Ängsten?

Die Verklärung

Die Geschichte, die ich als nächste betrachten möchte, ist kein Wunder im Sinne dessen, was Jesus vollbringt, sondern eher im Sinne dessen, was ihm widerfährt. Es ist die Geschichte der Verklärung. Ich meine, dass nach jeder Definition die Verklärung eine Wundergeschichte ist, und wie wir sehen werden, hat das, was geschieht, eine enorme Konsequenz und gewaltige Kraft. Lassen Sie uns zuerst die gesamte Geschichte, wie sie bei Matthäus geschildert wird, lesen, denn ich finde, sie ist sehr schön geschrieben.

> *»Nach sechs Tagen nahm Jesus Petrus, Jakobus und dessen Bruder Johannes beiseite und führte sie auf einen hohen Berg. Und er wurde vor ihren Augen verwandelt; sein Angesicht strahlte wie die Sonne, seine Gewänder aber wurden weiß wie das Licht. Da erschienen ihnen Mose und Elija, die mit ihm redeten. Petrus nahm das Wort und sagte zu Jesus: ›Herr, es ist gut, dass wir hier sind. Wenn du willst, werde ich hier drei Hütten bauen, dir eine, Mose eine und Elija eine.‹ Während er noch redete, überschattete sie eine leucht-*

ende Wolke und eine Stimme aus der Wolke sprach: ›Dies ist mein geliebter Sohn, an dem ich Gefallen gefunden habe; auf ihn sollt ihr hören!‹ Als die Jünger das hörten, warfen sie sich auf ihr Angesicht nieder und fürchteten sich sehr. Da trat Jesus zu ihnen, rührte sie an und sagte: Steht auf und fürchtet euch nicht. Als sie aber aufblickten, sahen sie niemand als Jesus allein. Während sie vom Berg herabstiegen, gebot ihnen Jesus: ›Erzählt niemand von dem, was ihr gesehen habt, bis der Menschensohn von den Toten auferweckt worden ist.‹« (Matthäus 17,1–9)

Was geschieht tatsächlich auf diesem Berg, wenn Jesus verklärt wird? Was geschieht mit Jesus, als sein Gesicht wie die Sonne leuchtet und seine Kleider blendend weiß wie das Licht werden? Die Verklärung ist Teil der spirituellen Entfaltung, die an einem bestimmten Punkt der Reise des Erwachens eintritt. Sie kommt lange nach dem ursprünglichen Erwachen; erst nachdem Sie durch Prüfungen – oft durch Jahre der Prüfungen – gegangen sind, und diese Prüfungen im Zustand des göttlichen *Seins* überwunden haben. Diese Erfahrungen haben dazu beigetragen, Sie in einen Zustand der Ganzheit zu bringen, einen Zustand des andauernden Friedens, der andauernden Ruhe. An diesem Punkt denken Sie vielleicht: »Gut, das ist es also. Ich bin an diesem wunderbaren Ort der Freiheit angekommen.« Aber da wird noch etwas kommen – das, was die Evangelien die Verklärung nennen, ein neuer und unerwarteter Zustrom von spiritueller Energie.

Es ist sehr schwer, genau zu beschreiben, was in der Verklärung geschieht; es ist, als würden Sie ganz und gar zur

Strahlung des göttlichen *Seins* werden. Sie müssen auf eine tiefere Ebene gehen als jene, auf der das ursprüngliche Erwachen und die Prüfungen und Leiden geschahen. In gewissem Sinn werden Sie zu einem voll spiritualisierten Wesen. Das heißt nicht, dass Sie nicht länger eine menschliche Komponente hätten; da ist immer noch ein menschliches Wesen, in demselben Maß wie in der Jesus-Geschichte. Aber es gibt eine Verschiebung – für manche Menschen ist sie radikal wie in der Jesus-Geschichte, für andere subtiler. Was Jesus betrifft, so hat ihn die Verklärung vollkommen auf seine Bestimmung hin ausgerichtet, auf das Schicksal seines Lebens.

Auch vor der Verklärung hatte Jesus offensichtlich auf tiefe und gründliche Weise Zugang zur göttlichen Strahlung; er benutzte sie in seinen Heilungen und verwies auf sie in seinen Gleichnissen. Aber erst während der Verklärung wird er voll und ganz zur Strahlung. Er ist komplett mit Geist erfüllt worden bis hinein in seine Körperlichkeit; er verkörpert ganz und gar das göttliche *Sein*. Die Stimme Gottes bestätigt dies: »Dies ist mein geliebter Sohn, an dem ich Gefallen gefunden habe.«

Es ist interessant, dass sowohl Moses als auch Elias im Augenblick seiner Verklärung ebenfalls auf diesem Berg waren – nicht als physische Wesen, sondern als visionäre Zeugen seiner spirituellen Entfaltung. Ich hatte eine ähnliche Erfahrung an dem Tag eines meiner am tiefsten gehenden Erwachenserlebnisse in meinen frühen Dreißigern. An dem Tag wollte ich einfach nur allein sein, also stieg ich auf einen Berg – St. Joseph's hill – über einem alten katholischen Priesterseminar, das seit Langem geschlossen war. Ich bin eigentlich kein visionärer Mensch, aber als ich auf der Spitze des Hügels stand, hatte ich eine Vision von Jesus, Buddha und Yogananda. Das waren meine tiefsten Einflüsse. Vierzehn Jahre lang hatte ich Buddhismus studiert, Christus hatte eine tiefe Bedeutung für mein Leben, und meine Frau war mit den Lehren von Yogananda aufgewachsen, einem großen Hindu-Weisen und erleuchteten *Sein*. Diese drei Gesichter erschienen einfach am Himmel, während ich über den Canyon unter mir hinwegblickte. Ich wusste, dass sie Visionen waren, dass mein Geist sie erschuf, aber dennoch waren sie bedeutsam. Es war fast, als ob sie da waren, um zu bezeugen, was geschah, zu bestätigen, was sich entfaltete, wie Gott zu Jesus in der Verklärungs-Geschichte bestätigend sagte: »Ich habe an dir Gefallen, du hast es richtig gemacht.«

Der Ursprung allen Lebens

Wie ich früher erwähnte, gibt es Parallelen und Unterschiede zwischen Jesus und Moses in Bezug darauf, wie sie das göttliche *Sein* ausdrücken und sich darauf beziehen. Als Moses auf den Berg geht, begegnet er Gott im brennenden Dornbusch. Im Judentum jener Zeit wird Gott als der Andere gesehen. Moses wird immer ein menschliches Wesen bleiben, Gott wird immer Gott sein, und das Äußerste, auf das Moses hoffen kann, ist, eine korrekte, harmonische Beziehung zu Gott zu haben. Bei Jesus jedoch geschieht etwas ganz anderes. Als Jesus auf den Berg geht und der Strahlung Gottes begegnet, gibt es keine Beziehung zur Strahlung. Jesus *wird* die Strahlung; er selbst ist verklärt. Die Lehre, die in dieser Geschichte enthalten ist, betrifft nicht die *Beziehung* zu Gott, sondern die Identität als Göttlichkeit selbst.

Mir ist durchaus bewusst, dass im Christentum, wie es durch die Jahrhunderte hindurch vermittelt wurde, der äußere Schwerpunkt im Herstellen der rechten Beziehung zu Gott liegt, so wie es Moses tat. Aber selbst innerhalb dieser Tradition, die eine korrekte Beziehung zur Gottheit betont – zur lebendigen Quelle oder Essenz, könnte man sagen –, gab es zweitausend Jahre lang auch eine innere, mystische Tradition. In der Tradition der Mystiker geht Spiritualität tiefer als im Herstellen einer Beziehung zu Gott.

Ich habe bereits das schöne Zitat von Meister Eckhart erwähnt: »Der Vater gebiert seinen Sohn ohne Unterlass; und ich sage mehr noch: Er gebiert mich als seinen Sohn, und als denselben Sohn.« Sie erkennen an dieser Textstelle, dass Meister Eckhart den Christus in sich selbst erfährt und erklärt, dass er der Sohn ist und dass er und Christus und Gott von derselben Essenz sind, derselben Soheit. So gingen selbst in der christlichen Tradition mit ihrer Betonung der korrekten Beziehung zu Gott manche Mystiker weit über die Idee der Beziehung hinaus und erkannten, dass letztendlich Jesus etwas weit Tieferes vermittelte. Die Botschaft von Jesus besteht nicht so sehr darin, die rechte Beziehung *zu* Gott zu haben, sondern im Entdecken der rechten Identität *als* Gott.

Jesus brachte neues Leben in die alte jüdische Tradition und führte sie dorthin, wohin sie zuvor nie gegangen war. Jede spirituelle Tradition braucht hin und wieder jemanden, der kommt und sie wiederbelebt, ihr buchstäblich neues Leben einhaucht. Andernfalls neigen religiöse Traditionen dazu, sich zu isolieren und sich den Zwängen des Alltags in der relativen Welt zu unterwerfen. Die Moral von Jesus hat nichts zu tun mit rechter Beziehung; das ethische Zentrum von Jesus kommt direkt und spontan aus dem göttlichen *Sein*, aus der Quelle selbst. Es entsteht nicht durch eine Institution und hat kein Interesse daran, die relativen Bedürfnisse und Wünsche von menschlichen Wesen zu bedienen. Die Verklärung zeigt, dass es eine Strahlung gibt, die durch die ganze Existenz hindurch scheint, und diese Strahlung ist die Quelle der Vitalität allen Lebens.

Zweimal hatte ich die Erfahrung, bei Menschen zu sein, die innerhalb von Wochen oder sogar Tagen sterben würden. Als sie erkannten, dass sie im Sterben lagen, taten sie tatsächlich das, was die immerwährenden alten spirituellen Lehren vorschlagen – zu sterben, bevor man stirbt, so dass man wahrhaft leben kann. Anders gesagt: vollkommen loszulassen, während man lebt. Vollkommen loszulassen bedeutet, den Überlebensinstinkt aufzugeben; wenn Sie auf der tiefsten Ebene loslassen, ist das eine Art Tod des Egos. Obwohl ihre Körper von Krankheiten zerstört waren, leuchteten diese beiden Menschen, waren voller Vitalität und lebendiger, als sie je zuvor gewesen waren. Und beide verbrachten ihre letzten Tage damit, die Menschen um sie herum zu trösten, weil sie selbst nicht länger getröstet zu werden brauchten. Sie hatten mit dem Tod Frieden geschlossen. Sie wussten, dass der Tod das unsterbliche göttliche *Sein* nicht hinwegnimmt.

Jesus erscheinen Moses und Elias in flüchtiger Form, als Zeugen seiner Verklärung. Wie üblich – besonders im Markus-Evangelium – missverstehen die Jünger dies und schlagen vor, für Moses und Elias einen Unterschlupf aufzustellen. Warum würde man ein Zelt für eine Vision aufstellen? Sie haben bereits Angst und legen, was geschieht, falsch aus. Als Nächstes ziehen sich die Wolken zusammen, und die Stimme Gottes kommt von oben und erteilt Jesus ihre Bestätigung. Natürlich verschreckt das die Jünger noch mehr. Sie wissen nicht, was sie tun sollen. »Wer ist der Kerl, dem wir folgen, dass Gott mit ihm spricht? Worum geht es bei dieser ganzen Verwandlung? Warum ist dieser Kerl in weiß glühendes Leuchten getaucht?«

Während die Geschichte sich in den Evangelien entfaltet, enthüllt Jesus mehr und mehr von dem, was er wirklich ist, und die Jünger haben ein echtes Problem, das zu begreifen. Es ist, als wäre das ganze Leben von Jesus eine Art Zen-Koan, ein Rätsel, und er enthüllt nur allmählich, was er ist. Natürlich zeigt die Geschichte metaphorisch das, was Sie ebenfalls sind. All diese alten Metaphern, die in die Jesus-Geschichte eingebettet sind, existierten lange vor der Zeit von Jesus. Wie ich schon sagte, ist es nicht wichtig, wie viel vom Leben Jesu historisch genau ist. Diese Geschichte spricht über Sie und mich, über uns alle. Sie spricht über eine Realität, die in uns selbst liegt und darauf wartet, entdeckt zu werden. Das ist Ihr wahres *Sein*, Ihr wahres Selbst. Ihre wahre Natur *ist* das Leuchten, und in dieser Geschichte verbinden sich das Leuchten und der Mensch miteinander, genau so, wie sie es in Ihnen und mir tun. Jesus zeigt das Leuchten des göttlichen *Seins*, das als menschliches Wesen erscheint. Während der Verklärung ist nur das Leuchten da, aber im Verlauf der Geschichte werden wir sehen, dass Jesus einige zutiefst menschliche Momente hat.

Als die Verklärung endet, sagt Jesus: »Erzählt niemand von dem, was ihr gesehen habt, bis der Menschensohn von den Toten auferweckt worden ist.« Zu dem Zeitpunkt versteht Jesus bereits voll und ganz, wie sein Leben verlaufen wird. Sein Leben ist eine physische Manifestation der Reise des spirituellen Erwachens. Er schreibt nicht darüber; er lehrt nicht davon; es gibt nicht den Hauch von Abstraktion in seiner Lebensgeschichte. Er *lebt* es. Die Ereignisse seines Lebens sind Metaphern für die spirituelle Transformation selbst. In Fleisch und Blut lebt er aus, was jedes menschliche Wesen in seinem eigenen Geist erfahren kann. Das macht die Schönheit und Kraft dieser Geschichte aus.

Wenn wir glauben, dass sie nur mit Jesus zu tun hat und nicht mit uns, wenn wir glauben, dass er der eine und einzige Gottesmensch ist, dann missverstehen wir die gesamte Geschichte. Und seit zweitausend Jahren wird diese Geschichte zum großen Teil missverstanden. Als die frühe Kirche im Jahr 325 beschloss, die Artikel des christlichen Glaubens im Bekenntnis von Nicäa festzulegen, wurde Jesus Gottes einziger eingeborener Sohn. Weniger als dreihundert Jahre nach dem Tod von Jesus trennten die Kirchenväter die Wirklichkeit von Jesus von Ihrer und meiner Wirklichkeit. Sie sagten: »Jesus allein ist der Gottesmensch. Nur Jesus ist eine Kombination von Göttlichkeit und Menschlichkeit; das Äußerste, was wir tun können, ist, die rechte Beziehung zu ihm zu haben.« In dem Moment schnitt die Kirche selbst die Menschheit davon ab, in ihr eigenes transzendentes *Sein* einzutreten. Erstaunlich ist, dass es letztendlich nicht funktionierte, dass durch die Heiligen und Weisen und Mystiker der Kirche das Leuchten unablässig durchbrach. Die Menschen entdeckten weiterhin, dass das, was Jesus realisierte, etwas war, das auch sie realisieren konnten – und dass Jesus genau dazu aufforderte, auch wenn das Kirchendogma behauptete, es sei unmöglich und sogar ein Tabu.

Es gibt eine Stelle im Thomas-Evangelium, die direkt vom Ereignis der Verklärung in dieser Geschichte spricht:

> *»Jesus sprach: ›Ich bin das Licht, das über ihnen allen ist. Ich bin das All, das All ist aus mir hervorgegangen, und das All ist bis zu mir ausgedehnt.‹«* (Thomas-Evangelium 77)

Nun, *das* ist so klar, wie man den erleuchteten Zustand nur in Worte fassen kann. Ich bin das Licht von allem, das Licht des göttlichen *Seins*, das Licht des Bewusstseins. Ich bin, was die Welt erleuchtet. Ich bin, was die Welt sieht, und dieses Sehen, dieses Bewusstsein ist tatsächlich das, was die Welt entstehen lässt. In einigen spirituellen Traditionen genügt es schon, einfach der göttliche, ewige Zeuge des gesamten Lebens zu sein; das ist das Ziel. Aber in der Spiritualität von Jesus ist es nicht das Ziel. Er sagt nicht nur: »Ich bin das Licht, das über ihnen allen ist«, sondern »Ich *bin* das All, das All ist aus mir hervorgegangen«.

Die göttlichen und die materiellen Bereiche werden eins, das eine wird zum anderen. Es scheint so, als wären sie wiedervereinigt worden, aber sie waren von Anfang an eins.

Wir missverstehen sie nur und sehen Trennung, wo keine ist. Das Licht, das über allem ist, ist der ewige stille Punkt in Ihnen selbst, den Sie intuitiv in jedem Moment spüren können. Es ist jener Teil von Ihnen, der Ihr ganzes Leben hindurch derselbe war, von Ihrer frühesten Erinnerung bis zu diesem Augenblick. Er ist das, was sich nie verändert – das Bewusstsein Ihres gesamten Lebens. Alles, was dieses Licht gesehen und erfahren hat, hat sich verändert, aber das Licht selbst ist dasselbe Licht, das es seit jeher war.

Wenn Sie wirklich tief schauen, werden Sie diesen Funken der Intuition finden, der Ihnen zeigt, dass etwas in Ihnen sich inmitten aller Veränderungen nicht verändert. Das ist das Licht, das über allem ist. Dieses Licht ist nicht verletzt worden, es ist nicht zerstört worden. Die Geburt ist nicht der Anfang des Lichts, und der Tod ist nicht das Ende des Lichts. Wenn dieses Licht seine eigene Natur vollkommen versteht, sieht es, dass alles aus diesem Licht entstanden ist und dass es alles ist. Alles – Ihre Hände, Ihr Gesicht, der Boden unter Ihren Füßen, der Himmel über Ihnen, die Vögel, die Blumen, die Gebäude, die Autos, die Verunreinigungen und der klare Bergsee – *alles* ist aus diesem Licht entstanden und ist eine Manifestation dieses Lichts.

In der Welt der Manifestation ist manchmal die Manifestation selbst ein klarer und transparenter Hinweis auf ihre Quelle. Zu anderen Zeiten wird die Manifestation im menschlichen Geist verwirrt und äußert sich in destruktiver Weise. Aber letztendlich entsteht alles aus dem Licht, und alles ist das Licht. Ich nenne es die ewige formlose Form – das, was in sich und aus sich selbst heraus nichts ist, aber als alles erscheint. Deshalb wird jeder, der dies erfahren hat, in dem Zitat aus dem Thomas-Evangelium eine Bestätigung seiner grundlegenden wahren Natur erkennen. Jesus fasst in Worte, was das »Ich bin« in jedem von uns tatsächlich ist.

In einem erwachten Wesen ist die göttliche Gegenwart verdichtet und leuchtend; sie scheint. Sie ist nicht länger verloren und verdunkelt durch den Schleier des Unbewussten. So jemand ist nicht mehr in erster Linie eine Person, sondern eine Präsenz. Die Persönlichkeit ist transparent geworden für das Licht der Wahrheit, für das Leuchten des göttlichen *Seins*.

Der Lauf Ihres Lebens

Für Jesus war die Verklärung eine tiefe Erfahrung, die ihm seine Bestimmung zeigte. Aber jeder von uns hat eine Bestimmung. Das Leben von jedem von uns folgt einer bestimmten Bahn, und in manchen Momenten verstehen wir das zutiefst, selbst wenn es für uns nicht so dramatisch abläuft wie die Verklärung von Jesus. Und oft ist der Verlauf unseres Lebens nicht der, den wir erwartet haben. Im Leben kommt so vieles als Überraschung; so viel von dem, was in unserem Leben geschieht, ist nicht das, was wir beabsichtigt haben. Das Leben entfaltet sich nie so, wie wir uns das vorstellen.

Es gibt Momente, in denen wir fähig sind, zurückzutreten und den gesamten Bogen unseres Lebens anzuschauen. Wir fragen uns: »Worum geht es wirklich in meinem Leben? Welcher Sache diene ich?« Sie erkennen, dass Sie Ihr eigenes Leben nicht bewusst gestaltet oder all die Punkte miteinander verbunden haben, obwohl Sie im Nachhinein vielleicht eine große Weisheit entdecken in der Art und Weise, wie es sich entfaltet hat. In solchen Momenten bekommen Sie eine Ahnung von der tiefer liegenden Ausrichtung Ihres Lebens; sie kann mit einer bestimmten Rolle zu tun haben, die Sie spielen, oder einer Aufgabe, die dem größeren Wohl dient.

Ich glaube, das ist es, was Jesus geschah, obwohl das nicht ausdrücklich im Text erwähnt wird. Nach der Verklärung scheint klar zu sein, dass alle Handlungen von Jesus bewusst der Entfaltung seiner Bestimmung dienen. Er wird gekreuzigt werden; er wird all den Schmerz und das Leiden erfahren, das der Kreuzigung vorausgeht; er wird in den Himmel aufsteigen. Er weiß das alles, und schließlich kann er sich ganz und gar damit verbinden und sagen: »Ja, das ist meine Bestimmung, und ich bin bereit, sie bewusst zu leben.«

Den Machthabern die Wahrheit sagen

Jesus war, wie ich sagte, eine belebende Kraft innerhalb der Religion, in der er aufwuchs. An diesem Punkt der Geschichte nun kennt er sein Schicksal. Er hat keinen Grund mehr, sich zurückzuhalten, wenn er die religiösen Institutionen konfrontiert, die in ihrer wahren Aufgabe, die Menschen mit der Wahrheit ihres eigenen *Seins* zu verbinden, versagt haben. Jesus hatte nie Angst, den Machthabern die Wahrheit zu sagen, und kurz nach der Verklärung gibt es eine Textstelle, die dies zeigt – die Szene, in der er die Geldwechsler im Tempel angreift. Sie lautet so:

»Dann kamen sie nach Jerusalem. Er ging in den Tempel und fing an, alle, die im Tempel verkauften und kauften, hinauszutreiben. Er stieß die Tische der Geldwechsler und die Sitze der Taubenhändler um und duldete nicht, dass jemand irgendetwas durch den Tempel trug. Er lehrte sie und sagte: Steht nicht geschrieben: Mein Haus soll ein Haus des Gebetes genannt werden für alle Völker? Ihr aber habt eine Räuberhöhle daraus gemacht. Das hörten die Hohenpriester und Schriftgelehrten und suchten nach einer Möglichkeit, ihn umzubringen; denn sie fürchteten ihn, weil seine Lehre auf das ganze Volk Eindruck gemacht hatte.«
(Markus 11,15–18)

Diese Textstelle bezieht sich auf die Notwendigkeit einer belebenden Kraft, nicht nur in der gesamten Religion, sondern auch im eigenen Leben. Die Religion braucht von Zeit zu Zeit den erneuernden Einfluss wahrer spiritueller Vitalität. Erleuchtung, wahre Erleuchtung, kann nicht im Zaum gehalten werden; sie fügt sich nicht einfach und unkompliziert in alte, enge Strukturen ein. Die belebende Energie des Geistes hat zwar nicht die Eigenschaft, gegen alle Strukturen oder alle Autoritäten zu rebellieren. Es gibt Formen und Strukturen im Leben, die absolut notwendig sind, und es gibt Institutionen, die tatsächlich den Menschen dabei helfen können, sich mit der tieferen Natur ihres *Seins* zu verbinden.

Die Strukturen, die religiöse und soziale Institutionen annehmen, sind nicht in sich selbst problematisch. Diese Institutionen neigen jedoch zur Trägheit und zu dem Versuch, die Institution selbst und die Machtpositionen der

Menschen in ihr aufrechtzuerhalten. Sobald eine Institution auf dem Gegebenen beharrt, damit die Menschen, die ihr angehören, ihre Macht und ihre Positionen behalten, beginnt ihr Niedergang. Die Lebenskraft beginnt aus der Form herauszufließen. Deshalb muss hin und wieder jemand kommen, der die religiösen Institutionen neu beleben und die Lebenskraft des Geistes zurück in die alten Traditionen bringen kann.

Das ist die Rolle, die Jesus hier tatsächlich spielt. Wenn er mit Institutionen nichts zu tun haben wollte, würde er einfach weggehen und sich nicht um Neubelebung kümmern. Aber er spürt eindeutig den Impuls, der Religion, in der er aufgewachsen ist, neues Leben einzuhauchen. Dieses Bild von Jesus, der den Tempel betritt und die Tische der Geldwechsler umwirft, kommt mir vor wie ein leuchtendes Beispiel für einen Menschen, den das ergreift, was man *heiligen Zorn* nennen könnte. Er hat es satt. Er hat genug davon, den inneren Geist seiner Religion von der Institution entwürdigt zu sehen. Er ist aufgebracht darüber, dass die Institution für Gelderwerb und Kommerz benutzt wird und sich mehr um Handel und die Aufrechterhaltung der Macht kümmert als um die Übertragung des Heiligen Geistes.

Wenn Jesus den Tempel als Räuberhöhle bezeichnet, ist das eine grundsätzliche Kritik. Er kritisiert damit direkt die Pharisäer und Priester, und das bringt ihn natürlich in Schwierigkeiten. Die Pharisäer sind diejenigen, die versuchen, ihre Macht zu erhalten, und sie sehen, dass jemand wie Jesus nicht kontrollierbar oder in Schach zu halten ist. Also suchen sie nach einem Weg, ihn zu zerstören.

Zu Zeiten von Jesus war es ein sehr bekanntes Thema,

dass die Machthaber das zu zerstören versuchen, was neues Leben bringt – und es ist auch heute noch ein Thema. Jede Gruppe oder Institution neigt nach einer Weile dazu, mehr sich selbst und die Menschen, die sich auf den Machtpositionen befinden, zu unterstützen, als ihrem ursprünglichen Zweck und ihrer anfänglichen Inspiration zu dienen. Das gilt nicht nur für religiöse Institutionen. Wir sehen das auch in der Politik, wenn Politiker nicht mehr als treue Diener des Volkes handeln, sondern stattdessen ihre eigenen Ziele zu verfolgen beginnen, um Karriere zu machen oder auf eine höhere Ebene der Macht zu gelangen. Sie beginnen sich abzuwenden von ihrem ursprünglichen Ruf, dem Ganzen zu dienen und ein Repräsentant einer viel größeren Gruppe von Menschen zu sein. Wir sehen dieselbe Dynamik von Trägheit und Korruption der Macht in vielen Institutionen des Lebens.

Wenn Institutionen auf diese Weise im Niedergang begriffen sind, heißt das nicht, dass etwas in ihnen von Natur aus nicht stimmt. Sie brauchen nicht zerstört zu werden; sie brauchen nur erneuert und neu belebt zu werden. Und dieser Geist der Erneuerung und Neubelebung ist ein Schlüssel zum Verständnis des Lebens von Jesus. Er sagt den Machthabern die Wahrheit, und indem er ihnen die Wahrheit sagt, macht er den Weg frei, auf dem eine frische Energie in die Institutionen fließen kann – die Energie des Geistes, die Energie der Wahrheit. Das ist eine der wichtigsten Aufgaben in seinem Leben.

Kurz nach der Szene im Tempel äußert Jesus eine weitere Kritik an den religiösen Autoritäten.

»Er lehrte sie und sagte: Hütet euch vor den Schriftgelehrten, die gern in wallenden Gewändern einhergehen, die es lieben, auf den Marktplätzen begrüßt zu werden und die ersten Sitze in den Synagogen und die Ehrenplätze bei den Gastmählern einzunehmen. Sie zehren die Häuser der Witwen auf und verrichten zum Schein lange Gebete. Sie werden ein um so strengeres Urteil erfahren.« (Markus 12,38–40)

In dieser Textstelle äußert Jesus Kritik am spiritualisierten Ego – dem Ego, das eine spirituelle Rolle angenommen hat und Ruhm, Bekanntheit und einen höheren Status in der Gesellschaft haben will. Jeder, der je mit irgendeiner formalen Religion zu tun hatte, weiß, dass man nicht lange zu suchen braucht, um solche Menschen zu finden, die um ihre Spiritualität herum ein neues Selbstbild aufbauen. Das spiritualisierte Ego gibt uns ein hübsches, positives Bild von uns selbst, und ich glaube, dass viele von uns an irgendeinem Punkt in unserem Leben davon fasziniert waren. Vielen von uns geht es so: Wir werden von der Spiritualität angezogen, finden unseren Weg, und dann, ohne dass wir es bemerken, beginnt das Ego langsam, auf diesem Weg mitzumischen. Allmählich legen wir mehr Wert darauf, spirituell zu erscheinen und über Spirituelles zu reden, als auf das wahre Herz der Spiritualität, nämlich unsere Verbindung zum transzendenten Mysterium der Existenz – unserer eigenen Existenz und der Existenz als solcher. Wir sollten nie vergessen, dass es in der Spiritualität um diese Essenz geht; alles andere ist Schaufensterdekoration.

Jesus hat ein scharfes Auge für Schaufensterdekoration. Er kann erkennen, wann das Ego vorgibt, spirituell zu sein, und er sagt dieser Illusion, dieser Macht die Wahrheit. Wenn er seine Kritik äußert, wenn er sagt: »Nehmt euch in Acht vor Menschen wie *diesen*«, könnte er zu uns sprechen. »Handle auch ich so? Hat mein Ego sich in meine spirituelle Suche eingemischt? Bin ich mehr interessiert daran, spirituell oder heilig zu *erscheinen*, als daran, wirklich das Herz des transzendenten Mysteriums zu suchen? Bin ich selbst bereit und willens, wahrhaft transformiert zu werden?«

Diese transformierende Kraft des Geistes ist verbunden mit dem Element des Feuers. Das ist es, was Johannes der Täufer in Jesus sah, und deshalb sagte er, »der aber, der nach mir kommt, … wird euch mit Heiligem Geist und Feuer taufen«. (Matthäus 3,11) Feuer verbrennt die alten Strukturen, die Fassaden und alles, was illusorisch ist. Es ist eine reinigende Kraft, eine Kraft, die so einschneidend ist, wie es sich die meisten Menschen nicht vorstellen können. Und die Transformation, die das Erwachen mit sich bringen kann, ist weit tiefer als das, worauf die meisten Menschen vorbereitet sind. Aber Jesus versteht die Tiefe dieser Transformation, und er ist bereit, seine Bestimmung zu leben.

Kapitel 11
Das letzte Abendmahl und der Garten

»Du solltest wissen, dass Gott handeln und sich in dich ergießen muss in dem Moment, in dem er dich bereit findet.«
Meister Eckhart

Der nächste Wendepunkt in der Jesus-Geschichte ist das letzte Abendmahl. Jesus hat seine Jünger in einem Raum versammelt, und ein Abendessen ist für sie vorbereitet. Es ist eine intime Szene, und sehr ergreifend, denn als die Jünger eintreffen, wissen sie nicht, dass es das *letzte* Abendmahl sein wird, das letzte Mal, an dem sie alle mit Jesus, ihrem spirituellen Meister, zusammen sind. Aber Jesus weiß es – und er weiß genau, was er tut. Nach der Verklärung ist er ganz und gar eins geworden mit seinem Schicksal; er weiß, dass sein Leben selbst seine Lehre ist und dass sein Verlauf ihn zur Kreuzigung führen wird.

Die Jünger sind sich dieses Schicksals nicht so recht bewusst. Jesus hat es bei einigen Gelegenheiten angedeutet und seine Schüler darauf hingewiesen, dass er den Weg zu seinem Tod und der Wiederauferstehung vorbereitet, aber er ist nicht ins Detail gegangen und hat ihnen nicht die volle Bedeutung erzählt. Stellen Sie sich also vor, wie die Jünger zum letzten Abendmahl gekommen sind in dem Glauben, sie würden eine Zeit intensiver Nähe zu ihrem spirituellen Lehrer verbringen, und tatsächlich beginnt der Abend auch so. Es gibt eine schöne Szene am Beginn des Abendessens, in der Jesus eine tiefe Lehre erteilt. Er sagt:

> *»Während des Mahls nahm er Brot, sprach das Segensgebet, brach es und gab es ihnen mit den Worten: Nehmt, das ist mein Leib. Dann nahm er einen Becher, sprach das Dankgebet, gab ihn ihnen und sie tranken alle daraus. Und er sagte zu ihnen: Das ist mein Blut des Bundes, das für viele vergossen wird. Amen, ich sage euch: Ich werde nicht mehr von der Frucht des Weinstocks trinken bis zu jenem Tag, an dem ich von neuem davon trinke im Reich Gottes.«*
> (Markus 14,22–25)

Hier spielt er schon darauf an, dass er nicht mehr lange bei seinen Jüngern sein wird. In dieser intimen Szene verwandelt Jesus ihr gemeinsames Abendessen in ein Ritual, ein Ritual, in dem er selbst das Opferlamm wird. In der jüdischen Tradition, in der er aufgewachsen ist, gab es die Tradition, ein Lamm als eine Gabe an Gott zu opfern, aber hier gestaltet Jesus das alte Ritual um, indem er sich selbst als rituelles Opfer zur Gottesgabe macht. Als er das Brot nimmt und sagt »das ist mein Leib« und jedem von ihnen davon zu essen gibt, ist das eine höchst intime Sache. *Das ist mein Leib.* Was ist hier die Metapher? Was symbolisiert dieses Austeilen von Brot? Was heißt es wirklich, von meinem Körper zu geben?

Beachten Sie, dass Jesus dieses Ritual nicht erklärt. Rituale sollten am besten weitgehend unerklärt bleiben; wenn wir zu viel erklären, nimmt das dem Ritual das Mysterium und die Lebendigkeit. Aber indem er sagt »das ist mein Leib« und das Stück Brot austeilt, gibt Jesus in mystischer Weise von seinem gesamten Selbst und offenbart, was wir den mystischen Leib Christi nennen. Nun ist der mystische Leib Christi nicht der menschliche Körper. Der menschliche Körper von uns allen wird geboren, lebt und stirbt. Der mystische Leib dagegen ist ein universaler Körper, das, was ich göttliches *Sein* nenne. Er hat keine Form und ist zeitlos. Er ist die Essenz dessen, was Jesus ist, und er ist die Essenz von uns allen. Dieser mystische Leib der Ganzheit ist die heilige Essenz, die wir alle miteinander teilen. Er ist, was wir wirklich sind – der mystische Leib Christi.

Das kann man nur teilweise erklären; alles, was darüber hinausgeht, müssen wir selbst erfahren. Aber diese Textstelle gibt einen Hinweis darauf, welcher Art der mystische Leib ist. Er ist die wahre Natur der Form, nicht nur des inneren Lebens, sondern auch des physischen Körpers. Der physische Körper ist tatsächlich aus Geist gemacht, aus Bewusstsein, aus Soheit, wie es der Buddhismus nennt. Wir sind alle eins im mystischen Leib Christi, und das ist es, was Jesus zu vermitteln versucht. Er sagt: »Schau, das bin ich. Nimm meinen mystischen Leib in dich auf. Werde zu mir, wie ich zu dir werde.« Das bedeutet es, vom mystischen Leib zu geben.

Nach dem Brot kommt der Wein, und dieser Wein ist ein sehr kraftvolles Symbol für die Bewegung des Geistes, der Lebenskraft, der Vitalität. Denken Sie an das Blut, wie es sich durch unsere Venen bewegt und die Lebenskraft in jedes Organ, jeden Muskel, jedes Nervenende unseres Körpers trägt. Wenn Jesus den Wein anbietet und sagt, »das ist mein Blut«, dann sagt er: »Trinke von meinem Geist, trinke von meiner Essenz. Trinke die lebendige Quelle der Vitalität, die ewiger Geist ist. Nimm mich in dich auf.«

Das ist es, was ein Ritual bewirken kann, selbst wenn Ihr Intellekt es nicht versteht. Ein Ritual ist nicht dazu da, von Ihnen verstanden zu werden oder Ihnen eine hübsche Idee davon zu geben, worum es in dem Ritual geht. Wenn Sie zu viel darüber nachdenken, blockiert Sie Ihr intellektuelles Verständnis. Aber wenn Sie sich vorstellen, Sie wären selbst dort mit Jesus bei dem Abendmahl, dann sind Sie einer der Jünger. Das ist die Herausforderung der Geschichte. Sie können die Jesus-Geschichte nicht von außen lesen und sie wirklich verstehen. Sie können sie nicht vom Standpunkt eines Zuschauers her verstehen. Sie müssen Sie wirklich in sich aufnehmen und sich selbst zu den Jüngern an den Tisch setzen. Die Jünger sitzen dort mit ihrem spirituellen Meister zusammen – der sie angezogen hat durch seine charismatische Präsenz, sie erstaunt hat durch seine Fähigkeit des Heilens, sie verwirrt hat mit seinem Erzählen von Gleichnissen und sie erschreckt hat durch das Wirken von Wundern, vom Gehen auf dem Wasser bis zur Verklärung. Sie spüren etwas Verblüffendes, etwas Erstaunliches in ihm, und doch sind sie nicht vollständig in seine Sphäre eingetreten; sie sind nicht zu dem geworden, was er ist. Selbst in diesem so erfüllten Moment des letzten Abendmahls wissen sie immer noch nicht genau, was sie von ihm halten sollen. Er vollführt diese sehr intime Handlung; er füttert sie. Stellen Sie sich jemanden vor, der Essen in Ihren

Mund schiebt, wie Eltern, die einem Baby Essen in den Mund schieben. Erwachsene füttern einander nicht, aber hier ist dieser Meister und füttert sie rituell, um eine tiefere Wahrheit zu vermitteln. Er will, dass sie verstehen, wer er ist – nicht einfach sein menschliches Wesen, sondern seine Essenz. Wenn sie ihn verstünden, würden sie vielleicht zu verstehen beginnen, was sie selbst in Wahrheit sind.

Dieses Thema des Verstehens zieht sich durch die ganzen Evangelien, und besonders durch das Markus-Evangelium. Markus sagt uns immer und immer und immer wieder, dass auch Sie, wenn Sie die Geschichte wirklich verstehen und sie richtig interpretieren, in das Himmelreich eintreten werden. Aber um die Geschichte auf diese Weise verstehen zu können, dürfen Sie kein Zuschauer bleiben. Sie können nicht außerhalb bleiben, in Ihrer Theologie oder Ihren Glaubenssystemen. All das muss zurückgelassen werden, sodass Sie eintreten können, und Sie treten ein, wenn Sie sich selbst in die Geschichte versetzen – wenn Sie die Jünger werden, wenn Sie Jesus werden, wenn Sie die Pharisäer werden, wenn Sie Satan werden, wenn Sie das Leuchten werden. Wenn Sie sich ganz und gar auf die Geschichte einlassen, können Sie auf tiefe Weise herausfinden, was sie für Sie bedeutet.

Für mich war das heilige Abendmahl seit jeher einer der berührendsten und wichtigsten Momente der ganzen Geschichte. Es ist ein Einweihungsritual, das in mystischer Weise sämtliche Jünger und Jesus im Geist zusammenführt, aber es ist noch mehr – mit ihm beginnt Jesus auch, sich zu verabschieden. Am Anfang dieses Abendessens stehen Freude und Leichtigkeit, die Jünger unterhalten sich miteinander, und dann verändert und vertieft es sich, als Jesus das Ritual vollzieht und seinen Leib als Brot und sein Blut als Wein anbietet. Sie können sich vorstellen, wie sehr dieses Ritual sie einander näherbringt und wie dicht die Atmosphäre im Raum sein muss. In dieser mit Spiritualität erfüllten Atmosphäre inszeniert Jesus seinen endgültigen Abschied, obwohl das seine Jünger noch nicht wissen.

Genau in dem Moment, in dem er die größte Nähe herstellt, seine Jünger an sich zieht und versucht, sich selbst in sie zu ergießen, geschieht also eine abrupte Veränderung. Bei Markus spricht Jesus am Beginn des Mahls von Verrat, aber bei Johannes wartet er bis zum Ende, bevor er sagt:

> *»Nach diesen Worten war Jesus in seinem Inneren erschüttert und betonte: Amen, amen, ich sage euch: Einer von euch wird mich verraten. Da sahen sich die Jünger gegenseitig an, weil sie nicht wussten, wen er meinte. Einer von seinen Jüngern lag bei Tisch an der Seite Jesu; es war der, den Jesus liebte. Simon Petrus winkte ihm zu, er solle fragen, wen Jesus meine.«* (Johannes 13,21–24)

Es wird angenommen, dass der geliebte Jünger Johannes ist; im Evangelium des Johannes verweist Johannes mehrmals auf den geliebten Jünger, und es ist klar, dass er tatsächlich sich selbst meint. Johannes war besonders intim mit Jesus, und in den gesamten Evangelien ist er der Jünger, der Jesus am tiefsten zu verstehen scheint. Obwohl Johannes einer der Jünger sein wird, die Jesus nach seiner Gefangenschaft im Stich lassen werden, hat er doch diese aufrichtige geistige Verbundenheit zu Jesus, und Jesus fühlt sich mit ihm verbunden. Auf einigen Gemälden des letzten Abendmahls wird gezeigt, wie er sich an Jesus lehnt und sein Kopf auf der Schulter von Jesus ruht.

Sie können sich das Chaos und die Verwirrung vorstellen, die im Raum herrschten, nachdem Jesus von dem bevorstehenden Verrat gesprochen hatte. Sie können sich vorstellen, wie sich die Stimmung und der Tonfall im Raum auf der Stelle verdüstern. Kaum spricht Jesus diese Worte über Verrat, bittet Petrus Johannes, herauszufinden, welcher Jünger ihn verraten wird. Johannes lehnt nahe an Jesus, und Jesus flüstert die Antwort in Johannes' Ohr.

> *»Der lehnte sich zurück an die Brust Jesu und fragte ihn: Herr, wer ist es? Da antwortete Jesus: Der ist es, dem ich den Bissen eintauchen und geben werde. Darauf tauchte er den Bissen ein, nahm ihn und gab ihn Judas, dem Sohn des Simon Iskariot. Nach dem Bissen fuhr der Satan in ihn. Jesus sagte zu ihm: Was du tun willst, das tue bald! … Als jener den Bissen genommen hatte, ging er sofort hinaus. Es war aber Nacht.«* (Johannes 13,25–27; 30)

Nun ist das heilige Abendmahl zu einer völlig anderen Szene als am Anfang geworden. Die Stimmung ist düster und voller böser Vorahnungen. Jesus hat seine Antwort nur an Johannes gerichtet, als er sagte: »Der ist es, dem ich den Bissen geben werde.« Auch hier wieder diese Intimität, jemand anderen zu füttern. Kaum hat Judas das Brot entgegengenommen, das Jesus eingetaucht und ihm angeboten hat, heißt es »… fuhr der Satan in ihn«. In gewisser Weise also bewirkt Jesus das Eintreten von Satan in Judas. Das ist eine unerwartete Wendung; es ist nicht die Entwicklung, die man sich am Anfang dieser intimen Szene vorgestellt hätte. Das wirft eine Menge interessanter Fragen auf. Erstens die Frage: War Judas tatsächlich bösartig? Hatte er den Geist von Satan in sich? Oder fuhr Satan, wie der Text aussagt, in ihn hinein, als Jesus das Brot in seinen Mund schob? Dann geht es hier auch um eine Schicksalsfrage: Hatte Judas eine Wahl in diesem Geschehen? Befinden wir uns im Leben alle auf unserer eigenen Schicksalsbahn, mit weniger Wahlmöglichkeiten, als wir zu haben glauben?

Wenn Judas keine Ahnung hatte, was das Brot enthielt, war sein Entgegennehmen des Brotes ein unschuldiger Akt; man kann ihn dafür nicht verantwortlich machen. Jesus dagegen weiß zu diesem Zeitpunkt, was geschieht. Er weiß, dass Judas ihn verraten wird, und geht einfach weiter; er spielt seine Rolle bis zu seinem Tod und hat bereits gesehen, wie er sterben wird. In gewissem Sinn tut Jesus es mechanisch, und Judas hilft ihm, das Schlusskapitel seines Lebens zu schreiben.

Anders gesagt: Wir können Judas auf unterschiedliche Weise betrachten. Eine Ansicht ist jene, die uns die christliche Tradition überliefert hat – dass Judas ein Übeltäter ist, der den Retter der Menschheit verrät. Es gibt ein paar Hinweise, dass Judas von Anfang an Charakterfehler hatte. Er war geizig und der Jünger mit den schlechtesten Manieren, er hatte also von Anfang an kein angenehmes Naturell. Aber wir wissen nicht, ob er wirklich böse war oder nicht, auch wenn er auf diese Weise geschildert wird. Wir können Judas auch als ein Opfer der Umstände ansehen. Es könnte sein, dass er in einem Drehbuch, das lange zuvor geschrieben worden war, dazu bestimmt wurde, die Rolle des Verräters von Jesus zu spielen. Wer ist Judas wirklich? Ist er schuldig oder verhilft er Jesus dazu, seine Bestimmung zu erfüllen? Wir erfahren nichts davon. Genau das ist es, was eine großartige Geschichte oder ein wunderbarer Mythos in uns erweckt – eine tiefe Mehrdeutigkeit. Der Mythos füllt nicht alle Lücken, er erklärt uns nicht alles.

Ich denke jedoch, dass wir alle ein wenig von Judas in uns erkennen können. Jeder von uns hat schon jemanden verraten, oder wir haben uns selbst verraten. Jeder hatte schon gelegentlich das Gefühl, als wäre er einem sich entfaltenden Drama ausgeliefert. Ist das alles von Anfang an so bestimmt? Ist das alles in Stein gemeißelt, oder können wir es im Lauf des Geschehens verwandeln und unsere Richtung ändern? Solche Fragen wirft das heilige Abendmahl auf. Es bietet keine Lösungen dafür an; stattdessen hält es uns einen Spiegel vor, in dem wir uns klarer sehen und uns über jenes dualistische Denken hinausbewegen können, das unfähig ist, ein Paradox zu akzeptieren.

Ihr werdet alle zu Fall kommen

Nach dem Abendmahl bewegt sich die Szenerie schnell auf die Kreuzigung zu. Eines der wichtigsten Elemente dieses Teils der Geschichte ist die Verleugnung durch Petrus, die Jesus am Ende des letzten Abendmahls voraussagt. Nun ist Petrus einer von denen, die dauernd behaupten, mehr zu sein als sie sind. Er will anerkannt werden, will zum innersten Kreis gehören, und deshalb geht er immer zu weit, wie wir in der nächsten Szene sehen werden. Bei Markus geschieht dies sofort nach dem Sakrament von Brot und Wein.

> *»Da sagte Jesus zu ihnen: Ihr werdet alle [an mir] Anstoß nehmen; denn es steht geschrieben: Ich werde den Hirten schlagen und die Schafe werden sich zerstreuen. Wenn ich aber auferweckt worden bin, werde ich euch nach Galiläa vorangehen. Da sagte Petrus zu ihm: Wenn alle Anstoß nehmen – ich nicht! Jesus antwortete ihm: Amen, ich sage dir: Du wirst heute, in dieser Nacht, noch ehe der Hahn zweimal kräht, mich dreimal verleugnen. Er aber beteuerte: Und wenn ich mit dir sterben müsste, ich werde dich niemals verleugnen. Ähnlich sprachen auch alle (anderen).«*
> (Markus 14,27–31)

Wie wir hier sehen, verhält sich Petrus einfach so, wie er ist. Wenn Jesus sagt: »Ihr alle werdet mich letzten Endes verleugnen, ihr alle werden von mir abfallen«, ist Petrus derjenige, der aufsteht und sagt: »Ich nicht. Ich werde dich niemals verlassen.« Petrus macht sich hier zur Zielscheibe für Jesus, und Jesus trifft natürlich ins Schwarze, wenn er sagt: »Amen, ich sage dir: Du wirst heute, in dieser Nacht, noch ehe der Hahn zweimal kräht, mich dreimal verleugnen.« Jesus kennt den Charakter von Petrus; er weiß, wenn irgendjemand ihn aus Schwäche verleugnen wird, ist es Petrus. Petrus versucht dauernd, jemand zu sein, der er nicht ist. Er hat, könnte man sagen, eine falsche Tapferkeit.

Natürlich werden letzten Endes nicht nur Petrus, sondern alle Jünger Jesus verleugnen. Diese Männer haben soeben das letzte Abendmahl mit Jesus eingenommen, sie haben sich mit ihm diesem intimen Ritual unterzogen, und dann wurde die Szenerie düster, als Jesus das Brot in den Mund von Judas schob und ihn wegschickte. Und nun sagt Jesus den Jüngern, dass sie alle ihn verleugnen werden. An diesem Punkt der Geschichte ändert sich der Tonfall. Wir eilen der letzten Einkerkerung, dem Tod und der Kreuzigung Jesu entgegen, und die ganze Geschichte gewinnt enorm an Tempo. Die Szenen überstürzen sich ab jetzt.

Der Garten von Getsemani

Die Geschichte macht hier einen scharfen Schnitt; die nächste Szene spielt im Garten von Getsemani.

> *»Darauf kam Jesus mit ihnen an ein Gehöft namens Getsemani und sagte zu den Jüngern: Setzt euch hier, während ich dorthin gehe und bete. Und er nahm Petrus und die beiden Zebedäussöhne mit sich und begann sich zu betrüben und zu verzagen. Da sagte er zu ihnen: Meine Seele ist betrübt bis in den Tod. Bleibt hier und wacht mit mir! Dann ging er ein wenig weiter, warf sich auf sein Angesicht nieder und betete: Mein Vater, wenn es möglich ist, so gehe dieser Kelch an mir vorüber. Doch nicht wie ich will, sondern wie du willst.«* (Matthäus 26,36–39)

Für mich ist dies einer der berührendsten Momente in der ganzen Geschichte. In diesem Moment ist Jesus, der Sohn Gottes, wahrhaft menschlich. Natürlich ist er göttlich und menschlich zugleich, wie wir alle. An diesem entscheidenden Punkt hier hat er einen Vorgeschmack von den Qualen, durch die er wird gehen müssen. Er begreift, dass Kreuzigung eine der grauenhaftesten, schmerzhaftesten und quälendsten Arten des Sterbens ist. In der Zeit von Jesus war es nicht ungewöhnlich, dass Menschen gekreuzigt wurden, deshalb wusste er gut darüber Bescheid. Sein Schicksal in diesem Moment ganz klar zu sehen, ist sehr, sehr hart für die menschliche Seite von Jesus, und ich glaube, jeder kann das verstehen.

Hier ist Jesus, der Sohn Gottes, und bittet Gott: »Mein Vater, wenn es möglich ist, so gehe dieser Kelch an mir vorüber.« Im Grunde fragt er: »Gott, kann ich aus dieser Lage irgendwie herauskommen? Auch wenn ich weiß, dass es mein Schicksal ist, auch wenn ich weiß, dass ich bestimmt bin, dies zu tun, kann ich bitte hier raus?« Das ist ein sehr menschliches Gefühl, eine sehr menschliche Emotion. Und doch korrigiert sich Jesus sofort; er verbindet sich wieder mit göttlichem *Sein* und sagt: »Doch nicht wie ich will, sondern wie du willst.« Und genau in diesem Moment wechselt er von dem rein menschlichen Bereich in den spirituellen Bereich von göttlichem *Sein* und Geist hinüber.

Ich denke, diese Szene sagt viel aus über die Ganzheit von uns allen. Der menschliche Bereich ist fragil und fehlbar; die einzige Gewissheit über Ihr Leben ist Ihr Tod. Sie wissen nie, was geschehen könnte – Sie könnten schwer krank werden oder einen Unfall haben, oder ein geliebter Mensch könnte sterben –, und diese Herausforderungen können äußerst schwer zu bestehen sein. Aber selbst inmitten dieser Herausforderung zeigt Jesus so etwas wie Mut. Vor seinen Jüngern wirft er sich voller Kummer mit dem Gesicht auf den Boden. Er versucht nicht, sich zusammenzureißen oder eine Persona aufrechtzuerhalten oder eine falsche Guru-Figur abzugeben; er ist ein völlig authentisches menschliches Wesen. Wenn er Angst hat, hat er Angst; wenn er den Drang nach der Bitte verspürt, der Situation zu entkommen, bittet er.

Doch kaum hat er gesagt, »doch nicht wie ich will, sondern wie du willst«, kehrt er um und verbindet sich sofort wieder mit dem göttlichen *Sein*, dem Willen Gottes. Das ist eine wirklich wichtige Lehre. Sie können aus dem Gleichgewicht geraten – und in Anbetracht der Intensität mancher Erfahrungen ist das zeitweise ganz natürlich –, aber Sie können sich auch wieder mit dem göttlichen *Sein* verbinden, mit dem Willen Gottes, wenn Sie dazu bereit und gewillt sind. Deshalb geht die Geschichte so weiter:

> *»Und er kam zu den Jüngern zurück und fand sie schlafend. Da sagte er zu Petrus: So konntet ihr nicht eine Stunde mit mir wachen? Wacht und betet, damit ihr nicht in Versuchung fallt! Der Geist ist zwar willig, das Fleisch aber schwach.«*
> (Matthäus 26,40–41)

Wenn ich diese Worte lese, scheint mir, dass er nicht nur zu Petrus spricht, sondern auch zu sich selbst, wenn er sagt, »Der Geist ist zwar willig, aber das Fleisch ist schwach«. Das beschreibt, was er dort in dem Garten erfährt. Das Fleisch ist schwach – mit anderen Worten, er möchte seinem Schicksal entrinnen –, aber der Geist ist willig. So sind diese Worte nicht nur eine Warnung für Petrus, sondern auch so etwas wie ein an Petrus gerichtetes Geständnis. Er sagt: »He, ich bin dir ähnlicher, als du glaubst. Auch ich habe meine menschliche Seite. Ich habe meine Schwäche und meine Ängste. Ist es zu viel verlangt, wenn ich euch bitte, wach zu bleiben und bei mir zu sein und mich zu behüten? Musstet ihr wirklich so tief schlafen?«

Es gibt Momente im Leben, die mit spiritueller Kraft aufgeladen sind; das sind Momente, in denen die Schleier zwischen der zeitgebundenen Welt des Egos und der zeitlosen Welt des Geistes hauchdünn werden. Die Geschichte von Jesus zeigt, dass es sehr wichtig ist, diese spirituell aufgeladenen Momente zu erkennen und auf sie zu antworten, sobald sie erscheinen. Die Jesus-Geschichte ist eine unendliche Folge von spirituell aufgeladenen Momenten, die von Anfang bis Ende in raschem Tempo aufeinander folgen. Jesus hat ein scharfes Auge für solche entscheidenden Momente und weiß instinktiv, wie er antworten muss, wenn der Geist sich bewegt; seine Jünger dagegen missverstehen entweder diese Momente oder verpassen sie total. Es gibt kein besseres Bild dafür als das der Jünger, die im Garten von Getsemani in Schlaf fallen.

»Wiederum ging er weg, zum zweiten Mal, und betete: Mein Vater, wenn dieser Kelch nicht an mir vorübergehen kann, ohne dass ich ihn trinke, so geschehe dein Wille. Als er zurückkam, fand er sie wieder schlafend; denn die Augen waren ihnen schwer geworden. Da ließ er sie, ging nochmals weg und betete zum dritten Mal mit den gleichen Worten. Darauf kam er zu den Jüngern und sagte zu ihnen: Schlaft weiter und ruht! Seht, die Stunde ist gekommen, jetzt wird der Menschensohn in die Hände der Sünder ausgelie-

fert. Steht auf, wir wollen gehen! Seht, der Verräter ist da.« (Matthäus 26,42–46)

In dieser aufgeladenen Atmosphäre ist etwas im Gang. Wir können diese Szene betrachten als den tatsächlichen Beginn von Passion, der Bewegung von Jesus zum Kreuz und der Kreuzigung. Hier ist der Sohn Gottes, der spirituelle Meister seiner Jünger, in einem entscheidenden Moment, in dem seine menschliche Seite ihren höchst dramatischen Ausdruck findet. Drei Mal fleht er Gott an, ihm sein Schicksal zu ersparen, und drei Mal akzeptiert er schließlich sein Schicksal, indem er sagt: »Dein Wille geschehe.« Diese Szene zeigt seine menschliche Schwachheit, aber auch seine Fähigkeit, sich im Gebet neu auszurichten.

In diesem Weiterschlafen der Jünger ist etwas Wichtiges verborgen. Jesus verlangt wirklich nicht zu viel, wenn er seine Jünger bittet, wach zu bleiben, während er betet, aber es ist, als würde irgendeine Kraft sie niederdrücken und sie immer mehr in die Unbewusstheit zwingen. Im entscheidenden Moment können sie nicht wach bleiben, sie können nicht voll bewusst bleiben. Das ist der entscheidende Zeitpunkt, in dem sich das wahre Schicksal von Jesus zu entfalten beginnt, und das ist auch der Moment, in dem er die Jünger mehr als je zuvor *braucht.* Und doch scheint da eine kosmische Kraft zu wirken, die sie buchstäblich einschläfert. Sie können einfach nicht wach bleiben.

Wenn wir in einer spirituell sehr bewussten und aufgeladenen Atmosphäre sind, neigt ein Teil des Egos zum Zurückweichen; es kann buchstäblich in Schlaf fallen, um solch eine bewusste Atmosphäre zu vermeiden. Das ist es, was die Jünger erleben. Sie schlafen ein im wichtigsten und entscheidendsten Moment im Leben ihres Meisters und – obwohl sie das nicht erkennen – im wichtigsten und entscheidendsten Moment ihres *eigenen* Lebens, denn sie sind kurz davor, ihren spirituellen Meister zu verraten.

Die Gefangennahme

Kaum hat Jesus gesagt, »mein Verräter ist da«, erscheint Judas, gefolgt von einer Menschenmenge, die von den Priestern ausgesandt wurde. Die Machthaber haben Judas Geld gegeben, um Jesus zu verraten, und er hat ihnen gesagt, er würde sie auf Jesus aufmerksam machen durch einen Kuss.

Judas tritt also auf Jesus zu und küsst ihn auf die Wange als Zeichen an die Machthaber, dass dies der Mann ist, den sie suchen. Ich finde es sehr merkwürdig, in dieser Weise auf jemanden, den man gerade verrät, aufmerksam zu machen. Normalerweise würde man Abstand halten wollen von jemandem, den man verraten wird; man würde lieber aus der Ferne auf ihn zeigen. Aber Judas zeigt auf Jesus mit der Intimität eines Kusses.

Das kann man auf verschiedene Weisen lesen. Man könnte den Kuss als heimtückisch, sogar bösartig ansehen, als ob Judas seine Rolle als Verräter von Jesus genießen und es ihm Freude machen würde, Jesus den Hohenpriestern und Ältesten auszuliefern. Aber man könnte es auch so interpretieren, dass Judas den Weg weitergeht, dem zu folgen er bestimmt war, als er das Brot von Jesus empfing. Der Wangenkuss war vielleicht eine Weise, wahre Zuneigung und Zärtlichkeit zu Jesus auszudrücken, als ob er sagen wollte: »Ja, wir beide sind vom Schicksal bestimmt, wir beide müssen unsere Bestimmung erfüllen, und ich liebe dich immer noch.«

Wie immer in den machtvollen mythischen Geschichten versucht auch diese Geschichte uns – Ihnen und mir – etwas über uns selbst zu zeigen. Wir alle haben schon etwas von dem Verräter in uns erfahren, das, was andere zu unserem Vorteil verrät. Wir alle haben diesen Teil des Ego-Geistes und des Herzens erfahren, der das Unglück von anderen geradezu feiert. Das ist Bestandteil vieler Filmkomödien. Und wir alle hatten zeitweise das Gefühl, als ob wir in einer Folge von Ereignissen unsere Rolle erfüllen müssten, die sich in gewisser Weise wie vorherbestimmt anfühlte. Der Kuss ist vielleicht das Eingeständnis, dass manchmal das Schicksal uns zwingt, unsere uns zugewiesenen Rollen zu spielen. Der Kuss signalisiert vielleicht sogar tiefe Zuneigung von Judas, als ob er sagen wollte: »Du weißt, wir beide spielen hier die uns zugewiesenen Rollen.«

Das erinnert mich an etwas, das mein Großvater zu tun pflegte, als ich ein kleines Kind war. Mein Großvater war ein halber Native American, und er hatte schöne dunkle Haut und jettschwarzes Haar. Manchmal, wenn wir als Kinder in sein Haus kamen, sprang er aus seinem Sessel und begann, diese indianischen Tänze zu tanzen – zumindest nahmen wir damals an, dass es solche waren. Er ging im Kreis um uns herum und sang »Hoya, hoya, hoya, hoya«, und das machte uns natürlich einen Riesenspaß. Wir liebten es, Opa beim Zelebrieren dieses seltsamen Tanzes zuzusehen, weil wir es so lustig fanden.

Viele Jahre später, ich war in meinen Dreißigern, fragte mich eine meiner Tanten: »Erinnerst du dich daran, wie Opa diese indianischen Tänze im Wohnzimmer aufführte, als ihr Kinder zu Besuch kamt?« Natürlich erinnerte ich mich. Meine Tante sagte zu mir: »Weißt du, er hat euch das nie gesagt, aber das waren indianische Tänze des Segnens.« Er hatte es uns nicht erzählt, weil er es nicht zu erzählen brauchte; er tat es einfach. Wir dachten, er sei nur lustig, aber er segnete uns. Man könnte jene Geste, den Kuss von Judas auf die Wange von Jesus, als Segen deuten, der Judas' Einverständnis zeigt, Jesus beim Ausleben seines Schicksals zu helfen.

In dieser Art mythischer Geschichte kennen wir die richtige Interpretation nicht. Man könnte Judas als die Personifikation von etwas heimtückisch Bösem ansehen, oder man könnte Judas als jemanden sehen, der einfach das tat, was zu tun ihm aufgetragen war, als wären er und Jesus Partner in der Erfüllung von Jesu letztendlichem Schicksal, dem Tod am Kreuz. Aus dieser Perspektive sähe der Kuss sehr viel liebevoller aus. Ich denke, die Geschichte enthält beide Möglichkeiten, und beide Interpretationen können uns viel über die menschliche Bedingtheit erzählen.

Die Verleugnung des Petrus

Als Jesus von den Machthabern in Haft genommen wird, lassen seine Jünger ihn im Stich und fliehen aus Getsemani. Sie wissen, dass sie jetzt, wo Jesus gefangen genommen ist, alle in Schwierigkeiten sind. Jesus wird vor den Hohepriester gebracht, und Petrus folgt in einigem Abstand, bis in den Hof des Hohepriesters hinein, wo der Schauplatz der nächsten Szene ist. Vergessen Sie nicht, dass Jesus bereits die Verleugnung von Petrus vorausgesagt hat mit den Worten »Noch ehe der Hahn zweimal kräht, wirst du mich dreimal verleugnen«. Das Markus-Evangelium berichtet, was als Nächstes geschieht:

> *»Während Petrus unten im Hof war, kam eine von den Mägden des Hohenpriesters. Als sie Petrus sich wärmen sah, blickte sie ihn an und sagte: Auch du warst bei dem Nazarener Jesus. Doch er leugnete und sagte: Ich weiß nicht und verstehe nicht, was du meinst. Dann ging er in den Vorhof hinaus. Als die Magd ihn dort sah, fing sie von neuem an, zu den Umstehenden zu sagen: Der gehört zu ihnen. Er aber leugnete nochmals. Bald darauf sagten die Umstehenden wiederum zu Petrus: Du bist bestimmt einer von ihnen. Du bist ja auch ein Galiläer. Da fing er an zu fluchen und zu schwören: Ich kenne diesen Menschen nicht, von dem ihr redet! Und sogleich krähte der Hahn zum zweiten Mal. Da erinnerte sich Petrus an das Wort, das Jesus zu ihm gesagt hatte: Ehe der Hahn zweimal kräht, wirst du mich dreimal verleugnen. Und er brach in Tränen aus.«*
> (Markus 14,66–72)

Das ist eine herzzerreißende Szene. Am Beginn des Wirkens von Jesus hatte Petrus enthusiastisch sein altes Leben aufgegeben, um Jesus zu folgen und einer seiner Jünger zu werden. Er versicherte Jesus, er werde ihn bis zum Tod niemals verraten. Nun steht er im Hof, am Rand des Geschehens um die Gefangenschaft und Einkerkerung von Jesus, und wärmt sich an einem Feuer, als ein Mädchen ihn wiedererkennt und sagt: »He! Du gehörst zu ihnen!« Und er sagt: »Nein, nein, ich gehöre nicht zu denen.« Indem er Jesus verleugnet, spielt Petrus in gewissem Sinn seine Rolle, aber er handelt auch nach seinem Wesen. Erinnern Sie sich, dass früher in der Geschichte, im Gleichnis vom Sämann, Jesus in Anspielung auf seine Jünger sagte: »Ihr seid felsiger Boden. Wenn die Zeit des Leidens kommt, werdet ihr abfallen und mich verleugnen.«

Natürlich waren alle Jünger von großen Hoffnungen erfüllt, als sie sich um Jesus scharten. Er war eine unglaublich charismatische, spirituelle Person, und Sie können sich vorstellen, wie aufregend das Abenteuer gewesen sein muss, als sie Heim und Familie verließen, um ihm zu folgen. Mehr und mehr Menschen versammelten sich um Jesus, und erstaunliche Dinge geschahen: Er vollbrachte solche Wunder, wie auf dem Wasser zu gehen, das Meer zu beruhigen, Dämonen aus den Menschen herauszulocken und sie wegzuschicken. Jesus war ein kraftvoller Wundererzeuger, und seine spirituell erwachte Präsenz inspirierte alle seine Jünger.

Aber binnen ziemlich kurzer Zeit begann alles auseinanderzubrechen. Sie können sich den Schock, die Enttäuschung und die totale Verwirrung vorstellen, die in den Jüngern geherrscht haben muss, als dieses kraftvolle, charismatische Wesen gefangen genommen und in den Kerker geworfen wurde. Was ist aus deinem Meister geworden? Was ist aus deinem Leben geworden? Woran glaubst du jetzt? Worauf setzt du dein Vertrauen? Petrus ist ein Symbol; er steht für das in uns allen, das keinen Glauben und kein Vertrauen hat. Er steht für das in uns, das vorgibt, stark und ungestüm zu sein – eine geheuchelte Tapferkeit, die nur eine menschliche Schwäche und Fehlbarkeit überdeckt.

Petrus hat Angst, dass er, wenn er mit Jesus in Verbindung gebracht wird, ebenfalls gefangen genommen und ins Gefängnis geworfen wird. Dies ist einer jener Drehmomente, die immer wieder in den Szenen der Evangelien eingewoben sind und in denen die tiefere Bedeutung sehr persönlich werden kann: Was tun *Sie* in den entscheidenden Momenten *Ihres* Lebens? Wenn es wirklich darauf ankommt, wie werden Sie sich entscheiden, was ist das für Sie Wichtigste? Es ist vielleicht nicht das, was Sie sich vorgestellt haben; vielleicht überschätzen oder unterschätzen Sie sich.

In weiten Teilen der Geschichte sehen wir, wie Jesus sich durch die Welt bewegt, was für Entscheidungen er trifft, wie er sich in solchen Drehmomenten aufrichtet und sich auf den zeitlosen Ausdruck des göttlichen *Seins* ausrichtet und mit tiefer Überzeugung und Sicherheit handelt. Und jetzt, in dieser Übergangszeit, wird dieselbe Sicherheit von den Jüngern erwartet. Aber sie sind noch nicht in die Ordnung des *Seins* eingetreten, aus der Jesus lebt; wenn es hart auf hart kommt, fallen sie zurück in ihre vertrauten Ego-Persönlichkeiten.

Die Verleugnung von Petrus zeigt, wie wir uns von unserer tieferen Natur des göttlichen *Seins* abwenden können. Vielleicht wenden wir uns ab aus Schmerz, aus Kummer, aus Verrat oder aus einer Art Missbrauch – alles in unserer Erfahrung, das bewirkt, dass wir uns als weniger betrachten, als wir in Wahrheit sind. Es gibt viele Arten für menschliche Wesen, sich von ihrer tieferen Natur abzuwenden und sie zu verleugnen. Wir wenden uns vom Licht ab und der Dunkelheit zu, denn manchmal ist das Licht schwer zu ertragen. Es ist ein Mythos, dass das Licht des *Seins* immer leicht zu ertragen ist; manchmal verlangt die Strahlung des Göttlichen schwierige Handlungen von uns. Auf den Funken der Göttlichkeit in uns ausgerichtet zu bleiben, ist nicht immer leicht, und von diesem Raum aus zu handeln, kann großen Mut und Glauben erfordern.

Um all dies geht es bei der Verkörperung der spirituellen Erkenntnis. Wir können eine großartige Offenbarung haben, aber können wir sie in den Momenten unseres Lebens ausdrücken, die am wichtigsten sind, im Großen wie im Kleinen? Verkörpern wir die Strahlung des Geistes, oder ist es nur eine vorübergehende Erfahrung? Die gesamte Jesus-Geschichte ist die Geschichte des verkörperten Geistes: Was es bedeutet und wie es aussieht, göttliches *Sein* zu verkörpern und von ihm aus zu handeln. Petrus steht für jeden, der sich jemals von der Strahlung, der Wahrheit und seinem wahren *Sein* abgewandt hat. Petrus ist kein schlechter oder heimtückischer Mensch. Tatsächlich hat er die allerbesten Absichten. Aber er hat noch nicht das Königreich in sich selbst gefunden und ist deshalb im kritischen Moment nicht fähig, aus der Stille der Wahrheit in furchtloser Weise zu handeln.

Kapitel 12
Der Prozess gegen Jesus

Jesus sprach: »*Die Füchse haben ihre Höhlen und die Vögel haben ihre Nester. Der Sohn des Menschen aber hat keinen Ort, um sein Haupt hinzulegen und sich auszuruhen.*«
Thomas-Evangelium

Nachdem die Hohenpriester Jesus verhört haben, bringen sie ihn zu Pontius Pilatus, dem römischen Statthalter von Judäa. Der Prozess, den Pilatus gegen Jesus führt, ist eine der intensivsten und dichtesten Szenen in der ganzen Geschichte. Pontius Pilatus wird die endgültige Entscheidung über das Schicksal von Jesus treffen, ob er das wünscht oder nicht.

König der Juden

Vor dem Palast von Pilatus hat sich eine wütende Menge versammelt, die aus den Tempelpriestern und den Schriftgelehrten besteht. Sie sind aufgebracht gegen Jesus, denn er war nichts als eine zerstörerische Kraft, die ihre Macht bedrohte und ihre Heuchelei offenbarte. Aus ihrer Perspektive ist er ein Ärgernis, einfach deshalb, weil er er selbst ist und seine eigene Autorität hat. Er ist nicht gezwungen, blind den Regeln und Vorschriften der Religion zu folgen, in die er hineingeboren wurde. Als ein Mensch des Geistes stellt er Wahrheit und Freiheit über alles. Seine gottgegebene Autorität ist eine Bedrohung für sämtliche religiösen Institutionen seiner Zeit. Mythisch gesehen hat das nichts zu tun mit dem Judentum. Jesus würde sich gegen die korrupten Machtverhältnisse jeder religiösen Institution wenden. Er ist nun eben zufällig ein Jude, und deshalb richtet sich seine Kritik gegen jene in der jüdischen Hierarchie, die ihre Machtpositionen missbrauchen. Am Beginn dieser Szene ist Pilatus nach draußen gegangen, um zu der Menge zu sprechen, die den Tod von Jesus verlangt:

»Pilatus kam zu ihnen heraus und sagte: Was für eine Anklage habt ihr gegen diesen Menschen vorzubringen? Sie antworteten ihm: Wenn er kein Verbrecher wäre, hätten wir ihn dir nicht ausgeliefert. Da sagte Pilatus zu ihnen: Nehmt ihr ihn und richtet ihn nach euerem Gesetz! Die Juden antworteten ihm: Wir haben nicht das Recht, jemand hinzurichten. So sollte sich das Wort Jesu erfüllen, mit dem er angedeutet hatte, auf welche Weise er sterben werde. Pilatus ging wieder in das Prätorium hinein, ließ Jesus rufen und sagte zu ihm: Du bist der König der Juden? Jesus antwortete: Sagst du das von dir aus, oder haben es dir andere von mir gesagt? Pilatus antwortete: Bin ich denn ein Jude? Dein Volk und die Hohenpriester haben dich mir ausgeliefert. Was hast du getan? Jesus antwortete: Mein Königtum ist nicht von dieser Welt. Wenn mein Königtum von dieser Welt wäre, würden meine Diener kämpfen, dass ich den Juden nicht ausgeliefert

würde. Nun aber ist mein Königtum nicht von hier.«
(Johannes 18,29–36)

Pilatus versucht, den genauen Grund herauszufinden, weshalb diese Leute so gegen Jesus aufgebracht sind. Zuerst fragt er die Menge, aber die hat keine bestimmten Vorwürfe gegen Jesus. Deshalb fragt Pilatus Jesus: »Was hast du getan?«

Und Jesus antwortet schlicht: »Mein Königtum ist nicht von hier.« Das ist eine merkwürdige Antwort auf die Frage »Was hast du getan?«. Sie scheint an der Frage völlig vorbeizugehen. Tatsächlich bezieht sie sich auf die frühere Frage von Pilatus: »Du bist der König der Juden?«

Die Antwort von Jesus weist auf ein Thema hin, das die ganze Geschichte durchzieht: »Wenn mein Königtum von dieser Welt wäre, würden meine Diener kämpfen, dass ich den Juden nicht ausgeliefert werde. Nun aber ist mein Königtum nicht von hier.« Ganz am Anfang der Geschichte steigt Jesus aus einem zeitlosen Bereich herab und kommt in die Welt von Zeit und Raum durch die jungfräuliche Geburt. Er gehört einer völlig anderen Ordnung des *Seins* an. Er gehört nicht der Erde an und nicht den dualistischen Elementen, die sich zusammenfügen; er ist fast so etwas wie ein heiliges Prinzip – das göttliche Prinzip, das sich als Mensch inkarniert hat. Seine Wirklichkeit ist seine Herkunft von einem anderen Ort, von dem er den Heiligen Geist bringt, die belebende Kraft der Existenz. Das ist sein Himmelreich. Das ist es, was er verkörpert und was er in die Zeit trägt. Jesus repräsentiert etwas völlig anderes als alles, was die Welt der Dualität erschaffen würde – ob es die Welt der Politik oder die der Religion ist, in der er aufgewachsen ist.

»Da sagte Pilatus zu ihm: Also bist du doch ein König? Jesus antwortete: Du sagst es: Ich bin ein König. Ich bin dazu geboren und dazu in die Welt gekommen, um für die Wahrheit Zeugnis abzulegen. Jeder, der aus der Wahrheit ist, hört auf meine Stimme.« (Johannes 18,37)

In seiner Antwort an Pilatus fasst Jesus die Essenz seiner Mission zusammen. Ihm ist völlig klar, worum es in seinem Leben geht und immer gegangen ist. Von dem Moment der Verklärung an ist ihm die Richtung seines Lebens bewusst; er kennt sein Schicksal und weiß, welche Aufgabe er zu erfüllen hat. Und er sagt auf diese sehr einfache, aber kraftvolle Weise: »Der Grund, weshalb ich geboren wurde und in die Welt gekommen bin, ist, die Wahrheit zu bezeugen.«

Hier vergleicht Jesus das Himmelreich mit der Wahrheit. Und Pilatus – der ein Mann der Welt ist, ein Mann der Politik, ein Mann von großer Gelehrsamkeit – ist neugierig. Die Antwort von Jesus ist so unerwartet, dass sie plötzlich einen Funken in Pilatus entzündet, und er fragt: »Was ist Wahrheit?«

»Pilatus sagte zu ihm: Was ist Wahrheit? Nach diesen Worten ging er wieder zu den Juden hinaus und sagte zu ihnen: Ich finde keine Schuld an ihm. Es besteht aber bei euch der Brauch, dass ich euch am Paschafest einen (Gefangenen) freilasse. Wollt ihr, dass ich euch den König der Juden frei-

lasse? Da schrien sie wieder: Nicht diesen, sondern Barabbas. Barabbas aber war ein Räuber.« (Johannes 18,38–40)

Es war Brauch, dass der Statthalter an jedem Paschafest einen Gefangenen begnadigte; er gab dem die Freiheit, den die Juden befreit haben wollten. Hier versucht also Pilatus, sich aus der verzwickten Situation, in der er sich befindet, herauszuwinden. Vor ihm steht ein wütender Mob, der Jesus in den Tod schicken will, und als Statthalter ist es seine Aufgabe, die Harmonie des Staates aufrechtzuerhalten. Das ist seine Berufung, dafür lebt er. Deshalb hat ihn diese Gruppe von Bürgern, die nach dem Tod von Jesus rufen, in eine schwierige Lage gebracht, vor allem weil er selbst, als er mit Jesus sprach, keinerlei Schuld in ihm entdecken konnte. »Ich finde keinen Grund für eine Anklage gegen ihn«, sagt er. Also geht Pilatus hinaus und bietet der Menge an, Jesus freizulassen, aber sie weisen sein Angebot zurück und fordern stattdessen die Freilassung des Kriminellen Barabbas. So geht die Geschichte weiter:

»Darauf ging Pilatus wieder hinaus und sagte zu ihnen: Seht, ich bringe ihn zu euch heraus, damit ihr merkt, dass ich keine Schuld an ihm finde. Da kam Jesus heraus, mit Dornenkrone und Purpurmantel. Pilatus sagte zu ihnen: Da ist der Mensch! Als ihn die Hohenpriester und die Diener sahen, schrien sie: Ans Kreuz (mit ihm), ans Kreuz! Pilatus sagt zu ihnen: Nehmt ihr ihn und kreuzigt ihn! Denn ich finde keine Schuld an ihm. Die Juden antworteten ihm: Wir haben ein Gesetz und nach dem Gesetz muss er sterben, weil er sich zum Sohn Gottes gemacht hat. Als Pilatus

das hörte, fürchtete er sich noch mehr. Er ging wieder in das Prätorium hinein und sagte zu Jesus: Woher bist du? Jesus aber gab ihm keine Antwort. Da sagte Pilatus zu ihm: Du sprichst nicht mit mir? Weißt du nicht, dass ich Macht habe, dich freizulassen und Macht, dich zu kreuzigen? Jesus antwortete: Du hättest keine Macht über mich, wenn sie dir nicht von oben gegeben wäre. Deshalb hat der größere Schuld, der mich dir ausgeliefert hat.« (Johannes 19,4–11)

Das ist ein faszinierender Moment. Noch einmal versucht Pilatus, Jesus in ein Gespräch zu ziehen; er gibt sich große Mühe, die Situation auf friedliche Weise zu lösen. Es ist ein Austausch von großer Tiefe, in dem Pilatus Jesus begreiflich machen will, dass er die Macht hat, ihn zu befreien oder zu töten, und Jesus antwortet: »Du hättest keine Macht über mich, wenn sie dir nicht von oben gegeben wäre.«

Dieses Gespräch erinnert mich an eine alte buddhistische Geschichte, die eine ähnliche Lehre enthält. In alten Zeiten gab es ein kleines Dorf, in dessen Nähe ein Kloster war. Eines Tages tauchten Samurai-Krieger auf und plünderten das ganze Dorf. Sie nahmen alles Wertvolle an sich, fackelten die Häuser ab und töteten jeden Menschen, der ihnen begegnete. Schließlich kamen sie zu dem Kloster, und vor dem Kloster trafen sie auf einen alten Zen-Meister. Er sitzt einfach im Garten, als ein junger Samurai auf ihn zukommt. Der Samurai zieht sein Schwert aus der Scheide, schwingt es über seinen Kopf und sagt: »Alter, weißt du nicht, dass ich die Macht habe, dich zu töten? Ich könnte in diesem Moment deinen Kopf abhauen, ohne einen Gedanken daran zu verschwenden.«

Und der alte Mann sieht einfach zu ihm auf und antwortet: »Weißt du nicht, dass ich dir erlauben könnte, meinen Kopf in diesem Moment abzuhauen, ohne einen Gedanken daran zu verschwenden?«

Nun lässt der Krieger sein Schwert für einen Augenblick sinken. Er ist noch nie jemandem begegnet, der keine Angst vor seinem eigenen Tod hat, deshalb fasziniert ihn dieser alte Mann. Und der alte Mann sagt: »Sieh mal an, wie schwach du bist.« Also schwingt der Samurai erneut das Schwert über seinen Kopf, und der alte Zen-Meister blickt hoch zu ihm und sagt: »Das ist die Hölle.« Von diesen Worten getroffen, senkt der Samurai erneut das Schwert, und der alte Mann sagt: »Und das ist der Himmel.« Als er das gesagt hatte, verneigte sich der Krieger vor dem alten Zen-Meister und verließ ihn in Frieden.

Pilatus ist hier wie der Samurai. Er glaubt, dass er in der Machtposition ist. Er stellt Jesus all diese Fragen, aber Jesus antwortet nicht. Schließlich sagt Pilatus: »Weißt du nicht, dass ich Macht habe, dich freizulassen, und Macht, dich zu kreuzigen?« Aber Jesus handelt nicht aus dieser menschlichen Dimension heraus. Er kümmert sich nicht darum, ob er getötet wird oder nicht, denn er lebt seine Bestimmung aus, seinen Ruf. Jesus weiß, dass genau dieser Moment Teil seines Schicksals ist. Und er sagt Pilatus: »Du hättest keine Macht über mich, wenn es dir nicht von oben gegeben wäre.« Es ist, als ob Jesus wüsste, dass dieses ganze Geschehen ein vorherbestimmter Moment ist, dass es nur sein sich entfaltendes Schicksal selbst ist, und deshalb kann er sich vollkommen damit verbinden. Wenn jemand sich auf diese Weise mit seinem Schicksal verbindet, gibt das ihm oder ihr ein tiefes Gefühl der Unverwundbarkeit, ein Gefühl der Furchtlosigkeit und des Sinns. Wir bemerken, dass Pilatus von Jesus sowohl verwirrt als auch beunruhigt ist, denn Jesus verkörpert eine Art von Furchtlosigkeit, der Pilatus nie zuvor in seinem Leben begegnet ist. Pilatus hat die Macht, Leben zu nehmen, während Jesus die weit größere Macht hat, furchtlos sein Leben zu geben. Die Erzählung fährt fort:

> *»Daraufhin wollte Pilatus ihn freilassen. Die Juden aber schrien: Wenn du ihn freilässt, bist du kein Freund des Kaisers. Jeder, der sich selbst zum König macht, lehnt sich gegen den Kaiser auf.*
> *Es war am Rüsttag des Paschafestes, um die sechste Stunde. Er sagte zu den Juden: Das ist euer König! Da schrien sie: Weg, weg mit ihm, ans Kreuz mit ihm! Pilatus sagte zu ihnen: Eueren König soll ich kreuzigen? Die Hohenpriester antworteten: Wir haben keinen König außer dem Kaiser. Da lieferte er ihn an sie aus, damit er gekreuzigt würde.«*
> (Johannes 19,12; 14–16)

Wir sehen, wie das Schachspiel weitergeht zwischen Pilatus, der Jesus befreien möchte, und den Hohenpriestern, die ihn tot sehen wollen. Pilatus empfindet Jesus als unschuldig – und vielleicht beginnt er zu glauben, dass Jesus tatsächlich der König der Juden ist. Diese Hohenpriester sind sehr clever, sehr gerissen. Sie wenden sich direkt an den schwachen Punkt von Pilatus: Als römischer Statthalter ist er damit beauftragt, den Frieden aufrechtzuerhalten und sicherzustellen, dass niemand ihm oder dem Kaiser Cäsar die Macht entreißt. Deshalb sagen die Juden, als sie Jesus anklagen: »He, du musst ihn töten, denn er behauptet, der König der Juden zu sein, und niemand kann König über Cäsar sein.« Es ist ein strategisches Manöver, um Pilatus in eine politische Ecke zu treiben, sodass er Jesus kreuzigen *muss.*

Also fragt Pilatus die Menge: »Soll ich euren König kreuzigen?« Und an diesem Punkt zeigen die Hohenpriester ihre ganze Bitterkeit und ihre Falschheit. Sie beweisen, dass sie zu einer sehr niedrigen Ordnung des *Seins* gehören, als sie sagen: »Wir haben keinen König außer dem Kaiser.« Auf diese Weise sagen sie: »Wir gehören zur Welt. Wir werden unsere Religion verleugnen, um diese Kreuzigung möglich zu machen; wir werden sagen, dass Cäsar unser König ist.«

An diesem Punkt der Geschichte muss etwas Wichtiges verstanden werden. Natürlich spielt sich diese Handlung zwischen Jesus, Pontius Pilatus und den jüdischen Hohenpriestern ab – aber es ist wichtig, dass wir die jüdischen religiösen Autoritäten auf mythische Weise sehen, nicht als historisch verbürgte tatsächliche Gestalten. Die jüdischen Religionsführer in dieser Geschichte stehen für *jede* religiöse Autorität, die korrupt ist, für jede religiöse Autorität, die in ihrer wichtigsten Aufgabe versagt: die Menschen mit dem transzendenten Mysterium zu verbinden, das durch alles Lebendige hindurchscheint. So gesehen repräsentieren die Hohenpriester alle Formen von Religion, die korrupt geworden sind. Das muss unbedingt verstanden werden, denn in der Vergangenheit wurden das Johannes-Evangelium und seine Haltung gegenüber den Juden dazu benutzt, Antisemitismus zu rechtfertigen.

Aber wenn wir die Geschichte auf mythische Weise betrachten – als etwas, das uns die Archetypen der spirituellen Reise zeigen kann –, ist es unwichtig, welche Gefühle der Autor des Johannes-Evangeliums gegenüber den Juden hatte. Wenn wir die Geschichte als Mythos lesen, können wir uns sogar viele der heutigen christlichen Kirchen als moderne Gegenstücke zu den jüdischen religiösen Autoritäten vorstellen. Ich stelle mir vor, dass Jesus, wenn er heute in unzählige der christlichen Kirchen gehen würde, diese genauso kritisieren würde wie die jüdischen Tempel und Synagogen seiner Zeit.

Jetzt haben die Priester Pilatus gezwungen, und er merkt, dass er keine Wahl hat und Jesus kreuzigen muss:

> *»Sie übernahmen Jesus, und selbst das Kreuz tragend, ging er zur so genannten Schädelstätte hinaus, die auf hebräisch Golgota heißt. Dort kreuzigten sie ihn und mit ihm zwei andere, rechts und links, Jesus aber in der Mitte. Pilatus hatte auch eine Aufschrift schreiben und am Kreuz anbringen lassen. Sie lautete: Jesus, der Nazoräer, der König der Juden. Diese Aufschrift lasen viele Juden, weil der Ort, wo Jesus gekreuzigt wurde, nahe bei der Stadt lag. Und sie war auf hebräisch, lateinisch und griechisch geschrieben. Da sagten die Hohenpriester der Juden zu Pilatus: Schreib nicht: König der Juden, sondern dass er gesagt hat: Ich bin der König der Juden. Pilatus antwortete: Was ich geschrieben habe, bleibt geschrieben.«* (Johannes 19,16–22)

Pilatus hat das Gefühl, keine andere Wahl zu haben, als Jesus in den Tod zu schicken, aber er hinterlässt diesen kleinen Hinweis auf seine Gefühle: die Inschrift am Kreuz, *König der Juden*. Hat er also diese Worte auf das Kreuz geschrieben, um die religiöse Hierarchie absichtlich zu verärgern, oder schrieb er das, weil er zu der Überzeugung gekommen war, dass Jesus tatsächlich der König der Juden war? Man kann die Geschichte so oder so oder auf beide Weisen lesen. Aber an diesem Punkt der Geschichte ist das Schicksal von Jesus besiegelt. Pontius Pilatus will mit der Sache nichts mehr zu tun haben. Er ist gezwungen worden, und er ist offensichtlich wütend darüber. Er sagt: »Was ich geschrieben habe, bleibt geschrieben«, und das ist das Ende des Gesprächs.

Kapitel 13
Die Kreuzigung

»Lass nichts dich verwirren. Lass nichts dich ängstigen. Alles vergeht außer Gott.«
Heilige Teresa von Avila

Wenn wir uns mit der Kreuzigung befassen, will ich statt aus dem Johannes-Evangelium aus dem Evangelium nach Markus zitieren. Markus erzählt die Geschichte von Jesu Kreuzigung auf kurze und intensive Weise. Tatsächlich enthüllt gerade die Kürze die Intensität des Geschehens.

Der Tod von Jesus im Markus-Evangelium

Im Markus-Evangelium werden die letzten Momente von Jesus so dargestellt:

»Von der sechsten Stunde an kam eine Finsternis über das ganze Land bis zur neunten Stunde. Und in der neunten Stunde rief Jesus laut: Eloï, Eloï, lema sabachtani?, das heißt übersetzt: Mein Gott, mein Gott, warum hast du mich verlassen? Als einige von den Dabeistehenden das hörten, sagten sie: Hört, er ruft Elija! Und einer lief hin, füllte einen Schwamm mit Essig, steckte ihn auf ein Rohr

und gab ihm zu trinken, wobei er sagte: Lasst, wir wollen sehen, ob Elija kommt, ihn herabzunehmen. Jesus aber stieß einen lauten Schrei aus und verschied. Da zerriss der Vorhang des Tempels von oben bis unten entzwei.«
(Markus 15,33–38)

Bei Markus ist dies das Ende der Kreuzigungs-Szene. Es ist ein sehr intensives Ende mit diesen beiden Ausrufen von Jesus in den letzten Augenblicken am Kreuz; zuerst »Mein Gott, mein Gott, warum hast du mich verlassen?« und dann sein wortloser Todesschrei. Stellen Sie sich nun vor, wenn Sie das können, Sie wären Jesus und hätten dieses sehr dynamische und von Gott erfüllte Leben geführt – erst hat sich der Geist auf Sie herabgesenkt, dann sind Sie durch Prüfungen in der Wüste gegangen, haben Ihre Jünger um sich versammelt, haben Wunder gewirkt, sind zum Heiler geworden und haben sich in seltsamen Gleichnissen ausgedrückt – und jetzt erreicht Ihr Leben seinen Höhepunkt in den Worten »Mein Gott, mein Gott, warum hast du mich verlassen?«. Dies sind die letzten Worte, die Jesus jemals aussprechen wird.

Wenn wir den Tod Jesu, wie er im Markus-Evangelium geschildert wird, als Teil der Reise des spirituellen Erwachens sehen, über das wir früher gesprochen haben, erkennen wir, dass die Kreuzigung einen sehr wichtigen Moment in unserer spirituellen Entfaltung darstellt. Die Kreuzigung ist ein Symbol oder eine Metapher für ein sehr fortgeschrittenes Stadium der spirituellen Entwicklung, des spirituellen Bewusstseins. Als ich zum ersten Mal las, wie der Tod von Jesus bei Markus geschildert wird, hat mich das tief getroffen. Ich spürte, dass diese Beschreibung des Endes von Jesu Leben tatsächlich eine Entsprechung oder eine Metapher für einen sehr wichtigen Punkt in der persönlichen spirituellen Entfaltung ist – nämlich für das, was ich »den Tod des Selbst« nenne.

Um zu verstehen, was der Tod des Selbst bedeutet, müssen wir uns zuerst anschauen, worin er sich von früheren Stadien der spirituellen Reise unterscheidet. Zu Beginn dieses Prozesses, wenn wir ein erstes spirituelles Erwachen erfahren, transzendieren wir das Ego. Wir verlassen und übersteigen die Identifikation mit Ego, Körper und Geist und erkennen unsere wahre Natur als göttliches *Sein*.

Wenn Sie nun etwas transzendieren, bedeutet das nicht, dass das, was Sie transzendiert haben, irgendwohin geht. Und deshalb durchleben wir jetzt die Zeit der Prüfungen, in der das Leben uns genau in jene Situationen bringt, die uns dabei helfen, zu praktizieren, und dem, was wir erkannt haben, konkreten Ausdruck zu geben. Wenn wir schließlich durch die vielen Prüfungen gegangen sind, die uns lehren, den Geist zu verkörpern – und dieses Stadium dauert oft viele Jahre –, kommen wir in ein tiefes und starkes Gefühl von Ruhe, Leichtigkeit und Wohlsein.

Der nächste Schritt nun, wenn wir den Evangelien folgen, ist die Verklärung. Wir ruhen in unserem Zustand des Friedens und der Gelassenheit, und auf einmal werden wir von dieser neuen Energie getroffen, dieser spirituellen Kraft. Auf eine sehr tief gehende Weise *werden* wir der strahlende Glanz und verkörpern das leuchtende Element, die Aufrichtigkeit der spirituellen Erkenntnis, wie uns das nie zuvor gelungen ist. Wenn das geschieht, fließt uns natürlich neues

Leben, neue Vitalität zu. Aber im selben Moment verändert sich etwas und wir sehen ganz klar unsere Rolle, die wir im Leben zu spielen haben. Dieser Moment kommt für jeden von uns auf persönliche Weise, und ganz sicher kam er für Jesus: Nach der Verklärung hatte Jesus ein ganz klares Bewusstsein davon, wer er war, was seine Bestimmung war und welche Rolle er im Leben spielen würde. Er hatte in vollem Umfang seine spirituelle Autonomie entdeckt.

Jesus ist eine der einsamsten Figuren in der gesamten spirituellen Literatur. Wie ich schon oft sagte, verstand ihn nahezu niemand, und in allen entscheidenden Momenten seiner Geschichte war er allein. Selbst in jenen Momenten, in denen er von seinen Jüngern umgeben war und wirklich ihre menschliche Unterstützung und menschliche Liebe gebraucht hätte, konnten seine Jünger nicht für ihn wach bleiben. Seinen Prozess stand er völlig alleine durch, seine Jünger verleugneten ihn, und es sieht so aus, als sei die ganze Welt gegen ihn gewesen.

Die Verklärung ist tatsächlich die Entdeckung einer bestimmten Art Autonomie – nicht als Gefühl der Isolation, sondern als tiefes und unerschütterliches Gefühl, dass Sie wirklich in Ihren eigenen Schuhen stehen. Meine Lehrerin definierte Erleuchtung manchmal schlicht als »das Stehen in deinen eigenen Schuhen«. Es klingt leicht, aufrecht im eigenen Leben zu stehen, aber es gelingt uns erst, wenn die göttliche Strahlung die ganze alte Konditionierung, die sich gegen den Geist wehrt, aus unserem System herausgebrannt hat. Diese Konditionierung geht sehr, sehr tief; sie verändert unsere gesamte Wahrnehmung, alle unsere Gedanken und unsere ganze Haltung dem Leben gegenüber.

Das ist es, was die Verklärung bewirkt: Sie transzendiert nicht nur diese Konditionierung, sondern brennt sie buchstäblich aus unserem System heraus. Das ist der Tod des Egos. Und wenn das geschieht, kann etwas Außergewöhnliches und Einzigartiges in Ihnen zu erblühen beginnen. Was dann in Ihnen erblüht, ist kein Produkt der Vergangenheit; es ist nicht einfach entstanden aus dem, was Sie bis zu diesem Moment erfahren haben; es ist kein Produkt Ihrer Kultur, Ihrer Gesellschaft, Ihrer Religion. Es ist die Art, in der Geist sich manifestiert, wenn er nicht länger von irgendeiner konditionierten Ansicht gefesselt wird. Das Symbol dafür ist die Verklärung.

Was nun die Kreuzigung betrifft, so geht es bei ihr nicht einfach um die Transzendierung des Egos und nicht einmal um den Tod des Egos, der oft während der Verklärung geschieht. Jetzt sprechen wir vom Tod des Selbst. Der Hinweis, dass das Ende des Lebens von Jesus den Tod des Selbst bedeutet, findet sich in den von ihm ausgerufenen Worten: »Mein Gott, mein Gott, warum hast du mich verlassen?« Das zeigt den Tod des Selbst, denn in diesem Moment verliert er seine persönliche Beziehung mit Gott. Er verliert seine persönliche Beziehung mit Gott, weil er das verliert, was eine persönliche Beziehung mit Gott *hat* – nämlich das Selbst. Das Selbst ist es, was eine persönliche Beziehung mit Gott hat.

Nun ist das Selbst nicht leicht zu definieren. Ego zu definieren ist leicht – es ist die große Masse an konditionierten Ansichten, Meinungen und verzerrten Wahrnehmungen –, aber das Selbst ist etwas anderes. Wenn Sie sich Selbst als ein Verb, ein Tätigkeitswort, denken, können

Sie sehen, dass es etwas ist, das innerhalb des Bewusstseins geschieht. Das Selbst ist eine Tätigkeit des Bewusstseins, bei der es sich zu sich selbst zurückwendet und reflektiert. Diese Selbst-Reflexion *ist* das Selbst. Das Selbst ist kein Ding; es ist buchstäblich die Rückwendung des Bewusstseins zu sich selbst und die Innenschau. Wenn nun jemand eine tiefe innere Einheit gefunden hat, gibt es bei diesem Geschehen keine Reibung und keinen Konflikt, und wir erfahren in uns ein tiefes Gefühl des Friedens, der Leichtigkeit und des Wohlseins. Mit anderen Worten: Es gibt keine Uneinigkeit in Ihnen oder zwischen Ihnen und der Welt, und alles ist in Frieden. Was der Lichtbogen des Bewusstseins nach innen wendet und worüber er reflektiert, ist ein Zustand tiefer Ruhe, ein Zustand der Leichtigkeit und des Leuchtens.

Aber an einem Punkt unserer spirituellen Entfaltung hört der Bogen des Selbst auf, sich umzuwenden und nach innen zu schauen. Warum er aufhört, sich umzuwenden, ist schwer zu erklären; diese Entwicklung ist eine Form der Reife, das letztendliche spirituelle Erwachsensein. Wenn das Bewusstsein aufhört, sich nach innen zu wenden, um zu reflektieren, gibt es auf einmal kein Gefühl eines persönlichen Selbst mehr, denn das persönliche Selbst *ist* das, worauf das Selbst schaut. In einem fortgeschrittenen Zustand der spirituellen Entwicklung *ist* unser Selbst dieser Zustand von Frieden und Ruhe und Leichtigkeit, dieses Strahlen des Bewusstseins. Das ist ein sehr erhabenes Gefühl für unser eigenes *Sein.* Aber wenn das Bewusstsein sich nicht mehr umwendet und nach innen schaut und dieses friedvolle Zentrum reflektiert, dann ist da überhaupt kein Gefühl eines

Selbst mehr. Dann haben wir die Persönlichkeit vollkommen hinter uns gelassen.

In gewissem Sinn besteht der ganze Prozess des Erwachens darin, sich auf eine wahre und immer echtere Identität hin zu bewegen. Er beginnt mit unserem Erwachen aus dem Ego zum göttlichen *Sein* – das ist eine Verschiebung der Identität. Dann wird unsere Erfahrung des göttlichen *Seins* ganzheitlicher, einfacher und ruhiger, und unser Gefühl dafür, wer und was wir sind, verändert sich in dem Maß, in dem unsere Essenz des göttlichen *Seins* klarer und klarer wird. Schließlich erreichen wir einen Punkt, an dem wir bereit sind, sogar dieses schöne, subtile Gefühl des Selbst loszulassen. Es ist wie der Schritt vom Rand einer Klippe, denn es ist ein radikaler Abgang, wenn das Selbst plötzlich verschwindet, wenn das sich umwendende und nach innen schauende Bewusstsein verschwindet. Von dem Moment an, in dem das Bewusstsein aufhört, sich zu sich selbst zurückzuwenden, gibt es kein persönliches Gefühl eines Selbst mehr und keine persönliche Beziehung mit Gott.

Es ist wichtig zu verstehen, dass ich hier nicht philosophisch spreche, nicht psychologisch und nicht theologisch. Was ich beschreibe, ist Erfahrung; nichts daran ist abstrakt. Es ist nichts, an das Sie glauben oder nicht glauben können; es ist vielmehr etwas, das Sie entweder erfahren haben oder nicht erfahren haben. Wie wir gesehen haben, verkörpert das Leben von Jesus die spirituelle Reise, und in jenen letzten Momenten am Kreuz erfährt er den Höhepunkt dieser Reise. Denn das Wegfallen des Selbst wird als der endgültige Tod erfahren; es wird tatsächlich erfahren als ein ungeheurer Verlust. Der Verlust des Selbst ist nicht dasselbe wie das Transzendieren des Egos. Das Ego ist schmerzhaft und voller Konflikte, und es ist eine Erleichterung, es hinter sich zu lassen, aber in der Zeit, in der das Selbst zu verschwinden beginnt, ist Ihr Gefühl von sich selbst voller Leuchten. Was Sie dann verlieren, ist wirklich das Schönste, was Sie je erfahren haben, das Schönste, was Sie jemals kannten.

Nach der Verklärung ist Ihre Verbindung mit Gott so tief, dass es sich anfühlt, als seien Sie miteinander verschmolzen; es gibt kein Gefühl der Trennung mehr zwischen Ihnen und Gott. Wenn diese Intimität plötzlich verschwindet, ist das ein gewaltiger Übergang, und dies wird dargestellt in der Kreuzigung. Anfangs ist da das Gefühl des Verlusts, denn wenn Sie ein persönliches Selbst verlieren, verlieren Sie auch den persönlichen Gott. Für jene Menschen, die auf einem spirituellen Weg waren, der sich darauf konzentrierte, eine innigere Beziehung mit Gott aufzubauen, kann dies einen gewaltigen Verlust bedeuten, denn sie haben ihr ganzes Sein investiert, eine tiefe innige Beziehung mit Gott oder mit einer Gottheit zu haben. Wenn das wegfällt, erleiden sie einen Schock, und das ist milde ausgedrückt.

Und deshalb ist Jesus so entsetzt darüber: »Mein Gott, mein Gott, warum hast du mich verlassen?« Er hat seinen persönlichen Gott verloren; er hat sein persönliches Selbst verloren. Stellen Sie sich vor, wie es sich anfühlen würde, verlassen zu sein; einen lauten kehligen Schrei auszustoßen und dann Ihren letzten Atemzug zu tun und endlich alles loszulassen. In diesem letzten Atemzug lässt Jesus sein ganzes Leben los – selbst seine Beziehung mit Gott.

Im Markus-Evangelium ist dies das Ende des Lebens von Jesus. Es ist ein erstaunliches Ende, weil es so viel offenlässt und nicht genau sagt, was das alles bedeutet. Das ist sicher kein Hollywood-Ende.

Der tragische Tod von Jesus, wie er bei Markus dargestellt wird, war ein ernstes Dilemma für die frühe Christengemeinde. Man hatte nicht erwartet, dass dem Messias, der in den jüdischen Schriften vorhergesagt wurde, so etwas passiert. Dieser Messias war ein Herrscher hier auf Erden, der ein neues Zeitalter des Friedens für das jüdische Volk einleiten würde. Aber Jesus sagte: »Mein Königreich ist nicht von der Erde.« Und jetzt endet sein Leben nicht im Triumph, sondern in Tragik. Was sollen seine Jünger und frühen Anhänger aus diesem unvorstellbaren Ende machen?

Das Markus-Evangelium ist kompromisslos in seiner klaren und sachlichen Darstellung des Lebens und des Todes von Jesus. Seine Wiedergabe der Jesus-Geschichte ist nichts für Feiglinge und nichts für jene, die gern eine romantisierende Version von Spiritualität hätten. Und doch ist seine Geschichte das Evangelium – und das bedeutet »gute Botschaft«. Wo also ist die gute Botschaft in diesem tragischen Ende der Jesus-Geschichte, wie sie von Markus erzählt wird?

Es gibt viele Todesarten. Es gibt den Tod voller Frieden am Ende eines langen und glücklichen Lebens, das auf gute Weise gelebt wurde. Das ist der Tod, den die meisten Menschen am liebsten hätten, obwohl nur wenige ihn erleben werden. Es gibt den Tod durch Sucht und Verweigerung, in dem das Leben betäubt wird. Es gibt den Tod als das Zerbrechen unter der harten Forderung der Welt, sich ihrem Wahnsinn zu unterwerfen und das Leben zu opfern, das man hätte führen können, hätte man nur auf die Weisungen des eigenen Herzens gehört. Es gibt in der Tat viele Todesarten, aber was man uns verschwiegen hat, ist, dass die meisten von ihnen eintreten, während wir leben.

Markus jedoch erzählt uns immer wieder, dass das wahre Leben nicht das Leben des Egos ist mit all seinen neurotischen Ängsten und seinem Verlangen nach Kontrolle und Sicherheit. Das wahre Leben ist ein Leben, das aus der Vitalität des Geistes heraus gelebt wird, und das Evangelium ist die gute Botschaft, weil nach Ansicht von Markus Jesus den Zugang zum Himmelreich hier und jetzt öffnet für alle, die Augen haben, zu sehen, und den Mut, zu bereuen (umzukehren und sich nach innen zu wenden), sodass sie das Strahlen ihres wahren *Seins* empfangen.

Sie sehen also, dass Jesus sterben muss, denn sein Leben und sein Tod sind die Verkörperung der Reise des spirituellen Erwachens und der Befreiung. Und es gibt keine Befreiung ohne den Tod des Selbst – nicht physisch, aber spirituell. Sie müssen sterben, bevor Sie sterben, sodass Sie wiederauferstehen können als das Strahlen des göttlichen *Seins*. Das ursprüngliche Ende des Markus-Evangeliums hat keine Wiederauferstehung, nur eine Anspielung darauf etwas früher im Text. Es bleibt uns, den Lesern, überlassen, selbst zu neuem Leben zu erwachen. Aber wir können nur wiederauferstehen, wenn wir die Reise in uns selbst unternommen haben, die Jesus in seiner Lebensgeschichte verkörpert.

Die Kreuzigung stellt den Tod des Selbst dar, und das Selbst ist nicht leicht zu definieren. Wenn das Ego im Moment des spirituellen Erwachens transzendiert wird (allerdings selten zerstört) und Sie durch zahllose Prüfungen gegangen sind, die jeden noch vorhandenen Widerstand des

Egos gegen den Geist hinweggebrannt haben, erreichen Sie schließlich den unerschütterlichen Frieden des verklärten Zustands. In diesem Zustand sind das Selbst und Gott nicht voneinander zu trennen; es ist eine ununterbrochene Erfahrung der Verbindung und des Einsseins mit allen Wesen.

Der Tod des Selbst, der von Jesus in der Kreuzigung erfahren wird, ist das Ende des verklärten Zustands der Vereinigung mit Gott. Wenn sich das Selbst auflöst, löst sich mit ihm jede persönliche Beziehung mit Gott auf, denn jede Beziehung geschieht ausschließlich im Kontext des Selbst. Wenn wir von *meinen* Gedanken oder *meinen* Gefühlen oder *meinen* Ansichten sprechen, sprechen wir im Grunde über ein Ich, das in Beziehung steht zu seiner Wahrnehmung und Erfahrung. Diese geistige Gespaltenheit ist das, was das Selbst ausmacht. Das Selbst ist Bewusstsein, das sich zu sich selbst zurückwendet und sich auf alles bezieht, was es als Selbst erfährt. Wir nennen das auch bildhaft Selbst-Befangenheit. Wenn wir im verklärten Zustand in uns hineinsehen, finden wir Frieden, Einheit und Ganzheit. Wenn das Selbst sich auflöst oder stirbt, wie es in der Kreuzigung dargestellt wird, lösen sich auch diese Zustände auf. Und wenn das geschieht, kann es sich anfangs anfühlen, als würden Sie in einen egolosen, gottlosen, ichlosen leeren Raum des Nichts fallen.

Im Moment der Auflösung des Selbst kann noch nicht ganz verstanden werden, dass das, was Sie verlieren, Ihr inneres Leben ist. Es ist äußerst schwierig, das anders zu beschreiben als mit negativen Begriffen, und doch erscheint – oder steht wieder auf – mit der Auflösung des Selbst ein ganz neues Leben.

Für die meisten Menschen ist es unvorstellbar, kein inneres Leben zu haben, aber es handelt sich dabei einfach um das Fehlen eines Bewusstseins, das über die unablässigen Erzählungen des Geistes reflektiert. Was übrig bleibt, ist ein ständiges Fließen von Einheit, das nicht von einem Selbst erfahren wird, sondern von der Einheit selbst. Wie der deutsche Mystiker des vierzehnten Jahrhunderts Meister Eckhart sagte: »Das Auge, durch das ich Gott sehe, ist dasselbe Auge, durch das Gott mich sieht; mein Auge und Gottes Auge sind ein Auge, ein Sehen, ein Wissen, eine Liebe.«

Jesus und die Verbrecher

Die Kreuzigungs-Szene im Lukas-Evangelium enthält Elemente, die sich bei Markus nicht finden. Dazu gehört das Bild von Jesus, der zwischen zwei Verbrechern gekreuzigt wird, die selbst gekreuzigt werden. Im Lukas-Evangelium heißt es:

> *»Mit ihm wurden auch noch zwei Verbrecher zur Hinrichtung geführt. Als sie an den Ort kamen, der Schädelstätte genannt wird, kreuzigten sie dort ihn und die Verbrecher, den einen zur Rechten und den anderen zur Linken. Jesus aber betete: Vater, vergib ihnen, denn sie wissen nicht, was sie tun!«* (Lukas 23,32–34)

Stellen Sie sich vor, Sie sind an ein Kreuz genagelt, was eine sehr schmerzhafte Art zu sterben ist. Obwohl Ihre Hände und Füße von Nägeln durchbohrt sind, sterben Sie bei der Kreuzigung nicht an Ihren Verletzungen. Während Sie am Kreuz hängen, beginnt Ihr Körper im Verlauf von vielen Stunden schwächer zu werden, bis Sie sich nicht länger aufrecht halten können. Ihr Körpergewicht beginnt Sie hinunterzuziehen, dabei bricht Ihre Brusthöhle ein und presst die Luft aus Ihren Lungen. Sie sterben schließlich durch Ersticken, denn Ihre Lungen können keinen Sauerstoff mehr für Ihren Körper zur Verfügung stellen. Es ist eine ganz furchtbare Art, aus dem Leben zu scheiden.

Stellen Sie sich vor, Sie befinden sich in dieser Situation, mit einem Verbrecher zu Ihrer Rechten und einem Verbrecher zu Ihrer Linken. Metaphorisch gesehen stehen diese beiden Verbrecher für die Welt der Dualität, und Jesus ist der ruhige Punkt der Ewigkeit, um den herum sich die dualistische Welt von Zeit und Raum dreht. Die dualistische Welt ist die Welt von Gut und Böse und Richtig und Falsch, und Jesus befindet sich genau in der Mitte, zwischen diesen Dualitäten. Die Erzählung fährt fort:

»Einer der gehenkten Übeltäter verhöhnte ihn: Bist du nicht der Messias? Hilf dir selbst und uns! Doch der andere wies ihn zurecht und sagte: Nicht einmal du fürchtest Gott, obwohl dich doch das gleiche Urteil getroffen hat? Uns allerdings mit Recht; denn wir empfangen, was unsere Taten verdienen; dieser aber hat nichts Unrechtes getan. Dann sagte er: Jesus, denk an mich, wenn du in dein Reich kommst! Jesus antwortete ihm: Amen, ich sage dir: Heute noch wirst du mit mir im Paradies sein.«
(Lukas 23,39–43)

Der eine Verbrecher sagt zu Jesus: »Wenn du so großartig bist, wenn du der Christus bist, rette uns, bewirke ein Wunder, hol uns hier raus!« Er agiert aus dem Ego und hat sich deshalb von der Erlösung ausgeschlossen. Der andere Verbrecher, der mit dem offenen Herzen, der Jesus als den Christus erkennt, weiß, dass sie Fehler gemacht haben und ihre gerechte Strafe erhalten. Da sind sie nun, Jesus und die Verbrecher, jeder an seinem Kreuz hängend und im Begriff zu sterben, und der mit dem offenen Herzen wendet sich an Jesus. Er ist einer jener Menschen, die durch das gesamte Evangelium hindurch immer wieder in das Leben von Jesus treten und erkennen, wer Jesus ist und was er verkörpert. Aus diesem Erkennen heraus bittet er Jesus: »Denk an mich, wenn du in dein Reich kommst.«

Die Fähigkeit, Göttlichkeit zu erkennen, wenn Sie ihr begegnen, ist das Allerwichtigste. Man findet sie in allen Heilungs-Geschichten; sie ist das, was es einigen wenigen Menschen erlaubt, sich aufrichtig an Jesus zu wenden und ihn zu verstehen. Dieser Verbrecher am Ende seines Lebens erkennt die Göttlichkeit, die sich direkt neben ihm befindet. Und diese Fähigkeit, sich zu öffnen und zu erkennen, was da ist – *das* ist die rettende Gnade. Und Jesus sagt zu ihm: »Amen, ich sage dir: Heute noch wirst du mit mir im Paradies sein.«

Wenn Menschen erkennen, wer und was Jesus ist, und Glauben an ihn haben, spiegelt das etwas Wichtiges über unsere spirituelle Reise. Es geht dabei immer um eine innere Reise, um Ihre Fähigkeit, Göttlichkeit zu erkennen, wann immer und wo immer Sie ihr begegnen. Das erfordert eine bestimmte Art von Demut, die Ihnen erlaubt, hinter die Welt der Erscheinungen zu blicken und diesen Funken der zeitlosen Strahlung zu berühren. Es ist völlig gleichgültig, ob Sie das verstehen oder irgendetwas damit tun können; alles, was zählt, ist Ihre Fähigkeit, diesen Funken zu erkennen, wenn Sie ihn sehen, und sich demütig seiner erlösenden Gnade zu öffnen. Das ist die Magie des Lebens von Jesus. Das ist das Wunder, das alle anderen Wunder übersteigt – die Fähigkeit von Jesus, den Menschen, die in seiner Nähe sind, Göttlichkeit zu spiegeln. Dieses Wunder ist viel größer als das Wunder, auf dem Wasser zu gehen oder Wasser in Wein zu verwandeln. Es ist das Wunder der Erlösung, das die Menschen zu ihrer wahren Natur erwachen lässt.

Der Tod von Jesus im Johannes-Evangelium

Wir haben uns ausführlich damit beschäftigt, wie das Leben von Jesus im Markus-Evangelium endet; jetzt will ich im Vergleich dazu betrachten, wie das Leben von Jesus im Johannes-Evangelium endet. Johannes hat eine ganz andere Sicht auf Jesus. Johannes betrachtet Jesus als das ultimative spirituelle Prinzip. Im Johannes-Evangelium hören wir diese ganzen erstaunlichen Aussagen, die mit »Ich bin« beginnen – zum Beispiel »Ich bin der Weg und die Wahrheit und das Leben« (Johannes 14,6) und »Ich bin das Licht der Welt« (Johannes 8,12).

Johannes hat den sehr menschlichen Charakter von Jesus, den wir bei Markus finden, in ein abstraktes spirituelles Prinzip verwandelt, und das in einem solchen Maß, dass

Jesus am Beginn des Johannes-Evangeliums die Schöpfungsgeschichte in Genesis im Alten Testament an sich reißt.

> *»Im Anfang war das Wort, und das Wort war bei Gott, und Gott war das Wort.*
> *Es war im Anfang bei Gott.*
> *Alles ist durch es geworden, und ohne es ist nichts geworden, was geworden ist.*
> *In ihm war das Leben, und das Leben war das Licht der Menschen.«* (Johannes 1,1–4)

Im Alten Testament ist Gott der Schöpfer von Himmel und Erde. Im Johannes-Evangelium ist Jesus das schöpferische Prinzip. Also ist der Jesus von Johannes nicht wie der Jesus, den wir bei Markus finden. Im Markus-Evangelium finden wir einen Jesus, der, indem er sein Leben durchlebt, eine Landkarte für den Weg des spirituellen Erwachens bis zur letztendlichen Befreiung ausarbeitet. Im Johannes-Evangelium ist Jesus gebieterisch; er hat die volle Kontrolle über sich selbst. Es scheint fast so, als würde er ganz und gar unberührt über die Ereignisse der Geschichte hinwegschweben. Im Johannes-Evangelium ist Jesus von Anfang an vollkommen erwacht. In gewissem Sinn ist das Porträt, das Johannes von Jesus zeichnet, das des wiederauferstandenen Jesus, das dort weitergeht, wo das Markus-Evangelium abbricht. Es scheint, als hätte Johannes den Zustand der Wiederauferstehung verstanden, auf den Markus in seinem Evangelium anspielt, ohne ihn weiter auszuführen, und hätte die Geschichte aus dieser Perspektive umgeschrieben. So haben wir also bei Johannes ein ganz anderes Porträt von Jesus – und folglich ein ganz anderes Porträt des Todes von Jesus am Kreuz.

Bei Johannes beginnt die Kreuzigung mit dieser Szene:

> *»Bei dem Kreuz Jesu standen aber seine Mutter und die Schwester seiner Mutter, Maria, die Frau des Klopas, und Maria von Magdala. Als Jesus die Mutter und den Jünger, den er liebte, dastehen sah, sagte er zur Mutter: Frau, da ist dein Sohn! Dann sagt er zu dem Jünger: Da ist deine Mutter! Und von jener Stunde an nahm sie der Jünger zu sich.«* (Johannes 19,25–27)

Da stehen also am Kreuz diese drei Frauen und der geliebte Jünger, der Johannes ist, der Verfasser des Evangeliums. Johannes und Jesus hatten immer eine äußerst enge und intime Beziehung. Johannes weiß instinktiv, wie er die richtige Beziehung mit Jesus unterhalten kann; er kämpft nicht, er strengt sich nicht an, er weiß auf intuitive Art, wie er sich der Göttlichkeit gegenüber in genau der richtigen Weise verhalten soll. Dort, am Ende seines Lebens, haben Jesus alle Jünger außer Johannes verlassen.

Ich fand es schon immer sehr wichtig, dass es die drei Frauen waren, die am Fuß seines Kreuzes die Nachtwache hielten. Sie fürchteten sich nicht und sie ließen ihn nicht im Stich. Hier geht es um eine sehr wichtige Eigenschaft der weiblichen Energie. Im mythologischen Zusammenhang wird die männliche Energie oft als groß und stark und furchtlos und mutig dargestellt, aber unter diesem Anschein und dieser Prahlerei liegt eine Schwäche. Wir behaupten ja oft nur deshalb, furchtlos oder mutig zu sein, weil wir im tiefsten Inneren im Grunde Angst haben. In unserer Tiefe sind wir mit einem Gefühl der Unsicherheit in Berührung gekommen, also überspielen wir es und bemühen uns, mutig oder furchtlos zu erscheinen. Die weibliche Energie besitzt eine völlig andere Dynamik. Die weibliche Energie ist zutiefst mit der Welt verbunden. Frauen sind die Spender des Lebens; jedes menschliche Wesen auf der ganzen Erde hat Form angenommen im Bauch einer Frau und wurde durch eine Frau geboren. Deshalb ist die weibliche Sichtweise mit der Erde verbunden, mit etwas Reichem und Bodenständigem und Nährendem. Vor allem aber ist das Weibliche mit einer tiefen und starken Liebe verbunden – eine Liebe, die in sich selbst Mut und Furchtlosigkeit ist. Sie ist ohne Prahlerei, weil sie wirklich ist und direkt im Boden des *Seins* selbst wurzelt. Und deshalb haben diese drei im Leben von Jesus so wichtigen Frauen ihn nicht verlassen. Da stehen sie in ihrer Nachtwache und sorgen für ihn bis zum letzten Atemzug seines Lebens.

Und vom Kreuz aus nun tut Jesus etwas Wunderschönes. Er sagt zu seinem geliebten Jünger: »Jetzt vertraue ich dir meine Mutter an, sie ist jetzt deine Mutter.« Das ist eine berührende und schöne Handlung. Stellen Sie sich vor, Sie liegen im Sterben und eine Ihrer letzten Handlungen besteht darin, zwei der Menschen miteinander zu verbinden, die Ihnen am nahesten und wichtigsten sind. Sie vertrauen die beiden einander an, damit sie füreinander sorgen und aufeinander achtgeben.

Für mich zeigt das die Liebe, die tatsächlich unter der gesamten Botschaft von Jesus liegt. Alle seine maßgeblichen Handlungen, Wunder, Heilungen und seine Verurteilungen der religiösen politischen Machthaber bezogen ihre Kraft aus dem Urgrund einer tiefen Liebe für die Menschheit. Letztendlich widmete er sein ganzes Leben der Menschheit. Wie es in den Schriften heißt: »So liebte Gott die Welt, dass er seinen einzigen Sohn hingab.« Dieses Geben ist ein Akt der Liebe, und so war das Leben von Jesus tatsächlich eine Verkörperung der Liebe. Und hier am Ende findet alles seinen Höhepunkt in dieser sehr intimen und engen Vereinigung zwischen seinem geliebten Jünger und seiner Mutter, als er sie einander anvertraut. Das ist eine wunderschöne Szene.

> *»Danach, im Wissen, dass alles vollbracht war, sagte Jesus, damit sich die Schrift erfüllte: Ich habe Durst! Ein Gefäß mit Essig stand da. Sie steckten einen mit Essig gefüllten Schwamm auf einen Ysopstängel und führten ihn an seinen Mund. Als Jesus den Essig genommen hatte, sagte er: Es ist vollbracht! Und er neigte das Haupt und gab den Geist auf.«* (Johannes 19,28–30)

Das Ende des Lebens von Jesus ist bei Johannes völlig anders als bei Markus. Bei Markus war der letzte Atemzug von Jesus ein lauter Todesschrei, gerufen aus Erschöpfung und Qual. Im Johannes-Evangelium bewahrt Jesus bis zum Ende seine Würde und sein Gleichgewicht und bleibt im göttlichen *Sein* verankert. Mit seinem letzten Atemzug sagt Jesus einfach: »Es ist vollbracht.« Jesus hat seine Bestimmung ausgelebt; er hat seine Rolle gut gespielt und bereut nichts. Ich denke, jeder würde hoffen, dieses Gefühl am Ende seines Lebens zu haben – dass er sein Leben gut gelebt hat, dass er seiner Inkarnation *alles* von sich gegeben hat, dass er seine Wahrheit, seine Liebe und sein Licht verschwenderisch an die Welt verschenkt hat, ohne etwas zurückzuhalten. Dann stellt sich am Ende des Lebens keine Reue ein, nur das Gefühl, das Jesus hatte: »Es ist vollbracht.« Was für eine wunderbare Art, das Leben von Jesus zu beenden.

Kapitel 14
Die Wiederauferstehung

»Christus hat auf Erden jetzt keinen anderen Körper als deinen.«
Heilige Teresa von Avila

Die Schlussszene in der Jesus-Geschichte ist die Wiederauferstehung. Wie wir an vielen der Schlüsselszenen im Leben von Jesus gesehen haben, hat jeder der Evangelisten eine andere Sicht auf das Geschehen, und das trifft auch für die Wiederauferstehung zu. Ich will untersuchen, wie Markus die Wiederauferstehung schildert.

Das Mysterium der Wiederauferstehung

Das Markus-Evangelium enthält eine sehr kurze Schilderung der Wiederauferstehung mit einem ziemlich abrupten Ende. Der Text hat zwar eine Fortsetzung mit Geschichten über Jesus, der seinen Jüngern begegnet, nachdem er wiederauferstanden ist, aber dieses Material – ab Markus 16,9 – wird für eine spätere Hinzufügung gehalten, welche die Originalversion der Wiederauferstehung, wie Markus sie geschildert hat, erklären soll. Ich glaube, dieses zusätzliche Material macht den Eindruck schwächer, deshalb werde ich mich an die Originalversion halten, wie Markus sie geschrieben hat.

»Als der Sabbat vorüber war, kauften Maria aus Magdala, Maria, die Mutter des Jakobus, und Salome Balsam, um (zum Grab) zu gehen und ihn zu salben. Sie kamen am ersten Wochentag zum Grab, sehr früh, als eben die Sonne aufging. Sie sagten zueinander: Wer wird uns den Stein vom Eingang des Grabes wegwälzen? Doch als sie aufblickten, sahen sie, dass der Stein schon weggewälzt war; er war nämlich sehr groß. Sie gingen in das Grab hinein und sahen einen jungen Mann auf der rechten Seite sitzen, bekleidet mit einem weißen Gewand, und sie erschraken. Er aber sagte zu ihnen: Erschreckt nicht! Ihr sucht Jesus von Nazaret, den Gekreuzigten. Er ist auferweckt worden, er ist nicht hier. Seht da die Stelle, wo sie ihn hingelegt hatten. Aber nun geht und sagt seinen Jüngern und Petrus: Er geht euch voraus nach Galiläa. Dort werdet ihr ihn sehen, wie er euch gesagt hat. Da gingen sie hinaus und flohen vom Grab; denn Angst und Entsetzen hatte sie gepackt. Und sie sagten niemand etwas; denn sie fürchteten sich.« (Markus 16,1–8)

So endet die Wiederauferstehung bei Markus. Es ist eine sehr kurze, sehr intensive Szene. Maria Magdalena und Maria, die Mutter von Jakobus, und Salome kehren zu der Höhle zurück, in der Jesus begraben wurde. Ein riesiger Stein war vor den Höhleneingang gerollt worden, deshalb fragen sie sich, wie sie den Stein wohl bewegen könnten, um Jesus mit Ölen und Gewürzen zu salben. Sie können sich ihre Überraschung vorstellen, als sie zu dem Grab kamen und entdeckten, dass dieser riesige Felsbrocken vom Höhleneingang hinweggerollt worden war. Wer hat das getan? Wie ist das getan worden? Der Stein war viel zu schwer, als dass eine Person ihn hätte bewegen können.

Ihre zweite Überraschung war, diesen Mann vorzufinden, der ganz in Weiß gekleidet ist und friedvoll und ruhig in der Grabhöhle sitzt. Wir wissen nicht, wer er ist; Markus berichtet nirgendwo, wer er ist. Derselbe Mann – oder ein engelhaftes Wesen – taucht an der Peripherie einiger früherer Szenen der Geschichte auf. Wenn Markus beschreibt, wie Jesus im Garten von Getsemani verhaftet wird, erwähnt er auch diesen in Weiß gekleideten Mann, der davonrennt, aber seine Identität wird nicht enthüllt. Unter den Gelehrten gibt es viele Spekulationen darüber, wer er gewesen sein könnte, aber ich denke, die Unklarheit über seine Identität hat einen Grund. Dieses Geheimnis trägt zur dramatischen Atmosphäre der Geschichte bei – und letzten Endes geht es hier um die Entfaltung eines spirituellen Mysteriums.

Diese drei Frauen nun sind tief verwurzelt in einer mitfühlenden, herzensoffenen Weiblichkeit. Sie sind aus Liebe und Hingabe gekommen, um den Körper von Jesus mit Ölen und Gewürzen zu salben. Obwohl er tot ist, bleiben sie ihm hingebungsvoll verbunden; sie haben ihn nicht verlassen, wie es seine Jünger getan haben. Als sie die Grabhöhle betreten, treffen sie diesen seltsamen, in Weiß gekleideten jungen Mann, der ihnen versichert, dass alles vollkommen in Ordnung ist. Er erzählt ihnen, dass Jesus auferstanden und nach Galiläa gegangen sei, und weist sie an, dies den Jüngern mitzuteilen.

Sie können sich vorstellen, was für ein Schock das für die Frauen war. Zuerst bemerken sie den hinweggerollten riesigen Felsbrocken, und dann im leeren Grab – in dem sie nichts anderes zu finden erwartet hatten als den Körper von Jesus – begegnen sie diesem in Weiß gekleideten jungen Mann, der fast wie ein Engel aussieht und dort glückselig, ruhig und völlig furchtlos sitzt. Es ist ein Moment des Schreckens, und diese drei Frauen sind überrascht und haben Angst. Sie fliehen aus der Grabhöhle, von Furcht geschüttelt.

Die Abwesenheit von Jesus ist wunderbar, aber sie ist wunderbar auf erschreckende Weise; die Frauen wissen nicht genau, was geschehen ist. Der geheimnisvolle Mann deutet die Wiederauferstehung an. Er sagt, dass Jesus die Jünger in Galiläa treffen würde, und die anderen Evangelisten werden dieses Thema aufnehmen und viele Geschichten über Jesus und die Jünger nach der Wiederauferstehung hinzufügen. Aber bei Markus bekommen wir die kürzeste und intensivste Version.

Natürlich setzt Markus immer auf Überraschung; er baut in seine Erzählung völlig unerwartete Wendungen ein, und gerade das macht die Schönheit des Markus-Evangeliums aus. Markus lässt sich nicht immer flüssig lesen; er ist, im Gegensatz zum Autor des Johannes-Evangeliums, kein Dichter. Er ist mehr daran interessiert, die unerwarteten Verschiebungen und Wendungen der Geschichte zu untersuchen, und ich glaube, er tut das deshalb, weil auf diese Weise Herz und Geist für das Geheimnisvolle des Lebens geöffnet werden. Wenn wir ständig von Ereignissen lesen, die wir nicht erwartet haben, und Szenarien begegnen, die manchmal fast schon enden, bevor sie begonnen haben, versetzt uns das in einen geheimnisvollen Zustand des *Seins.* Und ich glaube, der Autor des Markus-Evangeliums wollte uns in genau diesen Zustand von Offenheit versetzen. Das ist der Zustand, in dem wir die Strahlung erkennen können, und wenn wir offen sind und vom Wind des Geistes überrascht werden, können wir in sein Leuchten verwandelt werden.

Die Bibel sagt vom Geist, er komme wie ein Dieb in der Nacht, wenn man ihn am wenigsten erwartet. Das Evangelium des Markus ist tatsächlich so aufgebaut, dass Sie hineingezogen werden in diese Momente seltsamer Wendungen im Geschehen, die abrupt abbrechen ohne eigentliches Ende. Aber wenn Sie sich auf diese Geschichte wirklich einlassen und sie in sich aufnehmen, dann können auch Sie in diesen Zustand der Offenheit kommen. Auch Sie können an den Ort gelangen, an dem die Zeit anhält und die wirbelnde Welt eins wird mit der Ewigkeit. In diesem Zustand können Sie sich der Gegenwart Ihres eigenen *Seins* öffnen, des göttlichen *Seins,* das wir alle sind.

Das Leben nach der Wiederauferstehung

Es gibt noch andere Gründe, weshalb die Wiederauferstehung solch ein interessanter Teil der Jesus-Geschichte ist. Obwohl das Thema der Wiederauferstehung alt ist, gibt es für die Wiederauferstehung von Jesus und ihre Bedeutung keine genaue Parallele in der spirituellen Literatur – vor allem im Gegensatz zu vielen Formen östlicher Spiritualität, in denen die Grundidee darin besteht, aus der Welt von Zeit und Raum zu erwachen, dem Rad des Karma zu entrinnen und in einen Zustand spiritueller Erleuchtung zu gelangen, so dass man nie wiedergeboren wird. Das Ziel dieser Formen von Spiritualität ist es, buchstäblich vom Rad der dualistischen Welt abzuspringen und sie zu transzendieren, sodass man nicht in die Form zurückkehren muss.

Die Jesus-Geschichte ist das genaue Gegenteil davon. Jesus steigt direkt aus dem Himmelreich herab; er steigt nieder aus der Erleuchtung in die menschliche Form. Das zeigt, wie der Geist – anstatt zu versuchen, der dualistischen Welt, in der wir leben, zu entfliehen – sich selbst an die Welt *verschenkt*. Aus Liebe ergießt sich der Geist zurück in die Welt, um das Licht der Strahlung in die Welt zu bringen und zu zeigen, dass nichts vom Göttlichen getrennt ist; tatsächlich gibt es nichts anderes als das Göttliche selbst.

Dieses Thema des verkörperten Geistes finden wir auch ganz am Ende der Jesus-Geschichte. Das Leben Jesu endet am Kreuz; dieser Tod ist die große Erlösung, die große Transzendierung von Zeit und Raum. Aber natürlich endet sein Leben nicht wirklich mit der Kreuzigung; es findet seinen Höhepunkt in der Wiederauferstehung, als Jesus noch einmal zurückkehrt in die Welt von Zeit und Raum. Wenn in der Reise des Erwachens das Selbst ausgelöscht wurde und sich aufgelöst hat, erfahren wir eine Art Wiederauferstehung. Wir erleben eine Neuorientierung. Mit anderen Worten: Wir sind nicht länger das Zentrum unseres individuellen Lebens, und das Leben dreht sich nicht mehr um unsere eigene Zufriedenheit; es geht nicht einmal darum, einen höheren spirituellen Zustand zu erreichen.

Ich behaupte nicht, dass es danach keine weitere spirituelle Entwicklung mehr gibt, aber das auf das eigene Selbst ausgerichtete Leben ist vorbei. Das ist es, was gestorben ist. Die Wiederauferstehung schildert, was danach kommt – nachdem die Bestimmung der eigenen persönlichen Geschichte durchlebt wurde. Und dennoch ist da immer noch ein Leben, das gelebt werden muss. Hier wirkt die Wiederauferstehung als Spiegel, der zeigt, dass es etwas gibt, das zurückkommt; etwas überlebt den Tod des Selbst. Im Markus-Evangelium nun wird nicht deutlich gesagt, was überlebt, was tatsächlich wiederaufersteht. Individuell gesehen ist das, was aus der Asche des Todes des eigenen Selbst zurückkehrt ins Leben, etwas eigentlich ganz Einfaches, aber ziemlich Bedeutsames. An diesem Punkt gibt es nichts anderes mehr zu tun, als auf gütige Weise anwesend zu sein in der Welt. Ich sage das nicht, weil man das tun möchte oder es versucht, zu sein. All die Versuche, spirituell oder rein oder mitfühlend oder liebevoll zu sein, all dieses Bemühen ist genau das, was das Ego oder das Selbst zu tun oder zu sein versucht. Aber wenn sich das alles auflöst, gibt es buchstäblich nichts mehr zu tun; es gibt keine Ausrichtung des Lebens, die Sinn macht, außer der, auf selbstlose und gütige Weise anwesend zu sein. Das kann auf großer Bühne geschehen, es kann aber auch einfach bedeuten, eine gütige Großmutter oder Mutter oder Tochter zu sein oder ein gütiger Sohn oder Geschäftsmann. Es muss nicht auf eine bestimmte Weise geschehen, und tatsächlich kann der Zustand der Wiederauferstehung ziemlich normal aussehen.

Wenn wir uns das Leben von Jesus betrachten, bekommen wir natürlich den Eindruck, dass der spirituell erwachte Zustand immer beeindruckend und charismatisch aussieht, aber dieser Ton macht einfach eine gut erzählte Geschichte aus. Die Wiederauferstehung in einem selbst ist etwas weit Stilleres. Wenn das Selbst ausgelöscht wird, ist da oft das vorübergehende Gefühl, in der Asche zu leben, unter den Toten. Die Neuorientierung wird nicht sofort oder intuitiv erkannt. Es ist so wie bei Ihnen als Baby; Sie hatten die angeborene Anlage, zu laufen und später zu rennen, aber Sie hatten die Fähigkeit dazu noch nicht entwickelt. Sie wussten nicht recht, wie man das macht; Sie mussten sich auf Ihre Füße stellen, einen Schritt tun und umfallen, aufstehen und einen weiteren Schritt tun. Selbst wenn Sie mit bestimmten Fähigkeiten geboren wurden – zu gehen, zu rennen, zu sprechen –, ist keine dieser Anlagen auf Knopfdruck abrufbar. Wir müssen uns auf sie hin ausrichten und uns in sie hineinentwickeln. Unsere Anlagen sind als Potenzial vorhanden, aber sie brauchen eine Weile, um zum Blühen zu kommen.

Ein Teil der Wiederauferstehung geschieht, wenn das, was nach der Kreuzigung zurückgeblieben ist, seine Augen öffnet und entdeckt, dass alles, wofür es sich je gehalten hat – nicht nur das Ego, sondern sämtliche spirituellen Erfahrungen und Definitionen –, tot ist. Es wird nicht sofort klar, wie das Leben fortan aussehen wird. Jedes Gefühl von Leidenschaft und Tatkraft gehört zum Selbst, zum Ego, selbst wenn sich dies sehr positiv auswirkt auf das Wohl aller Wesen. Es ist sehr schwer zu beschreiben, was Sie antreibt, wenn das alles nicht mehr da ist. Es kommt von einem Ort, der sehr, sehr einfach ist. In der Zen-Tradition heißt es, wenn du hungrig bist, dann isst du, und wenn du müde bist, dann schläfst du. Das klingt nicht sehr aufregend, aber es weist auf die Einfachheit eines Lebens hin, das nicht länger von den inneren Kräften des Verlangens und der Abneigung getrieben ist – von dem Wunsch, etwas zu erreichen oder etwas zu entfliehen oder sogar etwas zu geben.

Was bleibt, ist eine große Herzenswärme, ein tiefes Mitgefühl für die Welt. Auch wenn das Wort *Wiederauferstehung* ein Sicherheben beinhaltet, ist es nicht so, als ob wir uns über alles und jeden erheben würden. Wiederauferstehung ist das Emporsteigen aus dem Tod des Selbst, aber darin liegt keine Hierarchie. Es gibt nicht das Gefühl, besser oder edler oder erhabener zu sein als irgendjemand anderes – all dies gehört zum Ego und zum Selbst. Da ist einfach nur eine schlichte, tiefe Intimität mit allen Dingen und allen Wesen und mit dem, was alle Dinge und alle Wesen übersteigt. Das Leben wird erfahren in seiner ganzen ursprünglichen Vollständigkeit und Einheit.

Diese Intimität *ist* der Zustand der Wiederauferstehung. Wir sehen, dass alles, was wir wahrnehmen, tatsächlich unser eigenes *Sein* ist. Ich erinnere mich an den Satz eines Zen-Meisters: »Meine wahre Persönlichkeit enthält das gesamte Universum.« Das ist eine starke Aussage, und wenn das jemand aus dem Ego heraus sagen würde, wäre es ein Zeichen für eine erschreckende Selbst-Inflation. Aber diese Aussage vermittelt in Wirklichkeit die innige Erfahrung jedes Augenblicks in all seiner Vollständigkeit und Göttlichkeit.

Als Jesus erscheint, wird er nicht sofort wiedererkannt; die Menschen wissen nicht recht, wer er wirklich ist, oder vertrauen ihm nicht – einige der Jünger eingeschlossen. All dies gehört einfach zur erzählten Geschichte und ist der Versuch, zu vermitteln, was es bedeutet, aus dem Zustand des *Seins* heraus zu leben; des *Seins*, das nicht der Welt von Zeit und Raum angehört. Wie Jesus sagt: »Ich bin in der Welt, aber nicht *von* ihr.« Ich meine, dies ist die bestmögliche Beschreibung der Wiederauferstehung: Eine absolut innige Beziehung zur Welt von Zeit und Raum und zu den Dingen und Menschen und Ereignissen zu haben – aber nicht *von* der Welt zu sein. Sie sind *von* der Welt der Ewigkeit, dem Himmelreich.

Teil 3

Jünger des Ewigen

Kapitel 15
Archetypen der Jesus-Geschichte

»Wenn ein Mensch leben soll, muss er ganz und gar lebendig sein in Körper, Seele, Kopf, Herz, Geist.«
Thomas Merton

Bis jetzt habe ich die Geschichte von Jesus durch die Linse der immerwährenden spirituellen Reise zum vollen Erwachen interpretiert, die von Natur aus revolutionär ist. Ich habe jede Szene in der Geschichte als Darstellung von Stadien der spirituellen Reise interpretiert, aber auch als Spiegel für bestimmte Wirklichkeiten in uns – vor allem die Wirklichkeit des göttlichen *Seins*. Aber der Charakter und das Leben von Jesus sind so außergewöhnlich und auf das Jenseits gerichtet, dass seine Geschichte allein uns nicht unbedingt lehrt, wie wir uns dieser Reise des Erwachens widmen sollen.

Verkörperte Göttlichkeit

Das Ziel ist hier, der gesamten Geschichte konkreten Ausdruck zu geben und den Geist in menschlicher Form zu verkörpern – nicht nur die transzendenten Momente, sondern auch die Dunkelheit, die Zweifel und den Verrat. Um dies tun zu können, dürfen wir uns nicht nur auf Jesus beziehen, sondern müssen auch die anderen Schlüsselfiguren in den Evangelien betrachten – Petrus, Johannes, Judas, Pontius Pilatus und Maria Magdalena. In der Art, wie sich jede dieser fünf Figuren Jesus gegenüber verhält, werden fünf verschiedene archetypische Weisen ausgedrückt, sich mit dem Geist und dem spirituellen Impuls in uns zu verbinden. Wir können diese Figuren und ihre Energien auf dieselbe Art internalisieren, wie wir die Stadien der Reise des Erwachens im Leben von Jesus internalisieren.

Wenn wir eine Geschichte lesen, neigen wir dazu, uns mit den edlen, heroischen Gestalten zu identifizieren, deshalb widerstrebt es uns, uns mit Judas oder mit Pontius Pilatus zu identifizieren. Wir alle wollen den Teil der Geschichte, der Jesus betrifft, verstehen und uns damit verbinden – das Licht, den Glanz, die Schönheit, die Wahrheit und die Transzendenz, für die er steht. Aber diese fünf Figuren stellen die dunkleren, schattenhaften Teile der Psyche dar, die wir nicht so bereitwillig annehmen; wir wollen nicht einmal zugeben, dass sie da sind.

Wir bewegen uns in der Sprache des Mythos, deshalb sind viele der Schlüsselfiguren in der Geschichte übertrieben dargestellt; sie sind überlebensgroß, um bestimmte archetypische Merkmale hervorzuheben. Wir werden wohl kaum die tiefe Verletzung von Judas oder das übermäßige Selbstvertrauen von Petrus in derselben Form in uns selbst finden, obwohl auch das möglich ist. Aber sobald wir unseren Blick weiten und sehen, dass jeder dieser Charaktere auch mit Sympathie betrachtet werden kann – denn ihre Handlungen entspringen ihren eigenen Verwundungen oder Leidenschaften oder dem Kummer oder der Furcht –, können wir ihnen mit Mitgefühl begegnen. Wir können sie nicht nur in uns selbst finden, sondern überall um uns herum im Leben. Wenn wir sehen, dass viele der Menschen, die uns umgeben, aus ihrem Schmerz, ihrem Leiden oder ihrem Kummer heraus handeln, können wir ihnen wie auch uns selbst mit mitfühlendem Verständnis begegnen.

Diese Archetypen sind universal und zeitlos. Sie sind heute noch so wahr und machtvoll, wie sie es zu der Zeit von Jesus waren. Nehmen Sie nur die Geschichte von Maria Magdalena; fast jeder kann sich mit ihr verbinden, denn wir alle hatten an irgendeinem Punkt in unserem Leben das Bedürfnis nach Erlösung, haben uns verloren und verzweifelt gefühlt oder haben etwas getan, von dem wir das Gefühl hatten, es sei unverzeihlich. Aber es ist gerade der Zusammenbruch, durch den die Erlösung kommt – und deshalb ist es so wichtig, dass wir diese Charaktere annehmen und sie in uns selbst wiederfinden.

Die Jesus-Geschichte gibt uns ein Beispiel dafür, wie sich der verkörperte Geist in der Welt bewegt, aber diese fünf archetypischen Figuren geben uns die emotionale und energetische Verbindung sowohl zu den hellen wie zu den dunklen Seiten der Psyche; wir müssen beide verstehen und uns mit ihnen auseinandersetzen, damit der Geist zu erwachen und sich in uns zu bewegen beginnt.

Jede dieser Gestalten hat eine tiefe innere Schwäche oder Wunde, die ihren Charakter bestimmt. Diese Teile von uns zu sehen – Teile, die wir nicht anerkennen wollen –, kann demütigend sein. Aber es ist unsere Demut, durch die sich der Geist mit unserer Menschlichkeit verbindet, um in sie einzufließen. Bevor wir dem Geist voll und ganz Ausdruck geben können, müssen wir das anschauen, was in uns dem Geist Widerstand entgegensetzt. Wir müssen diesen archetypischen Kräften in uns selbst begegnen.

Der Archetyp des Petrus

Petrus ist einer der Hauptcharaktere in der Jesus-Geschichte. Er trifft Jesus und ist fasziniert von seinem strahlenden und kraftvollen Charisma. Tatsächlich ist er von der Präsenz von Jesus völlig überwältigt; er reißt sich von seinem bisherigen Leben los und wird einer der ersten Jünger Jesu. Die Figur des Petrus steht zum einen für jenen Teil in jedem von uns, der lebendig wird, wenn wir mit jemandem in Kontakt kommen, der uns zutiefst inspiriert und in dem wir ein hohes Niveau von Wahrhaftigkeit und Vitalität erspüren. Petrus wird lebendig in der Gegenwart des göttlichen *Seins* in Form von Jesus und wird auf der Stelle einer seiner Anhänger.

Der Charakter von Petrus ist einer der interessantesten archetypischen Charaktere in der ganzen Jesus-Geschichte. Wie wir gesehen haben, verfehlt Petrus dauernd den Zweck. Er steht für die Art des *Seins,* die es nie richtig hinbekommt. Wenn Sünde bedeutet, den Zweck zu verfehlen in einer Art unschuldigem Irrtum, dann repräsentiert Petrus diesen unschuldigen Irrtum; er antwortet auf den Moment nie ganz in der Weise, die der Moment erfordern würde. Petrus ist voll motiviert und enthusiastisch und hat ein immenses Selbstvertrauen. Er überschätzt sich in fast jedem Moment in der Geschichte. Er ist sich so sicher, dass er keine menschliche Schwäche hat, dass er nicht versagen wird, dass er sich nicht von Jesus abwenden wird, aber alles, wovon Petrus behauptet, es nicht tun zu wollen, wird er letzten Endes tun.

Ein Teil dieses übermäßigen Selbstvertrauens ist ein Deckmantel für das, was tatsächlich das Leben von Petrus antreibt – und was das Leben von Petrus tatsächlich antreibt, ist Furcht. Das ist ein Teil der Maske der menschlichen Psyche. Manchmal, wenn Sie Furcht empfinden, überkompensieren Sie und versuchen, zuversichtlicher und gewisser zu erscheinen, als Sie wirklich sind. Zu Beginn ist die Furcht kein wirkliches Hindernis auf dem Weg von Petrus. Er macht einen Sprung, den sehr wenige Menschen tun würden, wird sofort ein Anhänger und Jünger von Jesus und lässt sein bisheriges Leben zurück. Anfangs scheint er nicht nur ein inspirierter Mann zu sein, sondern auch ein mutiger Mann. Aber im Verlauf der Geschichte werden wir sehen, dass Petrus sich unablässig selbst überschätzt; seine Fähigkeiten und Persönlichkeitsmerkmale entspringen seiner tieferen Natur, und die ist Furcht.

In den wichtigsten Momenten wird Petrus von Furcht erfasst – oder von der sie kompensierenden Emotion, der Selbstüberschätzung. In der gesamten Jesus-Geschichte gibt es lebenswichtige Momente, in denen die getroffenen Entscheidungen und die Art, in der die verschiedenen Figuren darauf antworten, ernste Konsequenzen haben. Das Leben von jedem von uns hat solche entscheidenden Momente, aber oft erkennen wir erst im Nachhinein, wie wichtig sie waren.

An einer bestimmten Stelle in der Geschichte nun hat

Jesus eine Vorahnung der Zukunft und teilt sie mit seinen Jüngern. Jesus hat erkannt, dass sie ihn irgendwann alle im Stich lassen werden, dass sie ihn alle verleugnen werden. Petrus in seiner Selbstüberschätzung steht auf und sagt: »Ich werde dich nie verleugnen.« Und natürlich weiß Jesus, dass Petrus ihn verleugnen wird, aber was soll er sagen? Da steht Petrus vor ihm und lebt seine Natur aus. Er überschätzt sich, weil ihm die Verwurzelung in der Demut fehlt, die seine Verbindung zu seinem Herzen und zu den tieferen Wirklichkeiten seines Charakters aufrechterhalten würde. Aber weil der Standpunkt von Petrus der Furcht entspringt, will er das nicht sehen. Er will vor seiner Schwäche fliehen, und er will, dass Jesus sein Leben ganz und gar in Ordnung bringt.

Natürlich geschieht das so nicht. Beim heiligen Abendmahl, als alle Jünger versammelt sind, sagt Jesus: »Bevor der Hahn zweimal kräht, werdet ihr mich drei Mal verleugnen.« Jesus kennt den Charakter von Petrus; er versteht Petrus besser, als dieser sich selbst versteht. Noch einmal versichert Petrus, dass er Jesus nicht verleugnen werde, und noch einmal überschätzt sich Petrus selbst.

Ich glaube, wenn wir wirklich in uns hineinsehen, können wir ein wenig vom Charakter des Petrus in uns selbst finden. Dieses Etwas wächst aus dem kleinen Samen der Furcht heraus, die im Zentrum unseres *Seins* liegt. Wir sehnen uns danach, diese Furcht zu überdecken, eine andere Emotion oder Lebensanschauung zu finden, die sie kompensiert, sodass wir ihr nicht direkt begegnen und uns mit ihr auseinandersetzen müssen. Jeder Mensch hat seine eigene Art, mit der Furcht umzugehen. Manche Menschen schrecken vor der Furcht zurück, während andere, wie Petrus, sich mit falscher Tapferkeit brüsten.

Wie Sie sich erinnern, ist Petrus tatsächlich der Erste, der Jesus verleugnet. Die junge Frau im Hof erkennt ihn wieder als einen Jünger von Jesus, und Petrus leugnet, Jesus je gekannt zu haben. Sie stellt ihn drei Mal zur Rede, und Petrus verleugnet Jesus drei Mal kurz hintereinander. So erfüllt sich die Prophezeiung.

Immer wieder verfehlt Petrus den Zweck in den allerwichtigsten Momenten. Sein Dilemma ist nicht nur, dass er versucht, seine Furcht zu kompensieren, sondern dass er nicht ehrlich mit sich selbst ist. Er will seine menschliche Schwäche nicht wahrhaben; er will sich seiner Fehlbarkeit nicht stellen. Aber in unserem Leben – und besonders in unserem spirituellen Leben – ist es absolut erforderlich, dass wir einen Zustand wahrer Aufrichtigkeit herstellen. Das ist es, worum es bei der Demut geht. Wir brauchen uns nicht gedemütigt zu fühlen von unserer menschlichen Natur mit all ihren Stärken und Schwächen; aber wenn wir wirklich aufrichtig sind, macht sie uns bescheiden, denn die menschliche Natur in jedem von uns enthält Schwäche. Da ist unsere offensichtliche körperliche Schwäche – wir alle werden krank, können Unfälle haben, und ganz bestimmt werden wir alle sterben –, aber es gibt auch emotionale Schwächen tief in uns, und wir tun gern so, als gäbe es sie nicht.

Petrus ist der Archetyp für eine bestimmte menschliche Schwäche; ihm fehlt die Ehrlichkeit, sich selbst zu sehen. Wenn Petrus sich selbst sehen könnte, wenn er sich zu seiner menschlichen Schwachheit bekennen könnte, wäre er vielleicht fähig, sich darüber zu erheben. Aber er kann seine

Schwäche nicht zugeben; er befindet sich in einem Dauerzustand der Verleugnung, und deshalb überschätzt er sich in jedem Augenblick und verfehlt immer aufs Neue den Zweck. Gute Absichten sind wirklich nichts wert, wenn wir nicht vollkommen aufrichtig mit uns selbst sein können. Der archetypische Charakter des Petrus erinnert uns alle daran, dass wir unsere Schwächen ehrlich anschauen müssen.

Der Archetyp des Judas

Neben Jesus selbst ist Judas die am stärksten ikonische Gestalt in den Evangelien. Judas wurde durch die gesamte Historie hindurch als heimtückische, bösartige Figur überliefert. Schließlich ist er derjenige, dem man die endgültige Schuld für den Tod von Jesus geben kann, denn er hat Jesus ausgeliefert. Judas ist bis in alle Ewigkeit ein höchst unsympathischer Charakter.

Wie ich schon sagte, kann man den Charakter von Judas auf viele verschiedene Weisen interpretieren. Aber wenn wir Judas durch die am meisten verbreitete interpretative Linse des Bösen betrachten, können wir beginnen, ein tieferes Verständnis für diesen dunkelsten Aspekt der menschlichen Psyche zu entwickeln. Der Archetyp des Judas ist jener dunkle Aspekt der verwundeten Psyche, der das zerschlägt, was er liebt. Judas wird angezogen vom göttlichen *Sein*, aber aufgrund einer tiefen, im Kern seiner Psyche verborgenen Wunde begegnet er genau dem, was er sucht, mit tiefem Zynismus und Misstrauen. Im Verlauf der Geschichte werden sich der Zynismus und das Misstrauen von Judas in heimtückische Bösartigkeit verwandeln, die genau das vernichtet, was Judas liebt: Jesus.

Judas ist eine gequälte Seele, die gehofft hatte, dass Jesus ihn von seiner eigenen Dunkelheit erlösen könnte, aber er kann die erlösende Kraft von Jesus nicht zulassen, weil er sich selbst nicht anschauen kann oder will. Er verhindert die Transformation, die er sucht. Er will so werden wie Jesus, aber er kann es nicht. Und weil er nicht das werden kann, was er liebt, muss er es zerstören.

Am Anfang jedoch ist Judas von Jesus fasziniert. Er hat die Fähigkeit – die viele Menschen nicht haben –, etwas Außerordentliches zu erkennen, wenn er es sieht. Als er Jesus begegnet, erleuchtet die Anwesenheit von Jesus etwas in seiner eigenen Persönlichkeit. Es ist also klar, dass Judas die Fähigkeit hatte, diese tiefere Wirklichkeit zu erkennen, die Jesus verkörpert. Er hatte die Fähigkeit, durch die äußere Erscheinung der Dinge hindurchzusehen, zu fühlen oder intuitiv zu erspüren, hin zum göttlichen Licht, das hindurchscheint. Deshalb fühlte er sich zuerst zu Jesus hingezogen. Judas stellt also das in uns dar, was sich vom Licht angezogen fühlt und gleichzeitig davor zurückschreckt – nicht nur aus Furcht, sondern auch aus Selbstzerstörung. Wir haben keine Möglichkeit, herauszufinden, ob irgendein Ereignis in seinem Leben etwas in seinem tiefsten Seinskern in Dunkelheit und Schatten verwandelt hat oder ob er einfach so geboren wurde, aber in jedem Fall trägt er ein tiefes Gefühl des Mangels in sich.

Dieses Gefühl des Mangels ist nicht ungewöhnlich. Tatsächlich ist das Gefühl, etwas mit einem selbst sei grundlegend falsch, eine der größten Krankheiten der westlichen

Kultur. Die Gesamtheit der westlichen Kultur wurzelt in der Ansicht, dass da etwas grundlegend falsch ist in einem selbst, und das kommt aus unseren religiösen Traditionen. Aus der Genesis haben wir die Botschaft erhalten, dass als Mensch zu existieren bedeute, ein in Sünde gefallenes Leben zu leben. Also sagt die Theologie, die die westliche Kultur bestimmt, dass da etwas grundlegend falsch ist mit Ihnen, dass Ihre Existenz irgendwie von Grund auf einen Makel hat.

Ich bin nicht der Meinung, dass die Existenz von menschlichen Wesen – oder die Existenz von überhaupt *jedem* Wesen – ein Fehler ist. Dennoch gibt es das verbreitete Gefühl, das viele Menschen haben, dass etwas nicht ganz in Ordnung ist. Vielleicht ist es etwas in Ihnen oder etwas in der Welt als Ganzem, aber etwas ist nicht ganz in Ordnung. Aus diesem Gefühl entsteht eine Empfindung von Unverbundenheit und Abgetrenntheit. So lange wir im egozentrierten Bereich des Bewusstseins sind, fühlen wir uns isoliert, weil wir denken und deshalb auch empfinden, dass wir gebunden sind an die Grenzen unserer eigenen Haut und unserer Knochen, und das zieht eine sehr entschiedene Trennungslinie zwischen uns und jedem anderen, Gott eingeschlossen. Aus dieser Perspektive der Trennung entsteht ein Gefühl der Entfremdung. Wenn wir uns getrennt und entfremdet fühlen, beginnt aus dieser Ansicht ein Gefühl der Unstimmigkeit zu wachsen: dass *da etwas mit mir zutiefst falsch ist.*

Wie ich sagte, wird in der westlichen Kultur nahezu jeder, dem Sie jemals über den Weg laufen werden, das Gefühl haben, dass etwas essenziell nicht ganz in Ordnung ist; diese Menschen haben das, was wir in moderner Sprache ein schlechtes Selbstbild nennen würden. Judas ist ein bis ins Bösartige hinein vergrößerter Archetyp für das Gefühl, dass da etwas nicht ganz in Ordnung ist. Er ist die Personifikation einer Art übler Dunkelheit im Kern des *Seins*, deren er sich nicht einmal bewusst ist.

Dieses Gefühl, dass etwas nicht stimmt, ist universal. Im Buddhismus nennt man es Maya oder Illusion. Nach der buddhistischen Theologie webt Maya einen Schleier der Illusion, der Sie *fühlen* und *denken* lässt, dass es eine Trennung gibt, wo tatsächlich keine ist; es handelt sich um eine Art kosmischer Fehler. Aber in unseren westlichen Religionen ist Illusion kein unschuldiger Fehler. Sie wird zu etwas Dunklem und Bösem. In den Religionen, welche die westliche Kultur geformt haben, haben wir das Gefühl des existenziellen Mangels mythologisiert und als Teufel personifiziert. Was der Osten eigentlich als einen unschuldigen Fehler ansieht, halten wir für böse.

Judas *hofft*, dass die Nähe von Jesus, das Charisma seiner kraftvollen spirituellen Gestalt, ihn schließlich erfüllen und ganz machen wird. Aber im Verlauf der Geschichte wird klar, dass nichts Judas wirklich erfüllen kann. Judas ist wie das, was der Buddhismus einen hungrigen Geist nennt; er hat das Gefühl, dass – wie viel auch immer er in sich aufnimmt – sein unerschöpflicher Magen und seine innere Leere mit nichts gefüllt werden können.

Es ist eine sehr menschliche Reaktion, zu versuchen, das innere Gefühl des Mangels aufzufüllen. Aber nichts, womit wir es zu füllen versuchen, wird es sättigen, bevor wir uns nicht wirklich nach innen wenden und ihm direkt begegnen. Wenn dem Mangel direkt begegnet werden kann und diese Erfahrung Liebe und Mitgefühl und Sympathie hervorruft, kann diese Wunde geheilt werden – aber vorher können auch noch so viel Güte, noch so viel Heiligkeit, noch so viel Charisma von außen uns jemals das Gefühl geben, ganz zu sein. Auch die größte Menge Liebe wird niemals das Gefühl der Leere füllen. Natürlich ist das alles eine Illusion, aber Illusionen leben davon, dass wir sie leugnen.

Den Charakter von Judas zermürbt diese Leere immer weiter, und er wird im Verlauf der Geschichte immer bösartiger. Beim Abendmahl schließlich ist der kritische Moment von Judas' Leben erreicht. Jesus taucht ein Stück Brot in den Wein, tränkt es mit der heimtückischen Gegenwart des Bösen und schiebt es in den Mund von Judas. Jetzt ist das Schicksal von Judas besiegelt. Seine Natur ist bestätigt worden, und nichts wird ihn davon abhalten, seinen Meister zu verraten – denn in seiner übelsten Form schlägt das fehlende Selbstwertgefühl genau auf das ein, was man am meisten liebt. Es wird versuchen, genau das zu zerstören oder zu töten, nach dem es sich am meisten sehnt, und das tut Judas. Er ist derjenige, der Jesus an die Machthaber ausliefert; er ist derjenige, der auf Jesus hinweist, indem er ihn küsst. Was für eine furchtbare und abgründig intime Art, den zu verraten, den er liebt.

Nun ist in mythologischen Geschichten natürlich *alles* aufgebauscht. Alles wird groß gemacht, sodass man seine Bedeutung nicht übersehen kann. Seit jeher gibt es Menschen, die Judas als etwas sehen wollen, das irgendwo *dort draußen* ist. »Ich bin nicht Judas, ich würde mich nie so verhalten, ich würde nie das, was ich liebe, verleugnen und zu zerstören versuchen.« Aber ich denke, wenn wir diese

Demut und Aufrichtigkeit in uns selbst berühren können, kann jeder von uns in einem gewissen Grad ein wenig von dem finden, wofür Judas steht.

Die meisten Menschen, denen ich in meiner Arbeit als Lehrer begegne, haben das Gefühl eines bestimmten existenziellen Mangels. Für manche Menschen entsteht er aus einem traumatischen Ereignis, wenn sie sich in unschuldiger Weise von ihrer eigenen Göttlichkeit abgewandt haben, ohne genau zu wissen, was sie taten. Andere Menschen scheinen sich einfach so inkarniert zu haben und mit dem Gefühl zur Welt gekommen zu sein, dass da etwas in ihnen nicht ganz in Ordnung ist. Andere wiederum erfahren es, wenn sie älter werden und dem unangenehmen Aufdämmern des Selbst-Bewusstseins begegnen. Es ist keine angenehme Art Selbst-Bewusstsein; es erinnert Sie vielmehr daran, dass da etwas nicht ganz übereinstimmt. Sie beginnen, ein Gefühl von fehlender Authentizität zu haben, und aus dieser fehlenden Authentizität entsteht das Gefühl des Mangels, das dann interpretiert werden kann als »da stimmt etwas von Grund auf nicht mit mir«.

Letztendlich ist all das illusorisch. Und doch kann es sehr tief und als sehr schmerzhaft empfunden werden. Erst wenn wir diesem tiefen Mangel mit wahrer Liebe und Furchtlosigkeit begegnen, können unsere alten existenziellen Wunden geheilt werden, was den verschiedenen Kräften in unserer Psyche erlaubt, zu einer Ganzheit zusammenzufinden. Judas scheint nie so recht fähig oder entschlossen zu sein, das zu tun. Sein Gefühl des Mangels tobt sich zügellos aus, bis es in einem Akt des heimtückischen Verrats zuschlägt.

Es ist möglich, unseren Eindruck des Mangels und das

Gefühl des Andersseins und der Trennung, das er erschafft, mit großem Mitgefühl zu betrachten. Das Gefühl des Mangels als solches ist nicht schlimm; es ist einfach die Wahrnehmung von Trennung, wo tatsächlich nur Vollständigkeit und Einheit ist. Es ist ein Zustand der spirituellen Unbewusstheit, aus der Jesus die Menschen ständig zu erwecken versucht. Das ist es, worum es in der Spiritualität geht – herauszufinden, dass wir ganz sind, dass wir immer ganz waren. Wie entfremdet sich jemand auch immer gefühlt hat, er war doch tatsächlich nie auch nur einen Atemzug entfernt vom Göttlichen. Die wahre Natur allen Seins ist das göttliche *Sein* selbst. Aber Judas steht für die äußerste Form des Vergessens und für das, was aus innerer Qual entstehen kann, wenn man sie auf andere projiziert.

Wie Jesus vom Kreuz herunter sagte über jene, die ihn getötet haben: »Vergib ihnen, denn sie wissen nicht, was sie tun.« Diese Aussage ist eine radikale Abwendung von der Religion seiner Geburt, in der ein Mann oder eine Frau einen schrecklichen Fehler machen und von Gott verflucht werden. Es ist auch eine radikale Absage an die christliche Botschaft, die von vielen Kirchen in der heutigen Zeit vermittelt wird und uns lehrt, wir seien vom Makel der Erbsünde gezeichnet.

Die Botschaft der christlichen Theologie ist oft eine der Verurteilung, aber das ist nicht die Botschaft, die aus dem Mund von Jesus kam. Er sagte: »Verurteile sie nicht, denn sie wissen nicht, was sie tun. Vergib ihnen. Sie sind von ihrem eigenen Irrtum geblendet.« Mit anderen Worten, sie haben noch nicht erkannt, was Jesus erkannt hat: die Fülle des göttlichen *Seins*.

Jesus bewegte sich zwischen den Menschen auf der untersten sozialen Stufe – den Kranken, den Ausgestoßenen, denen, die Fehler machten. Das waren die Menschen, denen er seine Botschaft überbrachte. Das waren die Menschen, für die er auf diese Erde gekommen war, und ich glaube, das waren die Menschen, zu denen er ganz am Ende seines Lebens sprach. *Vergib ihnen, denn sie wissen nicht, was sie tun.*

Und was sind das für Menschen? Es sind Sie und ich. Es sind wir alle. In dieser Hinsicht ist niemand perfekt. Jesus erinnert uns an die Gegenwart des göttlichen *Seins* in uns allen. Und Judas erinnert uns an das in uns selbst, das sich den heilenden Balsam wünscht und das Leuchten des *Seins* ersehnt und sich doch seiner unwürdig fühlt. Dem tiefen Gefühl des Mangels und der Unwürdigkeit, das in unserer Kultur grassiert, fällt es schwer, das Leuchten der Gnade anzunehmen, weil es so sehr im Gegensatz steht zu dem Eindruck, den wir von uns selbst haben. Das ist das Dilemma des Judas, und es ähnelt sehr dem Dilemma der meisten Menschen. Die Unwürdigkeit von Judas verwandelte sich in ihre bösartigste und heimtückischste Form, aber wir alle können von dem, worunter Judas litt, ein wenig in uns selbst finden.

Der Archetyp des Pontius Pilatus

Pontius Pilatus ähnelt Judas in vielerlei Hinsicht. Pilatus und Judas sind zwei der am meisten missverstandenen Gestalten in der gesamten Jesus-Geschichte. Beide Charaktere kann man leicht ablehnen oder sogar hassen, aber beide zeigen uns etwas Wichtiges über die menschliche Natur.

Ich untersuche hier nicht streng die historische Figur des Pontius Pilatus, sondern betrachte eher die Rolle, die er in der Jesus-Geschichte spielt, und auch den Archetyp der menschlichen Psyche, den er ausdrückt. Pontius Pilatus ist ein Archetyp des rationalen Führers. Er ist der römische Statthalter von Judäa, und seine Aufgabe ist es, den Frieden aufrechtzuerhalten und sicherzustellen, dass die Gemeinschaft der Bürger reibungslos funktioniert. Er steht für den Teil in jedem von uns, der aus dem rationalen Geist heraus handelt und dabei das Herz ausschließt. Dennoch kann in seiner Rationalität ein gewisser Adel liegen und ein starkes Gefühl der Verpflichtung und der Verantwortung den Bürgern gegenüber.

Man spürt, dass Pilatus sich selbst für einen guten Menschen hält, einen moralischen Menschen und einen ethischen. Er gewährt Jesus viel Zeit, um sich selbst zu erklären. Er wirft ihn nicht einfach der Menge vor, damit er gekreuzigt wird, nur weil er die Angelegenheit beenden will. Er nimmt sich die Zeit, zu ergründen, warum die Menge so entschlossen ist, diesen Mann töten zu lassen.

Der schwache Punkt im Charakter von Pontius Pilatus ist derselbe wie seine Stärke: seine Rationalität. Rationalität zu haben, ist eine sehr nützliche Fähigkeit, aber es ist auch eine Schwäche, denn sie hält ihn davon ab, voll und ganz auf seine Intuition zu hören. Während er Jesus befragt, beginnt er sich mehr und mehr auf Jesus einzulassen, und wir bekommen den Eindruck, dass er wirklich zu der Überzeugung kommt, dass Jesus ein unschuldiger Mensch ist – und nicht nur ein unschuldiger Mensch, sondern auch ein guter Mensch.

Tatsächlich scheint Pontius Pilatus sogar zu glauben – obwohl die Geschichte hier vage bleibt –, dass Jesus eine authentische spirituelle Gestalt ist. Vielleicht *ist* er der König der Juden, vielleicht ist er der Erlöser und der Messias. Pontius Pilatus weiß es nicht, aber je länger er mit Jesus spricht, umso stärker wird sein Eindruck, dass dies ein unschuldiger Mann ist und ein Mann von großem Format.

Die Frage von Pilatus an Jesus, »was ist Wahrheit?« (Johannes 18,38), ist durch die Jahrhunderte hindurch überliefert, und Theologen haben viel Zeit darauf verwandt, die Bedeutung der Befragung von Jesus durch Pilatus zu untersuchen. Wie oft fragt schon ein politischer Führer und eine Autorität einen angeklagten Verbrecher nach der Wahrheit? Allein durch das Stellen der Frage zeigt Pilatus, dass er einen gewissen Respekt vor Jesus hat – und vielleicht auch das Gefühl, dass dieser Mann vor ihm etwas sehr, sehr Wichtiges weiß. Es wirkt so, als stünde Pilatus selbst an der Schwelle seiner eigenen Entdeckung der Wahrheit, die Jesus verkörpert. Anders als so viele der religiösen Autoritäten, denen Jesus begegnet, ist Pilatus aufrichtig daran interessiert, genau herauszufinden, wer Jesus ist und welche Wahrheit er predigt.

Pilatus steht also auch für den Teil in uns, der wirklich die Wahrheit wissen will. Und doch ist er in erster Linie an der Wahrheit im Sinn von *Tatsachen* interessiert: Was hast du getan, wann hast du es getan und warum will dieser Mob dich kreuzigen? Das ist die Art Fragen, an denen Pilatus interessiert ist; auf diese Weise sieht er die Wahrheit.

Für Jesus nun ist Wahrheit etwas völlig anderes. Sie besteht nicht in dem, was geschehen und warum es geschehen ist; sie besteht nicht in Fakten. Für Jesus ist Wahrheit ein Zustand des *Seins*. Wie er sagt: »Mein Königtum ist nicht von dieser Welt.«

Die Wahrheit, auf die Jesus hinweist, ist nicht die Wahrheit der Historie oder die von Tatsachen, nicht die Wahrheit der Physik, der Mathematik, der Biologie oder der Wissenschaft, und ganz sicher ist es nicht die Wahrheit der politischen Zweckmäßigkeit; es ist ewige Wahrheit, die Wahrheit des *Seins*. Die Wahrheit von Jesus ist die absolute Wahrheit dessen, was wir alle sind. Das macht sie göttlich, das bringt sie in den spirituellen Bereich der Ewigkeit.

Die Wahrheit von Jesus interessiert Pilatus, aber sie bringt ihn in einen Zwiespalt. Draußen hat er eine Menge wütender Leute, die Jesus gekreuzigt sehen wollen, und doch spürt er, dass Jesus ein unschuldiger Mensch ist, vielleicht sogar ein außergewöhnlicher Mensch. Wie wird er mit diesem Dilemma umgehen? Welcher Art Wahrheit wird er letztendlich treu bleiben? Wenn er Jesus freilässt, hat er ein Problem, denn die Menge wird aufgebracht sein; als Statthalter von Judäa aber ist es seine vorrangige Aufgabe, den Frieden zu wahren und vor allem die Ordnung aufrechtzuerhalten. Das bringt ihn in einen moralischen Zwiespalt: Soll er dem folgen, was seine Instinkte als richtig empfinden, nämlich diesen Mann freizulassen, oder soll er tun, was sein rationaler Geist empfiehlt und was seine politische Position vorschreibt, nämlich Jesus zu kreuzigen, wenn auch aus keinem anderen Grund als dem, Frieden und Ordnung aufrechtzuerhalten?

In der Historie wurde Pilatus oft als schreckliche Gestalt angesehen, als der Mann, der dafür verantwortlich war, dass Jesus getötet wurde. In einigen anderen Evangelien wird er so gesehen, aber im Johannes-Evangelium erscheint Pilatus als ein viel sympathischerer Charakter. Wenn wir ihn wirklich in der Tiefe verstehen wollen, müssen wir ihn wie alle diese Figuren auf uns selbst beziehen, um den menschlichen Archetyp zu finden, den Pilatus verkörpert.

In jedem von uns können wir Rationalität im besten Sinn finden – den Teil von uns, der die Tatsachen in einer gegebenen Situation anschaut und wirklich versucht zu entscheiden, was das richtige Verhalten wäre, damit wir unserer Aufgabe gerecht werden. Daraus entsteht eine gewisse ethische und moralische Richtschnur, aber die Schwäche der reinen Rationalität ist, dass sie keinen Raum für das Herz lässt, für unsere tieferen Intuitionen, für das angeborene Gefühl für Richtig und Falsch jenseits dessen, was dem rationalen Geist gefällt oder was er anerkennt. Manchmal steht unsere Intuition im Widerspruch zu dem, was unser rationaler Geist für notwendig hält. Menschen finden sich oft in diesem Dilemma wieder. Wie finde ich heraus, was wirklich wahr ist? Sagt mir mein rationaler Geist, was wahr ist, oder sagt mir mein intuitives Gefühl, was wahr ist? Bei den meisten Menschen funktioniert die Intuition nicht immer korrekt, deshalb werden wir leicht unsicher, wenn es um unsere Intuition geht. Für viele Menschen ist Intuition ein Muskel, der zu wenig trainiert ist; deshalb können sie nicht unterscheiden, ob sie aus einem wahren Bereich der Klarheit und Weisheit kommt oder einfach aus einer Emotion.

Dieses Dilemma stellt Pilatus dar. Er hat das tiefe Gefühl, dass Jesus unschuldig ist. Im Johannes-Evangelium sagt er sogar zu der Menge »Ich finde keine Schuld in ihm«, aber sie verlangen, dass Jesus gekreuzigt wird. Also ist Pilatus in der Klemme; er wird verdammt, wenn er es tut, und verdammt, wenn er es nicht tut. Das zeigt uns, wie Pilatus sich zu seinem eigenen spirituellen Impuls, seiner eigenen Frage verhält. *Was ist Wahrheit?* Seine Frage nach der Wahrheit ist im Grunde eine spirituelle Frage, eine existentielle Frage. Sie hat zu tun mit der Wahrheit seiner Existenz: Was er ist, was Leben ist, was Gott ist und wem er dient, wenn es wirklich zählt.

Die tiefen Fragen der Existenz durchbrechen die weltliche Ordnung und öffnen das Tor zum spirituellen Bereich, der am Grund unseres gesamten Lebens liegt. Und Pilatus ist kurz davor, den letzten Schritt über die äußere Erscheinung von Ereignissen hinweg zu tun und von einer höheren Ordnung des *Seins* aus zu handeln. Wird er letzten Endes, gefesselt von seiner rationalen Natur, seiner politischen Autorität und der damit verbundenen Verantwortung verpflichtet bleiben oder wird er sich seiner intuitiven Natur öffnen, dem, was ihm die Wahrheit über Jesus erzählt?

Wir wissen bereits, dass er am Ende Jesus ausliefern wird, damit er gekreuzigt wird. Und doch hinterlässt er ein abschließendes Zeichen, wenn er auf das Kreuz schreibt: »Der König der Juden.« Als die Juden von ihm verlangen, es zu ändern in: »Dieser Mann *sagte*, ich bin der König der Juden«, weigert sich Pontius Pilatus und sagt: »Was ich geschrieben habe, bleibt geschrieben.« (Johannes 19,20–22) Es sieht so aus, als hätte er die religiösen Führer wissen lassen wollen, dass *er* meinte, dieser Mann sei bedeutend gewesen. Mit dieser Geste sagt er: Dies könnte tatsächlich euer Messias sein; schaut euch an, was ihr ihm antut.

Pontius Pilatus ist ein Archetyp für das, was Menschen in ihrem *Sein* fühlen in jenen Momenten des Lebens, wenn sie entscheiden müssen: Was ist das Allerwichtigste? Was ist wirklich mein höchster Wert? Wem werde ich dienen – der tiefen Wahrheit im Kern meines *Seins* oder der relativen Wahrheit des rationalen Bereichs? Welche Ausrichtung werde ich wirklich meinem Leben geben? Und wenn solche wichtigen Momente der Entscheidung kommen – wonach werde ich mich selbst richten?

Letzten Endes richtet sich Pilatus nach der archetypischen Natur als rationaler Führer. Aber sein Dilemma lässt jeden von uns fragen: Was ist *meine* Ausrichtung in solch entscheidenden Momenten; werde ich nach meinen tieferen Intuitionen handeln, komme was wolle? Was wertschätze ich im Grunde wirklich? Pilatus verkörpert eine Frage, mit der wir alle in unserem Leben umgehen müssen, denn wenn wir uns der spirituellen Dimension öffnen, öffnen wir uns einer die Rationalität übersteigenden Dimension der Erfahrung. Jenseits der Rationalität heißt nicht, dass es irrational oder voll magischen Denkens ist, sondern dass es aus einer Weisheit und einer Ordnung der Wahrheit kommt, die den rationalen Geist übersteigt. Was wird unsere Ausrichtung sein in unserer spirituellen Suche und in unserem täglichen Leben?

So ist also die Frage »was ist Wahrheit?«, für die Pilatus bekannt ist, tatsächlich die grundlegende Frage unseres Lebens. Immer wieder kommt diese Frage auf uns zu. Sie erscheint auf bedeutsame Weise in den existenziellen Angelegenheiten des Lebens, wenn wir uns fragen, was die Wahrheit unseres eigenen *Seins* ist, die Wahrheit des Lebens im Allgemeinen und die Wahrheit über Gott. Aber sie erscheint auch auf relative Weise im täglichen Leben. Wenn Sie in einen Streit verwickelt sind, was ist die *Wahrheit?* Auf die Wahrheit ausgerichtet zu sein, ist etwas anderes, als recht zu haben oder sich durchzusetzen. Pontius Pilatus steht für die Frage: Was ist das Allerwichtigste für Sie? Worauf werden Sie Ihr Leben ausrichten? Und wenn es wirklich zählt, wenn alles auf dem Spiel steht, wem werden Sie dann dienen? Von wo aus handeln Sie? Kommt Ihre Handlung aus dem Zentrum der Wahrheit? Kommt sie aus dem rationalen Zentrum? Kommt sie einfach aus der chaotischen Natur der Emotion? Das ist der Spiegel, den der Archetyp des Pontius Pilatus uns vorhält.

Der Archetyp der Maria Magdalena

Maria Magdalena ist der Archetyp der Erlösung. Von Anfang an ist sie eine sehr sympathische Figur. Sie hat eine schlichte Natur, die einfach darin besteht, viel zu lieben. Aber Maria hat in ihrem Leben den Weg verloren, und ihre natürliche Neigung, viel zu lieben, ist zur Lust entartet. Vielleicht ist sie eine Prostituierte, vielleicht auch nicht; jedenfalls ist sie »eine Sünderin der Stadt« und ein unwillkommener Gast bei der Abendeinladung des Pharisäers, bei der Jesus der Hauptgast ist.

Maria erscheint am Ort des Geschehens unangekündigt und uneingeladen.

»Ein Pharisäer lud Jesus zum Essen ein. Er ging in das Haus des Pharisäers und legte sich zu Tisch. Da erfuhr eine Frau in der Stadt, eine Sünderin, dass er im Haus des Pharisäers zu Tisch lag. Sie brachte ein Alabastergefäß mit Salböl, trat weinend von hinten an ihn heran und begann seine Füße mit ihren Tränen zu benetzen. Sie trocknete seine Füße mit ihrem Haar, küsste sie und salbte sie mit dem Öl.«
(Lukas 7,36–38)

Auf einmal erscheint Maria bei dieser Abendgesellschaft, geht unverzüglich auf Jesus zu, öffnet einen Flakon sehr teuren Parfüms und beginnt, den Inhalt verschwenderisch über Jesus zu gießen. Dann bricht sie weinend zusammen, und ehe man es sich versieht, liegt sie ihm zu Füßen und wischt ihre Tränen mit ihrem Haar von seinen Füßen. Es ist ein sehr kraftvoller und bedeutsamer Moment. Die Szenerie entwickelt sich weiter:

»Als der Pharisäer, der ihn eingeladen hatte, das sah, dachte er: Wenn er ein Prophet wäre, so würde er doch wissen, wer und was das für eine Frau ist, die ihn berührt; sie ist ja eine Sünderin. Da wandte sich Jesus an ihn und sagte: Simon, ich habe dir etwas zu sagen. Er erwiderte: Meister, sprich! (Jesus sagte:) Ein Gläubiger hatte zwei Schuldner, der eine schuldete ihm fünfhundert Denare, der andere fünfzig. Da sie aber nicht bezahlen konnten, schenkte er es beiden. Welcher von ihnen wird ihn nun mehr lieben? Simon antwortete: Ich denke der, dem er mehr geschenkt hat. Er sagte zu ihm: Du hast richtig geurteilt. Und sich zu der Frau hinwendend, sagte er zu Simon: Siehst du diese Frau? Ich kam in dein

Haus: Wasser für die Füße hast du mir nicht gegeben; sie aber hat meine Füße mit ihren Tränen benetzt und mit ihren Haaren getrocknet. Einen Kuss hast du mir (zur Begrüßung) nicht gegeben; sie aber hat, seitdem sie eingetreten ist, nicht aufgehört, meine Füße zu küssen. Du hast mir nicht das Haar mit Öl gesalbt; sie aber hat meine Füße mit Öl gesalbt. Deshalb sage ich dir: Ihre vielen Sünden sind ihr vergeben, weil sie viel geliebt hat; wem aber nur wenig vergeben wird, der liebt auch wenig. Zu ihr aber sagte er: Deine Sünden sind dir vergeben. Da dachten die (anderen) Tischgenossen: Wer ist das, der sogar Sünden vergibt? Er aber sagte zu der Frau: Dein Glaube hat dich gerettet. Geh hin in Frieden!« (Lukas 7,39–50)

Marias Natur ist, wie es heißt, viel zu lieben. Höchstwahrscheinlich hat sie ihr Leben als Prostituierte verbracht, aber nun fühlt sie sich zu Jesus hingezogen. Das ist ein Thema, das in der Jesus-Geschichte immer wieder durchgespielt wird. Es gibt in ihr Menschen wie Maria, oft in einem Zustand der Verzweiflung oder des tiefen Leidens, die irgendwie intuitiv die göttliche Präsenz in Jesus erkennen. Sie werden von ihm magnetisch angezogen, denn in der göttlichen Präsenz erfährt ihr Leiden seine Heilung. In dem Moment, in dem Maria Jesus begegnet, erkennt sie das entwürdigte Leben, das sie gelebt hat, und sie bricht vor Scham weinend zusammen und fällt ihm zu Füßen. Sie ist gedemütigt; sie ist erniedrigt; sie schämt sich. Sie nimmt ihr Haar und wischte ihre Tränen von seinen Füßen. Das entspricht ganz ihrer Natur. Ihre Natur ist es, zu lieben, und in ihrem *Sein* gibt es die schöne Eigenschaft des Ungeschütztseins. In der Nähe von Jesus, in der Gegenwart des göttlichen *Seins*, wird ihre natürliche menschliche Natur zurückversetzt in ihren höchsten Zustand. In der Gegenwart des *Seins* von Jesus wurde sie von der entwürdigten Natur der lustvollen Liebe erlöst und fand zur selbstlosen Natur der heiligen Liebe. Sie wurde wieder mit ihrer höheren Natur verbunden, und jetzt ist sie im Einklang mit ihr. Und Jesus bestätigt ihre Transformation, indem er sagt: »Dein Glaube hat dich gerettet. Geh hin in Frieden.«

Das ist ein Satz, den wir immer wieder in der Jesus-Geschichte hören: »Dein Glaube hat dich gerettet.« Was ist das für ein Glaube? Glaube wird jenen Menschen gewährt, die die Fähigkeit haben, das göttliche *Sein* zu erkennen und zu ihm zu erwachen. Etwas in ihrem Zustand des Leidens erlaubt ihnen, sich der Gegenwart von Jesus zu öffnen. Menschen, die in Machtpositionen sind, Geld und hohe Ämter im Leben haben – solche Menschen haben Angst vor Jesus. Letzten Endes wollen sie ihn töten lassen, denn seine Anwesenheit ist beunruhigend und unberechenbar. Das aber ist die Natur des Geistes; der Geist *ist* unberechenbar. Seine bloße Gegenwart unterminiert Heuchelei und Illusion. Er ist nicht gebunden an den Bereich der üblichen Ethik oder die Wirklichkeit des Ego-Bewusstseins, die allgemeine Zustimmung findet. Der Geist hat seine eigene Moral, und sie kommt aus dem direkten Wissen über die Einheit, der wir alle angehören, und der Verbundenheit mit ihr.

Maria also erkennt Jesus, und Jesus erkennt Maria. Er sieht durch äußere Erscheinungen hindurch. Es interessiert ihn nicht, wer sie war, es interessiert ihn nicht, was sie getan hat, es interessiert ihn nicht, wie verloren sie gewesen sein mag – das Einzige, was ihn interessiert, ist die Wiederherstellung ihres *Seins.* Wenn ich diese Geschichte lese, fühle ich mich so berührt von ihrer Natur, die darin besteht, viel zu lieben. Ihre Natur hat sie in ein Leben der Lust geführt und dahin, sich für Geld zu verkaufen. Aber in der Gegenwart von Jesus, in der Gegenwart des göttlichen *Seins,* ist es dieselbe Natur, die sie auch rettet.

Und das sehe ich immer wieder, dass der größte Makel, den jemand hat, zu seinem größten Glück führt; dass wir unsere Stärke durch das finden, was in uns am schwächsten ist. Es ist also nicht so, dass Maria Magdalena sich wesentlich verändert hätte. Ihre grundlegende Natur ist ihre grundlegende Natur. Jedes menschliche Wesen wird mit bestimmten Qualitäten geboren, mit bestimmten Charaktermerkmalen, die, so könnte man sagen, in Stein gemeißelt sind. Tatsächlich *braucht* sich der Charakter von Maria Magdalena nicht zu ändern; ihr Problem ist nicht, dass sie zu viel liebt, sondern dass sie, bevor sie Jesus traf, einfach nicht zur höheren Dimension der Liebe erwacht ist. Deshalb ist ihre angeborene Fähigkeit, viel zu lieben, der Schlüssel zu ihrer Erlösung. Das ist das Schöne an ihrem Charakter. Alles, was sie brauchte, war, die erlösende Gnade der Strahlung des *Seins* zu empfangen, die Jesus verkörpert.

Maria erscheint mehrere Male in der Jesus-Geschichte, aber einer der kraftvollsten Momente ist der, in dem sie zum Kreuz geht, als Jesus stirbt. Sie ist hier eine der drei Frauen, die Nachtwache halten. Sie ist auch die Erste, die Jesus nach seiner Wiederauferstehung sieht. Obwohl also Maria nicht als eine Jüngerin dargestellt wird, wird sie tatsächlich eine sehr enge und nahe Jüngerin. In meiner Lesart der Geschichte ist Maria einer der wichtigsten Menschen im Leben von Jesus.

Wir nehmen die Geschichte wieder auf an dem Punkt, wo Maria zu der Grabhöhle kommt, in der Jesus begraben wurde. Als wir zuletzt die Geschichte der Kreuzigung untersucht haben, haben wir uns die Perspektive zu eigen gemacht, die im Markus-Evangelium dargestellt wird; jetzt aber werde ich die Geschichte wiederaufnehmen, wie sie im Johannes-Evangelium steht.

»Maria aber stand draußen vor dem Grab und weinte. Während sie weinte, beugte sie sich in das Grab vor und sah zwei weiß gekleidete Engel dasitzen, einen am Kopfende und einen am Fußende der Stelle, wo der Leichnam Jesu gelegen hatte. Sie sagten zu ihr: Frau, warum weinst du? Sie antwortete ihnen: Weil man meinen Herrn weggenommen hat und ich weiß nicht, wohin man ihn gelegt hat. Nach diesen Worten wandte sie sich um und sah Jesus dastehen, wusste aber nicht, dass es Jesus war. Jesus sagte zu ihr: Frau, warum weinst du? Wen suchst du? Sie meinte, es sei der Gärtner, und sagte zu ihm: Herr, wenn du ihn fortgetragen hast, sag mir, wohin du ihn gelegt hast. Dann werde ich ihn holen. Jesus sagte zu ihr: Maria! Da erkannte sie ihn und sagte auf hebräisch zu ihm: Rabbuni!, das heißt: Meister. Jesus sagte zu ihr: Halte mich nicht fest; denn ich bin noch nicht zum Vater hinaufgegangen. Geh aber zu den Brüdern und sag ihnen: Ich gehe hinauf zu meinem Vater und euerem Vater, meinem Gott und euerem Gott. Maria aus Magdala ging zu den Jüngern und verkündigte ihnen: Ich habe den Herrn gesehen, und dies habe er ihr gesagt.« (Johannes 20,11–18)

Das ist ein wunderschöner Moment, einer der berührendsten Momente in der ganzen Geschichte. Maria weint am Grab, sie schaut hinein und sieht zwei Engel, die sie fragen, warum sie weint. Und als sie Jesus begegnet, hält sie ihn zuerst für den Gärtner. Sie kann sich nicht vorstellen, dass er dort sein würde, lebendig, und deshalb erkennt sie ihn nicht. Er muss noch einmal »Maria« sagen – und plötzlich erkennt sie ihn.

Maria weiß instinktiv, wie sie die richtige Beziehung zum göttlichen *Sein* in der Gestalt von Jesus herstellen muss. Sobald sie ihn wiedererkennt, sagt sie »Meister«. Sie bezieht sich sofort in korrekter Weise auf ihn. Sie sieht ihn nicht als Freund oder als einen Elternteil oder als Geliebten – sie sieht ihn als das, was er, wie sie weiß, ist: Lehrer.

Vielleicht können Sie spüren, welch tiefe Einfachheit in ihrem Umwenden und ihrer Ansprache »Meister« liegt. Darin liegt so viel Wärme, solch eine schöne und schlichte Intimität. Und als Lehrer sagt Jesus daraufhin zu ihr: »Klammere dich nicht an mich.« Das ist die abschließende Lehre für sie. Das ist seine Art, zu sagen: »Halte mich nicht fest, begehre mich nicht, sondern erinnere dich an deine wahre Natur. Deine Natur ist heilige Liebe; deine Natur ist göttliches *Sein*. Erinnere dich daran, dann brauchst du dich nicht an mich zu klammern.«

Dies ist eine weitere intime Antwort, mit der er Maria einen letzten kleinen Hinweis gibt, damit sie nicht klammert. Es ist seine abschließende Lehre für sie. Und dieser intime Moment, in dem sie sich mit ihm wieder verbindet, ist fast wie die Wiederverbindung mit einem Geliebten oder die Wiederverbindung mit Gott, wenn man denkt, Gott habe einen verlassen. Er ist gestorben, und doch ist er jetzt da. Sie haben diese kurze, aber intensive Begegnung, in der Jesus Maria wieder in Übereinstimmung bringt mit ihrer tieferen Natur. Und am Ende ist es ihre Natur – nämlich viel zu lieben –, die sie rettet, indem sie wieder mit der höheren Form der Liebe als göttliche, nicht anhaftende, selbstlose Liebe verbunden wird.

Maria ist ein Beispiel nicht nur für die Erlösung – Erlösung durch Liebe, durch das offene Herz –, sondern auch ein Beispiel für Hingabe. In dem Moment, in dem sie Jesus als Lehrer wiedererkennt, hat sie ihre Richtung wiedergefunden und schenkt ihm absolute Hingabe. Sie schenkt ihre Hingabe dem göttlichen *Sein* am Ende des Lebens von Jesus und sie schenkte ihre Hingabe dem göttlichen *Sein* in dem Augenblick, in dem sie einander begegneten, als sie spontan zu seinen Füßen fiel und ihre Tränen mit ihrem Haar wegwischte. Das ist eine Hingabe, die das Anderssein transzendierte, eine Hingabe, die ihr ganzes Gefühl von sich selbst überstieg, selbst die Erniedrigung und Scham, die sie in dem Moment empfand, als sie Jesus zum ersten Mal begegnete.

Wenn man die Evangelien liest, bekommt man den Eindruck, dass Maria in etlichen wichtigen Momenten erscheint, weil sie, nachdem sie Jesus begegnet ist, im Gegensatz zu jedem der anderen Jünger ein absolut tiefes Wissen vom göttlichen *Sein* hat. Sie versteht es. Sie empfängt die befreiende Präsenz; sie öffnet sich der erleuchtenden Strahlung. Sie weiß, was sie ist.

Maria ist eine Erinnerung daran, dass es egal ist, was Sie getan haben, dass es egal ist, was Sie im Leben durchgemacht haben, dass es egal ist, was Sie über sich selbst denken, dass es egal ist, welches Gefühl Sie für sich selbst haben. Jeder Mensch kann erlöst werden. Jeder kann die Richtung ändern und das erreichen. Jeder kann sich dem göttlichen *Sein* wieder zuwenden. Niemand braucht auch nur einen Moment mit Schuldgefühlen über die Vergangenheit zu vergeuden, denn Jesus kam nicht einmal der Gedanke, dass Maria nicht erlöst werden könnte. Er verband sich sofort mit ihrem Zustand der Offenheit und Empfänglichkeit.

Und hier ist sie und weint wieder, weil sie Jesus nicht finden kann. Er sagt zu ihr: »Frau, warum weinst du?« Und ich liebe das, was er als Nächstes sagt: »Wen suchst du?« Er weiß, wen sie sucht. Warum sollte Jesus ihr diese Frage stellen? Es ist, als würde er sagen: »Maria, erinnere dich, es gibt außerhalb von dir nichts zu suchen. Was tust du? Wen suchst du?« Es gäbe keinen anderen Grund für ihn, diese Frage zu stellen, denn er kennt die Antwort schon. Und wieder enthält seine Frage eine subtile Erinnerung, als wollte er sagen: Es ist alles in dir. Das Himmelreich ist in dir; die erlösende Präsenz ist in dir; du bist unendlich viel mehr, als du dir je zu sein vorgestellt hast. Was tust du? Wen erwartest du? Es ist alles in *dir* selbst.

Das Leben von Maria ist eine Erinnerung daran, dass es egal ist, was jemand getan hat. In der Sphäre des göttlichen *Seins* zählt nichts anderes als die Fähigkeit, die Göttlichkeit zu erkennen, wenn sie sich zeigt, und auf sie mit ganzem Herzen zu antworten. Tatsächlich hat vielleicht gerade die Scham, die Maria anfangs in der Gegenwart von Jesus fühlte, sie empfänglich gemacht, sodass sie die göttliche Präsenz erkennen und auf sie antworten konnte, als sie ihr begegnete. Und so ist das im Leben der meisten Menschen. Unsere größten Bewusstseinssprünge tun wir nicht, wenn wir uns großartig fühlen und alles wunderbar ist und das Leben nach unseren Vorstellungen verläuft. Oft tun wir die größten Bewusstseinssprünge in Momenten von Tragödien, von Schwierigkeiten, von Scham oder wenn wir bis an unsere Grenze belastet sind. Warum? Weil wir dann offen und empfänglich sind. Wir haben keine Wahlmöglichkeiten mehr, und schließlich bleiben wirklich nur zwei Möglichkeiten offen: sich einfach zu öffnen und das Festhalten aufzugeben oder zu leiden.

Maria ist eine Erinnerung an die immer anwesende Kraft der erlösenden Gnade. Sie ist ein Spiegel, der uns das Vorbild der wahren Hingabe zeigt. So sieht das heilige Herz aus, so antwortet es, so fühlt es tief innen – die Nähe, die Intimität, die Bescheidenheit, die Erdhaftigkeit. Das sind die weiblichen Qualitäten, die Maria in die Geschichte bringt, und sie lassen tatsächlich die ganze Geschichte aufleuchten. Ohne Maria hätte die Geschichte nicht annähernd dieselbe Tiefe. Letzten Endes wird sie selbst zu einer erlösenden Gegenwart.

Der Archetyp des Johannes

Der Jünger Johannes, der auch der geliebte Jünger genannt wird, ist ein Beispiel für jemanden, der ein instinktives Gespür dafür hat, wie er die richtige Beziehung zu Jesus herstellen soll. Er ist eine Metapher dafür, wie man in der richtigen Beziehung zur göttlichen Präsenz steht.

Ich will meine Untersuchung des Charakters von Johannes damit beginnen, den Anfang des Johannes-Evangeliums zu betrachten. Nun sind sich nahezu alle Gelehrten darin einig, dass Johannes, der Jünger von Jesus, nicht derjenige war, der das Johannes-Evangelium geschrieben hat, aber ich denke, dass die Theologie im Johannes-Evangelium tatsächlich auf das echte Verständnis hinweist, das dieser Jünger Jesus entgegenbrachte. Wenn wir uns diesen geliebten Jünger anschauen, wird klar, dass er von allen zwölf Jüngern Jesus am tiefsten verstanden hat. Johannes hatte ein Gefühl der Ungezwungenheit, nicht nur in Gegenwart von Jesus, sondern auch in sich selbst. Er ist entspannt, fühlt sich wohl in seiner Haut. Und jemand, der in seiner menschlichen Natur entspannt ist, wird sehr viel eher in die richtige Beziehung zum göttlichen *Sein* kommen.

Der Anfang des Johannes-Evangeliums gehört zu den am besten bekannten Textstellen der gesamten Bibel, und es ist einer der schönsten poetischen Texte, die je gedruckt wurden.

»Im Anfang war das Wort, / und das Wort war bei Gott, / und Gott war das Wort.
Es war im Anfang bei Gott.
Alles ist durch es geworden, / und ohne es ist nichts geworden, was geworden ist.
In ihm war das Leben, / und das Leben war das Licht der Menschen.
Und das Licht scheint in der Finsternis, / und die Finsternis hat es nicht ergriffen.
Ein Mensch trat auf, von Gott gesandt, sein Name war

Johannes. Er kam zum Zeugnis, um Zeugnis abzulegen für das Licht, damit alle durch ihn glauben. Er war nicht das Licht, sondern er sollte Zeugnis ablegen für das Licht.
(Das Wort) war das wahre Licht, das jeden Menschen erleuchtet; es kam in die Welt.
Er war in der Welt, / und die Welt ist durch ihn geworden, / und die Welt hat ihn nicht erkannt.
Er kam in sein Eigentum, / und die Seinigen nahmen ihn nicht auf. / Allen aber, die ihn aufnahmen, / gab er Macht, Kinder Gottes zu werden, / denen, die an seinen Namen glauben, die nicht aus dem Blut, / nicht aus dem Willen des Fleisches, / nicht aus dem Willen des Mannes, / sondern aus Gott geboren sind. / Und das Wort ist Fleisch geworden / und hat unter uns gewohnt und wir haben seine Herrlichkeit geschaut, / eine Herrlichkeit, wie sie der einzige Sohn vom Vater hat, / voll Gnade und Wahrheit.«
(Johannes 1,1–14)

Das ist eine tief gründige Theologie. Johannes sagt, dass er Jesus als ein Wesen wahrnimmt, das weit größer ist als seine menschliche Inkarnation; er hat in Jesus die Wirklichkeit des göttlichen *Seins* erkannt. Göttliches *Sein* gehört niemandem; es kann nicht besessen werden. Göttliches *Sein* ist das ewige Wort, die schöpferische Kraft in der gesamten Existenz. Wenn also Johannes Jesus anschaut, verfängt er sich nicht in der Erscheinung der Form, in der menschlichen Erscheinung. Der Blick von Johannes geht direkt in die letztendliche Wirklichkeit, die Jesus verkörpert.

Natürlich fühlt sich jemand mit diesem Instinkt, mit diesem tiefen spirituellen Verständnis wohl mit sich selbst. Er hat nicht das Bedürfnis, zu kämpfen. Es überrascht nicht, dass er der geliebte Jünger genannt wird, der, den Jesus am meisten geliebt hat. Er hat eine intime Freundschaft mit Jesus. Beim heiligen Abendmahl ist er derjenige, der sich an Jesus schmiegt und ihm leise zuflüstert, das Brot in den Mund dessen zu schieben, der ihn verraten wird.

Johannes ist der Wissende unter den Eingeweihten. Er ist der Archetyp für unsere intuitive Fähigkeit, über die Welt der Formen hinauszublicken und das transzendente Mysterium im Zentrum unserer Existenz zu berühren. Wenn wir nicht in unseren Ideen über uns selbst befangen sind, wenn wir nicht von der Erscheinung der Dinge gefesselt sind, wenn unsere Wahrnehmung nicht bei dem haltmacht, was unsere Sinne aufnehmen, dann können wir dieses universelle Geheimnis erspüren. Johannes ist der Archetyp von jemandem, der darum nicht zu kämpfen braucht, der sich darum nicht bemühen muss, der nicht durch heftige Prüfungen gehen muss, um es zu finden – es ist einfach ein Teil seines Wesens.

Ein spiritueller Sucher denkt vielleicht: »Toll, es wäre absolut wunderbar, wenn es mir so einfach zufallen würde.« Aber wir dürfen auch nicht vergessen, dass Johannes seine menschliche Seite hatte. Auch er verließ Jesus, als Jesus gefangen genommen wurde. Allerdings erschien er unter dem Kreuz – der einzige männliche Anhänger und der einzige der zwölf Jünger, der anwesend war, als Jesus starb. Und ich denke, seine Anwesenheit dort sagt etwas aus über den Charakter von Johannes. Er hat seinen Auftritt immer in den wichtigsten und intimsten Momenten. Er ist der Strahlung nahe; er beobachtet und wartet.

In gewissem Sinn ist Johannes auch ein Archetyp für den Teil unseres *Seins*, der beobachtet; der göttliche Zeuge, der unberührt ist von dem, was geschieht. Der innere ewige Zeuge beobachtet und wartet und weiß, dass alles gut ist, dass alles sich auf seine eigene Weise, in seiner eigenen Zeit entfalten wird. Da ist kein Drang, keine Eile und nichts, das wirklich getan werden muss. Deshalb entsteht aus dieser aufmerksamen Akzeptanz ein Gefühl von Frieden und Wohlsein. Das ist der Charakter des geliebten Jüngers Johannes; er beobachtet und wartet und wird nicht von der allgemeinen Angst eingeholt. Von Anfang bis Ende scheint er als eine beruhigende Präsenz geradezu über der Geschichte zu schweben. Er handelt nicht immer perfekt – manchmal fürchtet er sich, manchmal ist er verwirrt –, aber seine tiefe Natur ist die der Gewissheit und der Ruhe. Er ist ein Mensch, der sich mit sich wohlfühlt.

Wir können auch uns durch die Linse des Johannes betrachten. Wie sehen wir die Welt, wenn wir in einem Zustand der Leichtigkeit sind, wenn wir nicht kämpfen, wenn wir nicht versuchen, etwas zu erlangen oder für etwas zu büßen? Wie sehen wir die Welt in den Momenten, in denen wir uns im Universum vollkommen in Frieden fühlen; wenn wir aus dem Nichts heraus erkennen, dass tatsächlich alles völlig in Ordnung ist? In gewissem Sinn ist alles von Anfang an göttlich. Wie also sehen wir dann die Welt?

Jeder der anderen Verfasser der Evangelien zeigt Jesus, wie er durch Prüfungen und Leiden geht. Im Markus-Evangelium durchlebt Jesus heftige Kämpfe und Aufruhr, während er seine Rolle im Leben findet. Markus zeigt eine sehr dynamische, menschliche Seite von Jesus. Im Johannes-Evangelium dagegen scheint Jesus über die menschliche Ebene hinwegzuschweben. Der Jesus des Johannes fühlt sich mehr wie ein göttlicher Zeuge an, der nie sein Gleichgewicht verliert und immer die Kontrolle behält über seine Emotionen. Der Jesus des Johannes hat Gewissheit; er weiß von Anfang an, dass alles, wie schlimm auch immer es werden wird, absolut und vollkommen in Ordnung ist und sich gemäß einem göttlichen Plan entfaltet.

Der geliebte Jünger zeigt, wie es ist, unbeschwert zu sein und sich mit sich selbst wohlzufühlen. Johannes hat die Natur von *agape,* der selbstlosen Liebe. Er streitet nicht mit den Menschen; er dient nicht seinen eigenen Interessen; er ist ein hingebungsvoller Anhänger. Die meisten Menschen wären gerne wie Johannes, würden gerne jemandem wie Jesus begegnen und sich so verhalten, wie er es tut. Aber in jedem Menschen gibt es das, wofür Johannes steht – diesen Funken, dieses stille kleine Geflacker der Strahlung, das Sie, wenn Sie mit ihm in Berührung kommen, die Vollkommenheit des Augenblicks erspüren lässt. Sie spüren, dass es keine Eile gibt und dass nichts wirklich erreicht werden muss. Vielleicht beginnen Sie sogar das tiefere Verständnis zu berühren und sehen, dass alles bereits göttlich ist, so wie es ist.

Wie Jesus sagte: »Das Königreich des Vaters ist ausgebreitet über die Erde, und die Menschen sehen es nicht.« (Thomas-Evangelium 113) Mit anderen Worten: Es ist schon getan. Alles ist bereits vollkommen, selbst inmitten von Chaos, inmitten des Auf und Ab und der Tragödien und des Triumphs. All dies geschieht innerhalb des Königreichs, im ultimativen Zustand der Freiheit. Wenn wir das vergessen, gehen wir in der Welt der Erscheinungen verloren und werden an die Welt der Zeit gefesselt mit ihren Sorgen und Zweifeln und Ängsten. Aber in jedem Moment können wir uns diesem ruhigen, kleinen Funken der Ewigkeit zuwenden, der durch die Welt der Zeit hindurchscheint und weiß, immer und in Ewigkeit, dass alles in all dem Chaos des Lebens irgendwie vollkommen ist. Das Königreich des Vaters ist schon gekommen, und alles, was Sie zu tun haben, ist, es zu erkennen.

Kapitel 16
Den Christus leben

»Es gibt nur den gegenwärtigen Moment …
ein Jetzt, das immer und ohne Ende selbst neu ist.«
Meister Eckhart

Wir brauchen heute einen Mythos, der uns zeigt, wie wahre, engagierte Spiritualität aussieht. Die Worte aus der Jesus-Geschichte haben Menschen seit über zweitausend Jahren inspiriert. Und dennoch brauchen diese Worte und Bilder uns, damit wir ihnen neues Leben einhauchen, sodass sie in uns wieder zum Leben erwachen und zeigen, dass der Himmel hier auf Erden ist. Denn Jesus Christus wandelt noch heute mitten unter uns, in den Tiefen unseres eigenen Bewusstseins, und verkündet die Wirklichkeit des ewigen Lebens, die im Kern unseres *Seins* ruht.

Uns selbst die Geschichte zu eigen machen

Solange wir uns die Geschichte nicht zu eigen gemacht haben, solange wir in unserem Innersten nicht selbst zu dieser Geschichte geworden sind – in unserem Blut, unserem Fleisch, unseren Knochen –, wird sie nicht zu vollem Leben erwachen. Aber wenn wir uns der Jesus-Geschichte voll und ganz hingeben, hauchen wir ihr den alles verwandelnden Geist des neuen Lebens ein und erneuern sie. Das ist die einzige Möglichkeit, die Geschichte zu neuem Leben zu erwecken und ihr die ursprüngliche Kraft zurückzugeben, die sie einst hatte, bevor sie von Jahrhunderten des egozentrierten Missverständnisses niedergedrückt wurde. Wenn wir zu der Geschichte *werden*, erlösen wir sie von all den überkommenen Vorstellungen, mit denen sie uns präsentiert wurde von denen, die uns eher kontrollieren wollen als so zu befreien, wie es die Absicht von Jesus war.

Worte sind außerordentlich machtvoll. Die Worte in der Jesus-Geschichte haben auf vielerlei Weise die westliche Kultur zweitausend Jahre lang bestimmt. Aber zweitausend Jahre sind eine lange Zeit für das Überleben einer Geschichte; sehr leicht verstaubt die Geschichte dabei und wird alt und missachtet. Was ich in diesem Buch versucht habe – und ich hoffe, dass es mir in gewissem Maß gelungen ist –, ist die Einladung an Sie, in die Geschichte einzutreten und sie zu Ihrer eigenen zu machen.

Es gibt nicht die eine und einzige korrekte Interpretation der Jesus-Geschichte. Es ist wirklich egal, ob wir an die historische Genauigkeit jeder einzelnen Szene glauben oder die ganze Geschichte als Mythos lesen oder als etwas dazwischen, eine Mischung aus Historie und Mythos. Wichtig ist nicht, was wir über die Geschichte glauben, sondern ob wir die Fähigkeit haben, ihr zu erlauben, in uns lebendig zu werden, sodass die Geschichte zu sprechen beginnt auf eine für uns einzigartige Weise.

Wenn wir uns an die Stelle all der unterschiedlichen Charaktere versetzen – sei es an die Stelle von Jesus oder an die eines Jüngers oder an die der Menschen, die von Jesus geheilt wurden, oder sogar an die Stelle von Gott –, beginnen wir zu sehen, dass es in der Geschichte viele Perspektiven gibt, viele Linsen, durch die wir blicken können. Wenn wir durch die Augen von Jesus schauen, sieht die Geschichte auf eine bestimmt Weise aus; die Geschichte erweckt ein Gefühl von Unermesslichkeit, Zielgerichtetheit und Vitalität; ein Gefühl der Ewigkeit, die Jesus verkörpert und die in uns allen existiert. Es ist dieser Funken der Ewigkeit, der die ganze Geschichte beseelt und ihr Leben gibt. Aber wir können die Geschichte auch, wie wir es in diesem Buch getan haben, durch die Augen der einzelnen Jünger betrachten, von denen jeder uns seine eigene Linse, seine eigene archetypische Perspektive anbietet.

Jesus repräsentiert, wie immer, den Christus. Der Christus *ist* dieser Funken der Ewigkeit, der durch die Welt von Zeit und Raum hindurchschimmert. Er transzendiert die weltlichen Details unseres Lebens, aber er transzendiert sie nicht nur; er hat tatsächlich die Kraft, unserem Leben eine neue Vitalität einzuhauchen, sodass der Geist, die Quelle aller Vitalität, nicht losgelöst ist von den gewöhnlichen Momenten unseres Lebens. Und jeder Jünger zeigt eine andere Weise, in der unsere menschliche Natur mit der Ewigkeit in Beziehung treten kann. Wir als menschliche Wesen können uns auf vielerlei Weise mit unserer eigenen Göttlichkeit, unserer Suche nach dieser Göttlichkeit und mit unserer Entdeckung dieser uns innewohnenden Göttlichkeit verbinden.

Die Jesus-Geschichte enthält die Samen all dieser Perspektiven. Meine Absicht ist es, eine bestimmte Art von Geist in diese Geschichte zu bringen: Jesus, den Revolutionär, herauszuarbeiten; den leuchtenden Strahl der Göttlichkeit, der alte Strukturen durchbricht, der Grenzen überspringt, der all die Weisen, in denen unser Geist uns von anderen und sogar von uns selbst trennt, zusammenbringt und ganz macht.

Ungeachtet der Interpretation, die Sie ihr geben, ist für mich einer der Schlüssel für das tiefe Eintauchen in die Geschichte das Gefühl dafür, wie sich Göttlichkeit – das, was *Sie* sind –, in das verkörperte Leben ergießt. *So liebte Gott die Welt, dass er seinen einzigen Sohn hingab.*

Viele von uns sind eine Art Spiritualität gewöhnt, in der fast ausschließlich die Transzendenz betont wird, in der mit Leiden und Tragödien umzugehen bedeutet, unsere menschliche Natur und die Welt von Zeit und Raum zu transzendieren. Aber die Jesus-Geschichte zeigt, dass es eine andere Art gibt, unser Leben zu betrachten. Es gibt, könnte man sagen, eine andere spirituelle Bewegungsrichtung, und sie taucht ganz am Anfang der Geschichte auf, wenn der Geist auf Jesus herabkommt. Dieser Geist – das ist der Christus. Jesus ist das menschliche Wesen, das an den Fluss Jordan kam; Christus ist der Geist, der sich in ihn hineinergoss.

Das ist eine andere Perspektive: die Ewigkeit, die in die Welt von Zeit und Raum *herabsteigt.* Es geht nicht darum, den Herausforderungen des Lebens zu entkommen, sondern darum, sich in das Leben hineinzugeben *als ein Akt der erlösenden Liebe.* Ich denke, das ist einer der Schlüssel, der tatsächlich einige der Geheimnisse der Jesus-Geschichte offenlegt. Es ist eine Einladung, die Anschauung vom Leben, die man uns gelehrt hat, völlig umzukehren. Wir sehen das Leben oft als eine riesige universale Erfahrung an, in die wir geworfen sind, und wir selbst sind nur winzig kleine individuelle menschliche Wesen, die versuchen, sich mit dem Leben und miteinander zu verbinden; wir versuchen einen Weg zu finden, sodass das Leben Sinn für uns macht und uns hilft, mit der universalen Natur von Leiden und Glück und Freude und Kummer umzugehen.

Die Botschaft der Jesus-Geschichte ist, dass wir uns ganz und gar in die Welt stellen müssen – und dass der Weg zur Freiheit der ist, uns selbst ins Leben zu verströmen und Ja zu sagen auf größtmögliche, mutigste Weise. Und das können wir nur tun, wenn wir uns mit diesem Gefühl des Wohlseins verbinden, das die Liebe ist. Liebe ist letzten Endes nicht an Fragen interessiert wie »Habe ich eine tolle Zeit?«. Sie ist nicht interessiert an der Suche des Egos nach einer besseren und noch besseren Erfahrung. Liebe ist eine vollkommen andere Energie. Liebe verströmt sich, gibt sich voll und ganz hin; Liebe findet ihre Erfüllung, indem sie sich verschenkt. Ich war immer fasziniert davon, wie die Jesus-Geschichte dieses Gefühl, sich dem Leben verschwenderisch zu öffnen, als ein Mittel darstellt, das Strahlen der Ewigkeit zu entdecken.

Die Geschichte spiegelt uns unsere Göttlichkeit. Jesus ist eine Metapher, ein Symbol für die Göttlichkeit, die in uns allen existiert – die Zeitlosigkeit der Ewigkeit, die durch die Welt der Zeit hindurchschimmert. Wenn wir Jesus auf diese Weise betrachten, beginnt die ganze Jesus-Geschichte lebendig zu werden, denn dann haben wir uns nicht von der Quelle der Lebenskraft abgetrennt, vom göttlichen *Sein* selbst. Himmel und Erde sind dort vereint worden, wo sie immer hingehörten, und wir können unser wahres Potenzial entfalten: die erlösende Präsenz der göttlichen Liebe in jeden Aspekt unseres Lebens einfließen zu lassen.

Aber in der Geschichte geht es nicht *nur* darum, unser Leben durch die Augen der Ewigkeit, durch die Augen von Jesus Christus zu betrachten. Es geht auch um eine tiefe und umfassende Menschlichkeit und darum, sich mit den schwachen und unvollkommenen Teilen der menschlichen Natur auseinanderzusetzen. Und an diesem Punkt kommen die Jünger ins Spiel: Sie alle verkörpern unterschiedliche Perspektiven auf unsere menschliche Natur. Ein Teil von uns wird vom Licht des *Seins* angezogen und fürchtet sich gleichzeitig davor. Ein Teil von uns hat große Zuversicht in die eigenen Fähigkeiten, überschätzt aber diese Fähigkeiten manchmal. Ein Teil von uns glaubt zutiefst an unsere grundlegende Unwürdigkeit; ein tiefes Gefühl des Mangels, das uns nicht erlaubt, uns voll und ganz der Gegenwart Christi zu öffnen. Jeder Jünger zeigt eine andere Art, in der unsere Menschlichkeit sich unserer Göttlichkeit gegenüber verhält, und ich denke, es ist außerordentlich wichtig, diesen Aspekt der Jesus-Geschichte zu verstehen.

Ich meine, die Geschichte wird erst dann lebendig, wenn wir unser eigenes Leben mit all seinem Auf und Ab durch die Augen von Christus, durch die Augen des ewigen *Seins* betrachten. Wir sind die grundlegende Quelle der Lebenskraft; sie ist nicht dort draußen; sie ist nichts anderes als wir selbst. Wir sind diejenigen, die fähig sind, die Jesus-Geschichte mit neuem Leben zu erfüllen, und indem wir das tun, können wir auch unsere eigene menschliche Geschichte mit neuem Leben erfüllen – denn jeder von uns ist eine Geschichte. Im Tiefsten sind wir ewiges *Sein*, aber jeder von uns lebt ein menschliches Drama, die Entfaltung unseres Lebens von Moment zu Moment. Das ist die Herausforderung der Jesus-Geschichte. Sind wir entschlossen, uns wirklich mit unserem Leben einverstanden zu erklären, uns selbst zu verströmen, uns selbst vollkommen unserer menschlichen Erfahrung hinzugeben?

Die Gegenwart universeller Liebe

Wenn das Ewige und das Menschliche zusammenkommen, wird Liebe geboren. Dann sprudelt *agape*, selbstlose Liebe, hervor – nicht, indem wir unserer Menschlichkeit ausweichen oder versuchen, in die Transzendenz zu verschwinden, sondern indem wir den Ort finden, an dem sie sich vereinen. Das ist es, was unserem Leben neuen Geist einhaucht und uns für die christliche Botschaft öffnet.

Ich kann mir vorstellen, dass jeder schon die Erfahrung gemacht hat, eine alte Kirche zu betreten und sofort beeindruckt zu sein von der Qualität einer Präsenz, dieser besonderen energetischen Atmosphäre, die wir mit dem Christentum verbinden. Diese energetische Atmosphäre der Gegenwart Christi – oder der christlichen Übertragung, wie wir im Zen sagen würden – ist etwas, mit dem viele von uns vertraut sind. Diese Atmosphäre ist eine der tiefen Liebe und des transzendenten Wohlseins, von dem wir seltsamerweise spüren, dass es auch hier und jetzt anwesend ist. Das ist das andere Gesicht von Jesus – der Jesus der tiefen Liebe und des tiefen Mitgefühls, der Jesus, der so fürsorglich war, dass er sich selbst vollkommen dem Leben hingab, um es zu erlösen.

Wenn wir der Gegenwart Christi begegnen, erinnert uns dies daran, dass es in uns etwas gibt, das unergründlich, geheimnisvoll und absolut und rückhaltlos liebevoll ist. Ich glaube, dass die meisten Menschen, die die christliche Botschaft zutiefst erfahren haben, diese energetische Vibration des Christentums erspürt haben. Wir brauchen uns nicht als Christen zu verstehen, um an der Essenz Christi teilzuhaben, denn es ist eine universelle Energie, ein universelles Geschenk, das wir alle empfangen können.

Das ist eine bestimmte Weise, die Jesus-Geschichte zu erfahren, die Wirklichkeit der Gegenwart Christi zu erfahren, und sie ist uns sogar in den Kirchen vertraut. Natürlich ist es auch eine Weise, die Geschichte zu interpretieren. Da ist Jesus, der die Menschlichkeit liebt; Jesus, der Mann von höchstem Mitgefühl, der sich selbst der menschlichen Natur hingibt, um sie zu erlösen; und Jesus als Gegenwart Christi, der uns dabei hilft, uns dem Ewigen und Göttlichen in uns wieder zuzuwenden, wenn wir verloren gegangen sind. Ich denke, irgendeine Version dieser Betrachtungsweise ist das, was wir wahrscheinlich mit Christentum und christlicher Botschaft verbinden.

Durch dieses Buch hoffe ich, den Teil der christlichen Geschichte zu betonen, der zu einem gewissen Grad verloren gegangen ist – die Bedeutung von Jesus als kraftvoller spiritueller Revolutionär. Dieser Jesus kommt nicht in erster Linie, um uns zu trösten, sondern um uns zu konfrontieren. Dieser Jesus ist die Energie der Ewigkeit, die sich selbst ganz und gar verkörpert, und all die falschen Grenzen und ausgedachten Trennlinien durchbricht, die uns als menschliche Wesen voneinander und von der Welt abspalten. Und sobald diese Grenzen zusammengebrochen sind, können wir alle zueinanderfinden, denn was uns trennt, ist nichts als eine Vorstellung. Sogar das Gefühl, dass die christliche Essenz etwas *dort draußen* ist, etwas weit Entferntes, ist nur eine Vorstellung. Und ich kann mir denken, dass Christus auch diese Grenze zu zerstören versucht; wie er selbst sagte: »Das Reich Gottes ist ausgebreitet über die Erde, und die Menschen sehen es nicht.«

Das Königreich ist nicht weit entfernt. Das Königreich ist genau hier und genau jetzt. Die Herausforderung der Botschaft Jesu ist, dass sie uns unablässig fragt: Kannst du es sehen? Kannst du das Königreich genau jetzt sehen? In genau diesem Moment, inmitten genau dieses Lebens, das oft so weltlich und gewöhnlich erscheint – kannst du da die Ewigkeit sehen? Hast du deinem Selbst und deiner Welt erlaubt, transparent zu werden für die darunterliegende Göttlichkeit, die durch all dies hindurchscheint?

Diese Lehre ist heute so wahr und kraftvoll und notwendig, wie sie es seit jeher war. Aber mir scheint, um die ewigen Wahrheiten und Wirklichkeiten der Jesus-Geschichte auszudrücken, brauchen wir einen neuen Mythos; einen, der uns zeigen kann, wie verkörperter Geist wirklich aussieht und wie heilige Liebe sich in der Welt von Zeit und Raum bewegt. Wenn wir diesen Mythos in uns aufnehmen, beginnt diese engagierte und verkörperte Spiritualität in uns lebendig zu werden – nicht als eine Idee, nicht als ein Glaube, nicht als ein Ideal, dem wir zu entsprechen versuchen, sondern als unser eigener einzigartiger Ausdruck der Göttlichkeit.

Jeder von uns muss selbst herausfinden, was die Jesus-Geschichte bedeutet. Was bedeutet diese Geschichte für *Sie*?

Vor welche Herausforderungen stellt sie Sie? An was, das Sie vielleicht vergessen haben, erinnert sie Sie? Was erweckt sie in Ihnen? Auf welche Bereiche weist die Geschichte Sie hin, denen Sie Aufmerksamkeit schenken müssen, denen Sie sich widmen sollten, in die Sie sich verströmen sollten? Wie spiegelt sie Ihnen, dass Sie sich vielleicht auf irgendeine Weise zurückhalten, dass Sie festhalten, dass Sie der Furcht erlauben, Ihr Leben zu bestimmen?

Es gibt ein wunderbares Zitat aus dem Thomas-Evangelium, in dem Jesus sagt: »Der Lebendige aus dem Lebendigen wird den Tod nicht sehen.« Das ist eine Herausforderung der Jesus-Geschichte – aus dem Lebendigen Ihres eigenen Lebens heraus zu leben. Was würde es für Sie bedeuten, aus dem Lebendigen Ihres eigenen Lebens heraus leben zu sollen; zu leben aus der Quelle der Vitalität, die durch Ihre ganze Existenz hindurchschimmert? Welche Art Grenzlinien und falscher Trennungen müssen Sie dann überwinden? Auf welche Weise wäre Ihr Leben anders, wenn Sie wirklich dem Geist der Liebe Ausdruck gäben, der sich in die Welt von Zeit und Raum verströmt? Was wäre anders, wenn Sie den revolutionären Geist verkörperten, der sich mutig und furchtlos durch das Leben bewegt und ständig aus der Frage der Wahrheit heraus lebt, der zentralen Frage Ihres Lebens?

Pontius Pilatus fragte Jesus: »Was ist Wahrheit?« Wir fragen uns, was ist die Wahrheit meines Lebens? Was muss ich tun, um das Licht in *meinem* Leben aufscheinen zu lassen, in die Gesamtheit meiner menschlichen Existenz hinein? Es gibt ein weiteres Zitat aus dem Thomas-Evangelium, das lautet: »Es ist Licht drinnen im Menschen des Lichts, und er erleuchtet die ganze Welt. Scheint er nicht, ist er Finsternis.« (Thomas-Evangelium 24) Darin liegt für jeden von uns eine Herausforderung. In jedem von uns *ist* das göttliche Licht; die Herausforderung ist, es aufscheinen zu lassen – es nicht von Furcht überschatten oder im Verborgenen zu lassen, sondern uns zu öffnen, sodass diese Transzendenz, diese Unendlichkeit sich selbst ganz und gar als diese menschliche Inkarnation erfahren kann.

Wie Christus sagte: Wenn wir das nicht tun, leben wir in Dunkelheit. Wir sind eingeschlafen – unserem eigenen Licht gegenüber, unserem eigenen Leben gegenüber. Die Jesus-Geschichte zeigt uns, dass sich das Leben nicht unbedingt immer sicher anfühlt, wenn wir aus unserem eigenen Licht heraus leben, aus dem tiefsten Gefühl der Vitalität in uns. Es erfordert Mut und Offenheit, sich ständig auf des Messers Schneide zu bewegen; in dem, was sich wirklich wahr und real anfühlt.

Was uns letzten Endes dazu verhilft, unserem Leben in vollem Umfang Ausdruck zu geben, ist ein Gefühl der Stille. Ein Thema, das die Jesus-Geschichte durchzieht und kaum angesprochen wird, ist die Stille der Ewigkeit. Sie erscheint um Jesus in der Wüste, um Jesus auf dem Berg. In solchen Momenten des Alleinseins geben wir uns der inneren Ruhe hin, dem tiefstmöglichen Lauschen. Wahres spirituelles Handeln in der Welt entspringt einem tiefen Gefühl innerer Stille, ist verwurzelt in diesem Punkt, um den herum sich die veränderliche Welt dreht. Und inmitten der veränderlichen Welt ist dieser Funken der Ewigkeit – immer frei, immer befriedigt, immer der ruhige und stille Lebensspender unseres Lebens.

Über den Autor

Adyashanti (dessen Name »ursprünglicher Friede« bedeutet) fordert alle Sucher von Frieden und Freiheit dazu auf, die Möglichkeit der Befreiung in diesem Leben ernst zu nehmen. Auf Bitten seiner Zen-Lehrerin, bei der er vierzehn Jahre studiert hatte, begann er 1996 zu lehren. Seither sind viele spirituelle Sucher in der Gegenwart von Adyashanti zu ihrer wahren Natur erwacht.

Adyashanti ist der Autor von *Falling Into Grace* (auf Deutsch »In Gnade fallen. Die wahre Natur der Erleuchtung«), *Emptiness Dancing* (auf Deutsch »Tanzende Leere: Erleuchtung für Herz, Bauch und Kopf«), *The Impact of Awakening, True Meditation, The End of Your World* (auf Deutsch »Sein. Die wahre Natur der Erleuchtung«) und *My Secret Is Silence.* Adyashanti bietet eine spontane und direkte nichtduale Lehre an, die mit jener der frühen Zenmeister und der Weisen des Advaita Vedanta verglichen wurde. Dennoch sagt Adyashanti: »Wenn ihr meine Worte durch den Filter irgendeiner Tradition oder eines ›-Ismus‹ hindurch hört, wird euch die Bedeutung dessen, was ich sage, vollkommen entgehen. Die befreiende Wahrheit ist nicht statisch; sie ist lebendig. Sie kann nicht in Konzepte gesperrt und im Kopf verstanden werden. Die Wahrheit liegt jenseits aller Konzepte und wörtlich strenger Bibelauslegung. Ihr seid das, was darüber hinaus geht – hellwach und präsent, und das bereits hier und jetzt. Ich helfe euch nur dabei, das zu erkennen.«

Adyashanti wurde in Nord-Kalifornien geboren, lebt mit seiner Frau Annie (Mukti) und lehrt in der San Francisco Bay Area, wo er Satsangs, Wochenend-Intensiv-Seminare und Schweige-Retreats anbietet. Er reist zu Lehrveranstaltungen auch in andere Regionen der Vereinigten Staaten und nach Kanada. Bitte besuchen Sie www.adyashanti.org für weitere Informationen.